Toleranz statt Wahrheit?
Herausforderung interreligiöser Dialog

Roland Herpich / Andreas Goetze (Hg.)

Toleranz statt Wahrheit?

Herausforderung interreligiöser Dialog

Berliner Reihe für Ökumene, Mission und Dialog
Band 1

Wichern-Verlag

Eine Kooperation mit dem Berliner Missionswerk

Umschlag: griesbeckdesign, München
Lektorat: Amet Bick, Beate Schneppen
Satz: NagelSatz, Reutlingen
Druck und Bindung: freiburger graphische betriebe, Freiburg
ISBN: 978-3-88981-367-1

Inhaltsverzeichnis

ROLAND HERPICH / ANDREAS GOETZE

Vorwort

Toleranz ist ein zentrales Thema in einer freien Gesellschaft. Ohne Toleranz gegenüber Menschen mit anderem Glauben, mit anderer Kultur oder anderen Lebensentwürfen wäre ein Zusammenleben nicht möglich. „Toleranz ist nicht nur ein hochgeschätztes Prinzip, sondern eine notwendige Voraussetzung für den Frieden und für die wirtschaftliche und soziale Entwicklung aller Völker", wie es die Deutsche UNESCO-Kommission in ihrer „Erklärung von Prinzipien der Toleranz" 1995 formulierte.

Toleranz darf nicht mit Gleichgültigkeit, stummer Duldung oder Selbstverleugnung gleichgesetzt werden. Das gilt besonders im interreligiösen Dialog. Hier gibt es öfter skeptische Rückfragen: Wie ist das mit der Wahrheit des eigenen Glaubens? Fällt der Wahrheitsanspruch im interreligiösen Dialog nicht oft unter den Tisch? Und gibt es nicht auch Grenzen der Gemeinsamkeit?

Verschiedene Ansätze sind in diesem Band erkennbar. Wir müssen uns im interreligiösen Dialog die Unterschiede, die es selbstverständlich gibt, gegenseitig zumuten. Wir müssen sie aber nicht als trennend erleben. Ein interreligiöser Dialog, der nicht bloß ein nettes Gespräch sein will, sondern ein ehrlicher und offener Dialog, wird daher die eigene Überzeugung einbringen. Er gewinnt seine Kraft, wenn er von selbstbewussten und sprachfähigen Vertreterinnen und Vertretern geführt wird.

Toleranz ist kompliziert. Wie gehe ich mit denen um, die anders glauben als ich – innerhalb meiner Religionsgemeinschaft und außerhalb? Bin ich tolerant aus einer eher gönnerhaften Haltung von oben herab, weil ich letztlich die Mehrheitsposition vertrete oder es mir aufgrund der Machtverhältnisse leisten kann, tolerant zu sein? Oder entspringt Toleranz meinem inneren Selbstverständnis, meiner Lebens- und Glaubenshaltung?

Toleranz hat innerhalb einer Religionsgemeinschaft immer dann Kraft entwickeln können, wenn Angehörige dieser Gemeinschaft ihre Heilige Schrift als eine Botschaft der Freiheit und des Friedens auslegten und die Schriftgrundlage so anders interpretierten als diejenigen, die darin immer wieder einen Anlass zur Verfolgung Andersdenkender und Andersglaubender fanden.

Die Beiträge dieses Bandes bieten jüdische, christliche und muslimische Perspektiven auf die Frage, wie und ob der Wahrheitsanspruch mit Toleranz vereinbar ist. Gibt es eine „spirituelle Toleranz"? Was meinen wir, wenn wir von Mission oder von interreligiösem Dialog sprechen? Warum soll man überhaupt einen interreligiösen Dialog führen?

Ein Schwerpunkt liegt dabei auf dem christlich-islamischen Dialog. Denn insbesondere der Islam wird in Europa kontrovers diskutiert. Vorurteile und stereotype Einstellungen prägen das Bild. Fast jeder zweite Deutsche hält den Islam nach einer jüngsten Studie für eine Bedrohung.[1] Vier Beiträge laden ein, die Vielfalt und Bandbreite islamischer Theologie und die innerislamische Diskussion wahrzunehmen und zu entdecken, dass Deutschland für Muslime ein offener Denkraum ist, in dem islamische Theologie weiterentwickelt werden kann.

Das Berliner Missionswerk ist das Ökumenische Zentrum der Evangelischen Kirche Berlin-Brandenburg-schlesische Oberlausitz (EKBO). In ihm vereinen sich die langjährigen Erfahrungen mit den weltweiten ökumenischen Partnerschaften in Afrika, Ostasien, Europa, den USA, Kuba und dem Nahen Osten und mit ökumenischen Partnern vor Ort. Theologische Grundsatzfragen zu Mission, Ökumene, zum Dialog der Religionen und zu Fragen nach Integration und weltweiter Zusammenarbeit für Frieden, Gerechtigkeit und Bewahrung der Schöpfung finden hier ihren Raum. Mit diesem ersten Band der neuen „Berliner Reihe für Ökumene, Mission und Dialog" bieten wir Impulse, wie die Herausforderung des religiösen Pluralismus angenommen werden kann.

Wir freuen uns, wenn die in diesem Band vereinten unterschiedlichen thematischen Zugänge dazu anregen, über die Chancen und Grenzen des interreligiösen Dialogs ins Gespräch zu kommen – mit dem Blick auf einen positiven Beitrag der Religionsgemeinschaften für die multikulturelle und multireligiöse Gesellschaft, in der wir alle leben.

Wir danken allen Autorinnen und Autoren für ihre Beiträge und dem Wichern-Verlag für die gute Zusammenarbeit und die Aufnahme der „Berliner Reihe" in ihr Verlagsprogramm. Allen Leserinnen und Lesern wünschen wir eine anregende Lektüre, die zum weiteren Dialog einladen möchte – zu einem Dialog, bei dem wir aufeinander zugehen auch mit Fragen und Rückfragen an die jeweils eigene Person und Tradition, weil wir uns auf den anderen grundlegend verwiesen wissen – für unseren eigenen Glauben und für das Zusammenleben in der einen Welt.[2]

Berlin, im August 2013 *Roland Herpich und Andreas Goetze*

Anmerkungen

1 Religionsmonitor der Bertelsmannstiftung 2013 unter www.bertelsmann-stiftung.de/cps/rde/xbcr/SID-1DA9D794-61BA6125/bst/xcms_bst_dms_37711_37719_2.pdf, S. 3f.

2 In diesem Sinn bleibt der interreligiöse Dialog eine zentrale ökumenische Aufgabe und hat unbedingte Priorität. Vgl. dazu die Dokumentation „Gemeinsam für das Leben: Mission und Evangelisation in sich wandelnden Kontexten", die vom Zentralausschuss des Ökumenischen Rates der Kirchen auf seiner Tagung in Kreta am 5. September 2012 einstimmig angenommen worden ist. Sie reflektiert das christliche Selbstverständnis in einer religiös pluralen Welt: „In unserer komplexen und pluralistischen Welt begegnen wir Menschen unterschiedlicher Religionen, Ideologien und Überzeugungen. Wir glauben, dass der Geist des Lebens Freude und Leben in Fülle bringt. Aus diesem Grund ist der Geist Gottes in allen Kulturen, die für das Leben eintreten, erfahrbar. Der Heilige Geist wirkt auf geheimnisvolle Weise und wir verstehen sein Wirken in anderen Glaubenstraditionen nicht in vollem Maße. Wir erkennen an, dass verschiedene Formen der Spiritualität, die dem Leben verpflichtet sind, ihren eigenen Wert und ihre eigene Weisheit haben. Daher macht authentische Mission den ‚Anderen' zum Partner und nicht zum ‚Objekt' der Mission". Das ganze Dokument zu Mission, Spiritualität und Zeugnis siehe unter http://www.oikoumene.org/de/resources/documents/wcc-commissions/mission-and-evangelism/together-towards-life-mission-and-evangelism-in-changing-landscapes.

Andreas Goetze

Zur Einführung

„Will man die Religion verstehen, muss man sie durch die Augen derer sehen, die nach ihr leben.“

(Chris T. R. Hewer, Islamwissenschaftler)

„Keiner von uns sage, er habe die Wahrheit schon gefunden. Lasst sie uns vielmehr so suchen, als ob sie uns beiden unbekannt sei.“

(Augustinus, Kirchenvater)

I.

Macht der Glaube an den einen Gott intolerant? Auf der einen Seite: Der Monotheismus (der Glaube an den einen einzigen Gott) steht unter Gewaltverdacht. Und die Geschichte zeigt, dass im Absolutheitsanspruch religiöser wie politischer Ideen die Saat für Unheil, Leid und Tod begründet sein kann. Mit der Unterscheidung zwischen „wahr“ und „falsch“ in der Religion sei die Unterscheidung zwischen Gläubigen und Ungläubigen strukturell unausweichlich gegeben, ist die Grundthese des Ägyptologen Jan Assmann.[1] Und er stellt damit die Vereinbarkeit eines „Glaubens an den einen Gott“ mit den modernen demokratischen und pluralen Gesellschaften infrage. Der Glaube an den einen Gott kann aus einem Gefühl der Überlegenheit zu Ausgrenzung, Gewalt und Unterdrückung führen.

Auf der anderen Seite: Da ist der eine Gott, der das Universum schuf und den Menschen (Genesis 2,7). Dabei erzählt der ältere der beiden biblischen Schöpfungsberichte zunächst nur, dass ein Mensch geschaffen wurde – ein starkes Symbol für die Gleichheit und Einheit aller Menschen, wie die jüdische Auslegung festhält: „Warum schuf Gott nur einen Menschen? Damit sich niemand auf seine Abstammung berufe und zu seinen Mitmenschen spreche: Ich bin etwas Besseres als der andere.“[2]

Dieser Monotheismus ist verbunden mit der Aufforderung zur rechten Lebensführung, die Alltag und Kulthandlungen zugleich umfasst. Die Rechts- und Lebensordnungen beinhalten grundlegende Aussagen zur sozialen Fürsorge, zum Schutz des Fremden, zum Verzicht auf ungerechtfertigte Vergeltung. Das findet sich in Thora, Neuem Testament und Koran gleichermaßen. Diese Ordnungen sind nicht freiwillige Leistungen weniger für viele, sondern gelten als Gebote Gottes unumstößlich. Auf diese Weise garantiert der Glaube an den einen Gott Rechtssicherheit und entfaltet Protestpotenzial gegenüber jeglicher menschlicher Willkürherrschaft. Der Glaube an den einen Gott kann mit seiner universalistischen Sicht die Tür für Toleranz, zum gelingenden Zusammenleben, zum Frieden öffnen.

Die monotheistischen Religionen sind in ihrer Vielfalt durch die Geschichte hindurch von beiden Sichtweisen geprägt worden. Und sie sind herausgefordert, ihr Selbstverständnis zwischen diesen beiden Polen zu klären und sich selbstkritisch zu befragen, in welche Richtung ihr zukünftiger Weg spirituell und theologisch gehen soll. Wie lassen sich gewaltträchtige und Frieden fördernde Potenziale in den jeweiligen heiligen Texten unterscheiden und bewerten? Welche Traditionen gewinnen die Oberhand und werden prägend für Theologie, Recht, Lebensgestaltung und innerhalb der Volksfrömmigkeit? Die Religionsgemeinschaften müssen sich um ihres Glaubens willen viel intensiver mit ihren heiligen Schriften und Traditionen befassen und Kriterien für die Auslegung und Bedeutung einzelner Quellen erarbeiten.

Die sich dabei stellenden Fragen nach dem Verhältnis von Wahrheitsanspruch und Toleranz sind Fragen nach der grundsätzlichen Dialog- und Pluralismusfähigkeit der Angehörigen der verschiedenen Religionsgemeinschaften. Wenn die eigene religiöse Tradition dazu anleitet, auch die eigenen Quellen, Grundlagen und Traditionen und damit den eigenen Glauben und das eigene Verhalten selbstkritisch zu überprüfen, stellt die Tradition selbst eine gewaltmindernde Qualität bereit. Sie kann befähigen, sich gegenüber anderen, die anders glauben, nicht abwertend und verurteilend zu äußern.

Wenn es nicht nur um die wortwörtliche Umsetzung von unveränderlich feststehenden Glaubensnormen und Verhaltensregeln aus früheren Zeiten geht, kann sich Dialog- und Pluralismusfähigkeit entwickeln. Und diese Fähigkeit ist in einem demokratischen Rechtsstaat dringend notwendig – und damit auch der Dialog mit Menschen anderer Religionen und Weltanschauungen. Wiederholende Begegnungen und das Wissen um die Grundlagen des anderen können helfen, einander mehr zu respektieren und schließlich zu akzeptieren mit all der wahrgenommenen Unterschiedlichkeit.

II.

Ist damit Toleranz mehr gefragt als Wahrheit? Insbesondere in einer Stadt wie Berlin, der Stadt in Europa mit den meisten Religionsgemeinschaften? Wie lässt sich in einer so multireligiösen und zugleich postmodernen Gesellschaft, in der jede und jeder sich seinen/ihren eigenen Glauben zurechtlegen kann, miteinander von der Wahrheit reden, wenn die einzige Wahrheit darin besteht, dass es keine Wahrheit gibt – zumindest keine, die vom Menschen auszusagen ist? „Niemand hat die Wahrheit für sich gepachtet“, ist ein bekanntes Sprichwort. Soll also die Frage nach der Wahrheit nicht sogar grundsätzlich aufgegeben werden, weil sie zu Intoleranz führt? Hat sich die Wahrheitsfrage damit erledigt? Es stellt sich die Frage, ob und wenn ja, wie der Wahrheitsanspruch der Religionen mit Toleranz zu verbinden ist.

Berlin ist auch die Stadt mit einer großen islamischen Vielfalt. Über 80 Moscheegemeinden sind in der Hauptstadt zu finden, zudem sind viele Muslime gar nicht in den Verbänden organisiert. Dem christlich-islamischen Dialog kommt dementsprechend eine besondere Bedeutung zu. Bischof Dr. Markus Dröge erläutert vor diesem Berliner Erfahrungshintergrund Visionen, Voraussetzungen und Chancen des christlich-islamischen Dialogs. Roland Herpich, Direktor des Berliner Missionswerkes, geht dem spannungsvollen Verhältnis von Mission, Toleranz und Dialog nach und benennt Konsequenzen für eine zukunftsfähige und gesellschaftsrelevante Kirche.

In einem Grundsatzartikel entfalte ich einen evangelisch zu verantwortenden Toleranzbegriff, der die Wahrheitsfrage nicht ausklammert. Toleranz wird dabei nicht nur pragmatisch verstanden, sondern von innen heraus begründet, aus dem eigenen spirituellen und theologischen Selbstverständnis. Entscheidende Grundlage für eine „spirituelle Toleranz“ ist dabei die Haltung der Recht gewährenden Liebe Gottes, wie sie sich aus der Botschaft des Kreuzes Christi erschließt.

Die jüdische Perspektive, die Rabbiner Prof. Dr. Walter Homolka darlegt, nimmt ihren Ausgangspunkt bei den geschichtlichen Erfahrungen der Intoleranz und Verfolgung, denen Juden durch die Jahrhunderte hindurch ausgeliefert waren. Die geistesgeschichtlichen Impulse jüdischer Denker für die Religionsfreiheit und zur europäischen Aufklärung knüpfen dabei an die noachidischen Regeln und ein jüdisches Selbstverständnis an, das dogmatische Festlegungen vermeidet.

III.

Intoleranz entsteht durch Unkenntnis. Insbesondere das westeuropäische Islambild ist medial verzerrt. Die Vielfalt islamischen Glaubens, die unterschiedliche Praxis und die dahinterstehenden Glaubensüberzeugungen sind uns immer noch weitgehend unbekannt. Will man aber eine Religion verstehen, muss man lernen, sie durch die Augen derer zu sehen, die nach ihr leben. Bei all den Diskussionen um und über den Islam, das Judentum und das Christentum geht es viel zu wenig um das Spirituelle, um die geistlichen Grundlagen und um das Verhältnis zu Gott. Darauf macht der britische Islamwissenschaftler Dr. Chris Hewer in seinem Beitrag aufmerksam. Jenseits aller politischen und ideologischen Ziele, für die der Islam in den Dienst genommen wird, versucht Hewer die spirituellen Grundlagen und das innere religiöse Selbstverständnis der Muslime aufzuzeigen.

Seine Darstellung ist herausfordernd gegenüber der klassischen Sicht aus der Frühzeit des Islam, die in der etablierten islamischen Theologie fest verankert ist. Nach dieser hat die Anfangszeit im 7. Jahrhundert, so wie ihn die islamische Traditionsgeschichte erzählt, vorbildhaften Charakter und gilt in ihren Grundzügen bis heute als erstrebenswertes Ideal. Danach war der Prophet Muhammad zugleich Verkünder göttlicher Offenbarungen, Gesetzgeber, Heerführer und politischer Herrscher, so dass sich eine enge Verbindung von Religion und politischem Engagement nahelegt.

Der radikale Islamismus des 20. Jahrhunderts, der sich nicht nur in den Terrorakten des 11. September 2001 gespiegelt hat, hat in den letzten Jahrzehnten die These von der Identität von Religion und Staat so verinnerlicht, dass sie heute als Allgemeingut des Islam angesehen wird. Hewer erinnert zu Recht daran, die spirituelle Dimension nicht zu vernachlässigen, weil in ihr das in der Religion verankerte Potenzial zu Veränderungen und Reformen liegt. Dabei werden die beiden Pole, die politische und die spirituelle Dimension der Religion, im Islam auf besondere Weise verbunden und stets aufeinander bezogen bleiben.

Die ungeheure Vielfalt und Verschiedenartigkeit der islamischen Strömungen und der gesellschaftlichen und politischen Verhältnisse in der muslimischen Welt führen jedes ungeschichtliche und dogmatische Vorverständnis des Islam ad absurdum. Der Islam ist weder eine grundsätzlich problematische Religion noch, idealisiert, eine friedliche, tolerante Religion – das gilt im Übrigen für alle Religionsgemeinschaften.

Diesen beiden Sichtweisen ist gemeinsam, dass sie davon ausgehen, dass eine Religion eine feststehende Größe ist, die keinen evolutionären Veränderungen und Entwicklungen unterworfen sei. Völlig ausgeblendet bleibt, dass sich jede Religion in den verschiedenen Regionen der Welt ganz unterschiedlich entwickelt hat, je nach sozio-ökonomischem und politischem Kontext. Für den Islam heißt das: Der Islam existiert nicht in einem abstrakten Sinn oder in einem ahistorischen Vakuum, sondern seine Quellen (Koran, Sunna, Prophetenbiografien) wurden und werden ständig neu interpretiert.

Von außen ist es nicht gerechtfertigt, eine misslingende Praxis mit dem eigenen idealen Selbstverständnis zu vergleichen.[3] Ebenso wird es im interreligiösen Dialog auf Dauer nicht genügen, alle Anfragen und Einwände zurückzuweisen und aufgetretene Probleme innerhalb der eigenen Religion auf menschliche Schwäche und menschliches Versagen zu schieben, ohne die religionsimmanenten Voraussetzungen zu benennen. Der Islamwissenschaftler Lukas Wick bemerkt dazu im Blick auf die etablierte islamische Theologie: „Das Bewusstsein, theologische Prämissen könnten zumindest mitverantwortlich für solche Einwände sein, ist dabei stark unterentwickelt. Das Ausblenden des theologischen Konfliktpotenzials führt jedoch zu einer unvollständigen Analyse."[4]

Entscheidend ist für alle Religionsgemeinschaften, ein offeneres Verständnis zu ihren eigenen heiligen Schriften und Traditionen zu entwickeln, eine kritische theologische Vernunft. Dazu gehört vor allem die Fähigkeit zur theologischen Selbstkritik, die sich nicht darin erschöpfen kann, die Bedenken gegenüber dem säkularen Verfassungsmodell mit rein sozialen und politischen Missständen oder falschen Interpretationen der islamischen Quellen zu erklären, worauf der Rechts- und Islamwissenschaftler Mathias Rohe in seinem Beitrag aufmerksam macht. Toleranz verstanden als bloße Duldung Andersgläubiger kann nicht mit einer Religionsfreiheit gleichgesetzt werden, die religiöse Diskriminierung verbietet.

In den Beiträgen der Islamwissenschaftler Kadir Sanci und Prof. Dr. Mouhanad Khorchide wird die aktuelle Diskussion innerhalb der islamischen Theologie über die Deutung der Quellen spürbar. Es zeigt sich ein innerislamischer Diskussionsprozess zwischen einer weniger stark oder einer stärker ausgeprägten selbstkritischen Haltung und zwischen einem mehr duldenden, Schutz gewährenden Toleranzverständnis und einer theologischen Entwicklung, die es ermöglicht, echte Religionsfreiheit zu gewähren. Sanci bringt die klassische islamische Sicht zum Toleranzverständnis ein. Khorchide legt als Inhaber des Lehrstuhls für islamische Religionspädagogik an der Universität Münster besonders Wert auf die Erarbeitung von Grundvoraussetzungen eines islamischen Selbstverständnisses, das junge Muslime in Deutschland anzusprechen vermag. Für ihn besteht ein gewaltiger Unterschied darin, ob man seine Beziehung zu Gott über Gesetze juristisch definieren will oder vielmehr spirituell über eine wechselseitige Liebe zu Gott.

IV.

Berlin ist eine Einwandererstadt – und sie war es schon immer. Darauf weist Dr. Bernd Krebs hin, der als Pfarrer in Rixdorf-Neukölln die reformierte Gemeinde betreut. Fanden im 18. Jahrhundert die Böhmen Zuflucht und Arbeit in Rixdorf, so leben heute vor allem Muslime aus der Türkei und aus dem arabischen Raum in Neukölln. In christlich-islamischen Dialoginitiativen und in der Stadtteilarbeit von Kirche, Diakonie und Quartiersmanagement des Bezirkes geht es um das gelebte tägliche Miteinander, das nicht immer einfach ist. Dass dabei auch die muslimischen Gemeinschaften ebenso wie die Evangelische Kirche in Berlin Veränderungsprozesse durchgemacht haben, beschreibt Dagmar Apel, die seit vielen Jahren im interreligiösen Dialog in Berlin engagiert ist und den Islam-Arbeitskreis der Landeskirche in Berlin mitbegründet hat.

Die preußischen Tugenden Verlässlichkeit und Toleranz haben sich im Miteinander auch bei schwierigen Begegnungen bewährt. Auch dafür steht Berlin: Das Menschenrecht der Glaubens- und Gewissensfreiheit fällt nicht vom Himmel, es muss im Dialog erworben werden, gerade auch in Konfliktsituationen. Toleranz leben, Vielfalt fördern: im christlichen Kontext steht dafür der Ökumenische Rat Berlin-Brandenburg. Pröpstin Friederike von Kirchbach beschreibt das behutsame und nicht immer einfache Miteinander der Konfessionsfamilien in den sich verändernden gesellschaftlichen Bedingungen.

Toleranz und Offenheit fordert auch der Dialog mit den Menschen, die gar nicht mehr an Gott glauben, ja, mehr noch: die die Frage nach Gott nach zwei Diktaturen überhaupt vergessen haben. Joachim Liebig, Kirchenpräsident der Evangelischen Kirche Anhalts, wirbt dafür, in der besonderen Situation Mitteldeutschlands nicht nur zu warten, bis man gefragt wird, sondern sich aktiv als Christin und Christ in die Gesellschaft einzubringen und Zeugnis von dem Glauben zu geben, der einen selbst trägt. Denn zum einen erschöpfe sich Toleranz nicht in einem bloßen Nebeneinander, zum anderen bedeute Mission schlicht, „den Glauben anzubieten“ und erkennbar werden zu lassen.

V.

„Als evangelische Christinnen und Christen nehmen wir den Pluralismus in unserer Gesellschaft als Chance und Herausforderung an. Dabei wollen wir unseren Glauben offen bekennen, leben und für ihn werben. Glaubensgewissheit und Toleranz gehören für uns zusammen."[5] Mit diesem Zitat aus der Kundgebung der 10. Synode der Evangelischen Kirche in Deutschland (EKD) aus dem Jahre 2005 eröffnete Bischof Dr. Markus Dröge die Frühjahrssynode 2013 der Evangelischen Kirche Berlin-Brandenburg-schlesische Oberlausitz (EKBO).[6]

Glaubensgewissheit und Toleranz gehören zusammen: für den interreligiösen Dialog zugleich eine Herausforderung wie eine wesentliche Grundlage. Die Begegnungen mit Menschen anderer Konfessionen, anderer Religionen oder anderer Herkunft, wie sie das Berliner Missionswerk aufgrund seiner Partnerkontakte und seiner Arbeitsfelder in den Bereichen Ökumene, Mission und Zeugnis, Dialog und Integration ermöglicht, möchten auch weiterhin diesen Dialog fördern und unterstützen.

Anmerkungen

1 Jan Assmann, Moses in Ägypten. Entzifferung einer Gedächtnisspur, München 1998, weiter entwickelt in ders., Die mosaische Unterscheidung oder der Preis des Monotheismus, München 2003.

2 Mischna b.San. IV,5.

3 So der unterschwellig anklingende Grundton in der Handreichung des Rates der EKD, Klarheit und gute Nachbarschaft. Christen und Muslime in Deutschland (EKD-Texte 86), Hannover 2006.

4 Lukas Wick, Die politische Moderne als Herausforderung für die islamische Theologie, in: Materialdienst der EZW 3/2011, S. 84.

5 Diese erste These sowie alle weiteren Thesen siehe unter www.ekd.de/synode2005/beschluesse_kundgebung.html.

6 EKBO (Hg.), Toleranz nach evangelischem Verständnis. Synodale Texte, Vorträge, Geistliche Worte. Frühjahrssynode 2013, Berlin 2013, S. 35.

Markus Dröge

Warum interreligiöser Dialog?

Visionen, Voraussetzungen und Chancen
des christlich-islamischen Dialoges
vor dem Berliner Erfahrungshintergrund

I. Der Berliner Erfahrungshintergrund

Es gibt in Berlin einen Ort, an dem die Vision des Friedens der Religionen anschaulich dargestellt wird. Der Ort befindet sich im Museum für Islamische Kunst innerhalb des Pergamonmuseums. Dort findet sich ein Raum mit wunderbaren, kleinteiligen Verzierungen. Wer ihn betritt, steht wie in einem Meer aus Farben, in dem die Gold- und Rot-Töne dominieren. Ein klarer symmetrischer Aufbau der Ornamente und Motive kennzeichnet das Zimmer. Blumen, aber auch Figuren und Bilder sind zu erkennen. Die farbenreiche Holzvertäfelung stammt aus einem Privathaus der syrischen Stadt Aleppo und ist datiert auf das Jahr 1600 oder 1601, so die Auskunft des Museumsführers. 35 Meter lang und zweieinhalb Meter hoch ist der Raum. Es ist die früheste erhaltene Wandtäfelung ihrer Art und sie ist von herausragender künstlerischer Qualität. Ihre Einzigartigkeit besteht darin, dass in ihr islamische und christliche Motive beieinanderstehen. Dies macht das Aleppo-Zimmer zu einem einmaligen Zeugnis des kulturellen Milieus der Stadt. Es weist auf ein friedliches Nebeneinander der Religionen. Inschriften sind zu lesen, zum Beispiel diese:

> „Wie viele Tage bin ich in deinen Räumen glücklich gewesen, habe mit allen mich zurückgezogen zu Wissenschaft und Kunstgespräch."

Viel Schönes und Edles kann entstehen, wenn Religionen friedlich nebeneinander bestehen und sich nicht bekriegen. Ein herrlicher Raum, herrliche Farben. Und eine wunderbare Vision: die Religionen im Frieden miteinander.

Nicht zu schnell dürfen solche Idealbilder beiseitegeschoben und als unrealistisch belächelt werden. Der interreligiöse Dialog braucht Visionen eines friedlichen Miteinanders, gerade weil die Spannungen und Probleme des Zusammenlebens – vor Ort und weltweit – klar vor Augen stehen. Gerade deshalb ist der interreligiöse Dialog notwendig. Denn nur im Dialog können die realen Probleme erkannt, erörtert und bearbeitet werden. Und nur aus der Erfahrung des Dialogs heraus können Vorstellungen entwickelt werden, wie die vorhandenen und erkannten Probleme zu bewältigen sind. Den christlichen Kirchen, die in Deutschland die Institutionen der traditionellen Mehrheitsreligion sind, kommt dabei eine herausgehobene Verantwortung zu.

In Berlin stellt sich die Frage, wie der interreligiöse Dialog zu gestalten ist, vor dem Hintergrund der hiesigen Bevölkerungsstruktur. Hier haben 25 Prozent der Bevölkerung und 40 Prozent der Kinder und Jugendlichen,[1] in manchen Bezirken bis zu 60 Prozent,[2] einen Migrationshintergrund.[3] Da die religiöse Bindung bei der Eingewöhnung in eine zunächst fremde Kultur eine stärkere Bedeutung gewinnt als bei Einheimischen, wird Religion in der multikulturellen Stadt Berlin verstärkt zur Herausforderung. Verschärft wird die Situation dadurch, dass die Frage, wieweit Integration von Menschen mit Migrationshintergrund in Berlin gelingt, eines der brennendsten sozialen Probleme ist. Im besonderen Fokus des Interesses stehen dabei die Mitbürgerinnen und Mitbürger, die aus einer muslimisch geprägten Kultur stammen. Ob „der" Islam zu Deutschland gehört, ob „der" Islam überhaupt seinem Wesen nach in unsere Gesellschaft integrierbar sei – das sind die Fragen, die inzwischen popularisiert und auch gerne skandalisiert werden. Die hohen Auflagen der Bücher zum Thema Integration von den beiden Berliner Autoren Thilo Sarrazin und Heinz Buschkowsky und die heftige öffentliche Diskussion darüber zeigen, wie sehr das Thema die Bevölkerung bewegt.

In Brandenburg und der schlesischen Oberlausitz sieht die Situation anders aus. Der Anteil der Menschen mit Migrationshintergrund ist dort wesentlich geringer (fünf Prozent in Brandenburg, zwei Prozent im Landkreis Görlitz[4]). Dies führt allerdings nicht zu einer toleranteren Mentalität. Besorgniserregend sind die Zahlen einer Studie der Friedrich-Ebert-Stiftung,[5] aus der hervorgeht, dass 39 Prozent der Ostdeutschen „manifest ausländerfeindlich" denken und sich die Zahl der Ostdeutschen, die ein „geschlossenes rechtsextremes Weltbild" haben, in den letzten zehn Jahren fast verdoppelt hat – von 8,1 auf 15,8 Prozent. Selbst wenn diese Untersuchung im Einzelnen methodenkritisch zu befragen sein mag,[6] so sind dies doch Hinweise, die ernst zu nehmen sind.

In dieser Situation sind die Kirchen mit ihrer interreligiösen Kompetenz gefragt. Es ist ihre Aufgabe, Menschen unterschiedlicher Kultur und Religion ins Gespräch zu bringen. Dabei müssen sie sich in der aktuellen Situation besonders der Herausforderung stellen, den Dialog mit den Mitbürgerinnen und Mitbürgern muslimischer Religionszugehörigkeit zu suchen. Die Kirchen können dazu beitragen, eine unsachgemäße Verquickung von sozialen, kulturellen und religiösen Fragen zu verhindern. Der interreligiöse Dialog hat die Chance, ein friedliches Miteinander von Menschen unterschiedlicher Kultur und Religion dadurch zu fördern, dass er hilft, religiöse Themen als solche zu identifizieren, zu bearbeiten und sachgemäß auf ihre Relevanz für das soziale Leben zu befragen. Ein gelingender Dialog kann verhindern, dass einseitige Zuschreibungen erfolgen, etwa der Art, dass „dem Islam" per se, ohne nähere Differenzierungen, problematische Wesenseigenschaften zugeschrieben werden.

II. Voraussetzungen eines gelingenden interreligiösen Dialoges

Wie kann der interreligiöse Dialog sich dieser Aufgabe widmen? Ich beschreibe im Folgenden drei Thesen, die ich in mehreren Vorträgen im Jahr 2012 vor sehr unterschiedlichen Zielgruppen in Berlin vorgestellt und diskutiert habe.[7] Der interreligiöse Dialog ist erfolgversprechend, wenn er *erstens* religiöse Fragen von sozialen Fragen unterscheidet und so zur Versachlichung der Integrationsdebatte beiträgt, wenn er *zweitens* Sensibilität für die religiöse Situation der Gegenwart zeigt, die eine bestimmte Hermeneutik (Lehre des Verstehens) voraussetzt, und wenn er *drittens* wesentliche Grundprinzipien des Zusammenlebens in unserer Gesellschaft beachtet und pflegt.

1. *Die Unterscheidung von sozialen und religiösen Fragen*[8]

Wer im interreligiösen Dialog Menschen muslimischen Glaubens begegnet, wird sehr schnell merken, dass deren Selbstinterpretation oft völlig anders ausfällt als die Zuschreibungen, die in der öffentlichen Diskussion vielfach vorgenommen werden. In der Begegnung von Mensch zu Mensch zeigt sich, dass die abstrakte Frage, ob „der" Islam zu Deutschland gehört oder ob „der" Islam fähig ist, sich in unsere Gesellschaft zu integrieren, nicht weiterführt. Vielfach leben Mitbürgerinnen und Mitbürger muslimischen Glaubens in unserer Gesellschaft ganz selbstverständlich integriert, zumal wenn sie bereits in Deutschland geboren sind. Sie betrachten verständlicherweise das Thema „Integration" für sich selbst gar nicht als relevant. Wer hier geboren, hier zur Schule gegangen ist, eine Ausbildung oder ein Studium absolviert hat und im Berufsleben seinen oder ihren Ort gefunden hat, fragt sich zu Recht: Was soll ich denn noch mehr tun, um als „integriert" zu gelten?

Erhellend sind in diesem Zusammenhang die *Integrationsindikatorenberichte der Bundesregierung*. Integration wird darin definiert als Angleichung an die Gesellschaft im Sinne von gleichberechtigter Teilhabe in allen gesellschaftlichen Bereichen und Angleichung der Lebensverhältnisse. Der Vergleich zwischen dem ersten Integrationsindikatorenbericht aus dem Jahr 2009[9] und dem zweiten Bericht aus dem Jahr 2011[10] zeigt, dass der Prozess der Integration von Menschen mit Migrationshintergrund in unserer Gesellschaft durchaus auf einem guten Weg ist. Verbesserungen zum Beispiel im Bereich der Betreuungsquote von Kindern in Kindertagesstätten, der erreichten Schulabschlüsse, der Arbeitslosenquote, des Prozentsatzes derer, die im öffentlichen Dienst beschäftigt sind, besonders derer, die im Bildungsbereich an Schule und Hochschule tätig sind, sind nachweisbar. Die Probleme der Integration können nicht mit einer bestimmten Religionszugehörigkeit identifiziert werden. Probleme treten vielmehr dann auf, wenn ein bestimmtes Bildungsniveau nicht erreicht wird, wenn soziale Probleme nicht bewältigt werden und wenn die deutsche Sprache nicht beherrscht wird. Jugendliche, auf die diese Merkmale zutreffen, werden anfällig für extremistische religiöse Ideologien. Sie neigen zu religiösem Fundamentalismus, nicht nur muslimischer Prägung. Nicht „der Islam" wird per se zu einem Integrationsproblem, weil er zu Extremismus neigt und zu Gewalttätigkeit motiviert. Es ist umgekehrt: Menschen mit Migrationshintergrund, die in sozial problematischen Situationen leben und ihren Weg in diese Gesellschaft nicht gefunden haben, neigen dazu, extremistische Weltanschauungen zu übernehmen, mit denen sie ein Überlegenheitsgefühl zum Ausdruck bringen können. Nicht nur religiös-extremistische Weltanschauungen können dieses Bedürfnis befriedigen. In gleicher Weise können auch rechtsextremistische Weltanschauungen übernommen werden.

Wenn es gelingt, durch den interreligiösen Dialog das Verständnis für die Vielgestaltigkeit muslimischen Glaubens zu wecken, kann dies die Pauschalurteile aufbrechen, die in der öffentlichen Diskussion oft in unverantwortlicher Weise plakativ verbreitet werden. Umgekehrt wird es nur gelingen, Vertrauen im interreligiösen Dialog aufzubauen, wenn mangelnde soziale Integration nicht vorschnell mit kulturellen und religiösen Unterschieden begründet wird. Vermeidet man aber die unsachgemäßen Verquickungen, kann ein offener interreligiöser Dialog dazu beitragen, tatsächlich vorhandene problematische religiöse Traditionen zu erkennen.

In einer Atmosphäre des Vertrauens kann es gelingen, nicht nur die „Schokoladenseite" der eigenen Religion zu zeigen und zu verteidigen, sondern auch über die Probleme im eigenen Religions- und Kulturbereich zu reden. Dann muss nicht mehr jede Kritik an islamischen Traditionen als „Islamophobie" abgewehrt und nicht jede Kritik am Christentum als Gefahr für eine traditionell christlich geprägte Gesellschaft gewertet werden. Auf diese Weise kann ein gelingender interreligiöser Dialog dazu beitragen, die Integrationsdebatte zu versachlichen.

2. Grundlagen des Dialogs, die der religiösen Situation der Gegenwart entsprechen[11]

Der interreligiöse Dialog kann nur gelingen, wenn er die religiöse „Großwetterlage" kennt und sich auf sie einstellt. Wie stellt sich diese Lage dar?

Seit einiger Zeit ist ein „identity turn“[12] bei den Religionen zu beobachten. Das heißt: eine Hinwendung zu mehr Bewusstsein für die eigene Identität und zu mehr Bereitschaft, diese zu profilieren und zu verteidigen. Die einzelnen Religionen sind stärker als zuvor darauf bedacht, ihr eigenes Profil zu schärfen und erkennbar zu machen. Diese Entwicklung ist in den Veränderungen der religiösen Landschaft begründet: Zum einen schreitet weltweit die Säkularisierung fort. Zum anderen erstarkt die Sehnsucht nach einer transzendenten Begründung der Identität, nicht nur im persönlichen Bereich, sondern bis hin zur religiösen Begründung einer Gesellschaft oder eines politischen Ansatzes. Dazu bewirkt die globalisierte Kommunikation für jeden Einzelnen die Vergleichbarkeit der Religionen auf dem Weltanschauungs-„Markt“.

Für die Religionen ist erstmals seit der Spätantike wieder die Situation gegeben, sich auf einem multireligiösen öffentlichen Markt der Möglichkeiten behaupten und „Apologetik“ betreiben zu müssen, das heißt den Glauben zu verteidigen und zu rechtfertigen. In dieser Situation müssen Religionen bereit sein, öffentlich auszusprechen, was den eigenen Glauben begründet und seine Besonderheit ausmacht. Der Glaube steht also in einer Situation des Fragens und Gefragt-Werdens. Er muss: „Beobachten, begegnen, beschreiben, verstehen, deuten und aus der Perspektive (s)eines (...) Daseins- und Wirklichkeitsverständnisses Stellung beziehen.“ (Reinhard Hempelmann)

Gerade weil die verschiedenen Religionen gemeinsam in dieser spannungsreichen Situation stehen, müssen sie miteinander ins Gespräch kommen. Sie brauchen eine *Theologie des Dialoges*, eine Lehre, die hilft, vom eigenen Glaubensstandpunkt aus ein Gespräch mit anderen Glaubensstandpunkten zu führen.

Ein Beispiel einer solchen Theologie des Dialoges ist der Ansatz einer „komparativen“, also vergleichenden Theologie. Diese verzichtet darauf, das Verhältnis zu anderen Religionen abschließend und endgültig zu bestimmen. An dieser Stelle sei der Ansatz des Theologieprofessors Hans-Martin Barth skizziert. Er entfaltet die christlichen Glaubensinhalte bewusst vor dem Horizont der interreligiösen Dialogsituation.[13] Er formuliert in einem Dreischritt jeweils die christliche Lehre zu einzelnen Punkten, konfrontiert diese dann mit den Aussagen anderer Religionen zum Thema und bietet schließlich eine Darstellung des Eigenen und des Fremden. Er tut dies mit der offenen Frage, ob Gott, wie die Christen ihn verstehen, vielleicht auch durch die anderen Religionen den Christen etwas zu sagen hat. Es geht ihm dabei sowohl darum, das Fremde und das Eigene neu zu verstehen, als auch darum, den eigenen Glauben und den fremden Glauben als noch nicht endgültig festgelegt anzusehen. Vielmehr wird zwischen einer Anfangs- und Endgestalt des jeweiligen Glaubens unterschieden. Er nennt es die Alpha- und Omega-Gestalt und sagt: „Aufgrund der Alpha-Gestalt meines Glaubens und der Ahnung ihres Omega öffne ich mich den Alpha-Aussagen fremder Religionen, lerne von ihnen, wo dies möglich ist, und grenze mich von ihnen ab, wo mir dies nötig erscheint."

Mit diesem Ansatz wird die historische Tatsache ernst genommen, dass jede Religion sich immer schon in Aufnahme und in Abgrenzung von anderen religiösen Gedanken verändert hat. Es geht nicht darum, die eigene Religion zu relativieren oder kleinzumachen. Die Unterschiede werden nicht verwischt. Doch wird eine Möglichkeit für den Dialog eröffnet.

Ohne die Tragfähigkeit des theologischen Ansatzes von Hans-Martin Barth hier näher diskutieren zu können, sei doch so viel festgehalten: Ein gelingender interreligiöser Dialog setzt voraus, dass alle beteiligten Gesprächspartner innerhalb ihrer eigenen religiösen Tradition eine glaubwürdige Form von Dialogtheologie entwickeln, mit der es möglich wird, sich ernsthaft auf das Gespräch einzulassen.

Eine wesentliche Herausforderung des christlich-muslimischen Dialoges besteht deshalb darin, Gesprächspartner zu finden, die sich einer solchen Dialoghermeneutik nicht verschließen. Fruchtbare Gespräche können sich nur dann entwickeln, wenn beide Gesprächspartner bereit sind, sich für ein – wie auch immer geartetes – historisches Verständnis ihrer heiligen Schriften und Glaubenslehren zu öffnen.

3. *Die Beachtung wesentlicher Grundprinzipien des Zusammenlebens in unserer Gesellschaft*[14]

Kein Dialog kann von der gesellschaftlichen Situation abstrahieren, in der er geführt wird. Wer in Deutschland den Dialog zwischen

Christen und Muslimen führen will, muss sich bewusst sein, dass unser Land in seiner Geschichte besondere Erfahrungen mit dem Zusammenleben unterschiedlicher Glaubensrichtungen gesammelt hat.

Durch die Reformation im 16. Jahrhundert und die Spaltung der christlichen Kirche entstanden schon bald gewalttätige Auseinandersetzungen und schließlich ein aufgesplittertes Reich, das damit leben musste, dass in unterschiedlichen Territorien unterschiedliche Glaubensüberzeugungen gelebt wurden. Durch diese schmerzliche Gewalt- und Spaltungsgeschichte hindurch haben wir in Deutschland lernen müssen, friedlich miteinander umzugehen. Dem Staat ist im Laufe dieser Geschichte eine besondere Aufgabe zugewachsen. Er hat für die Religionsfreiheit und den Religionsfrieden zu sorgen und darf sich nicht mit *einer* Glaubensweise identifizieren. Zweifellos beruht sein Auftrag auf vielen Grundwerten der christlichen Tradition: Nächstenliebe, Schutz des Schwächeren, versöhnendes Handeln statt Rache. Und dennoch ist er kein „christlicher Staat".

Unsere Gesellschaft hat in ihrer Geschichte gelernt, dass der Religionsfrieden auf drei gesellschaftlichen Voraussetzungen beruht:

a) Unsere Gesellschaft ist fest davon überzeugt, dass die Unterscheidung von Staat und Religion eine wichtige Voraussetzung für den Religionsfrieden ist. Und deshalb muss sie es strikt ablehnen, wenn der Versuch gemacht wird, den Gedanken eines „Gottesstaates" in unsere Gesellschaft einzuführen. Auch Christen wollen und dürfen keinen christlichen Gottesstaat anstreben. Christliche Theologie unterscheidet die Bereiche des Geistlichen und des Weltlichen. Und die christliche Kirche nimmt deshalb nur mit ihrem Wort, mit ihrer Verkündigung und mit ihren Stellungnahmen zu ethischen Fragen auf die öffentliche Diskussion Einfluss. Sie fordert nicht, dass die Bibel eine Quelle des staatlichen Rechts zu sein habe. Deshalb kann aber auch die Scharia in unserer Gesellschaft nicht als Rechtsquelle etabliert werden. Und es kann auch nicht geduldet werden, dass religiöse Scharia-Gerichte unsere Rechtsprechung unterlaufen.

b) Unsere Gesellschaft baut auf dem Respekt vor der gleichen Würde des Anderen auf, unabhängig von Kultur, Religion und Geschlecht. Die Menschenrechte beinhalten elementare individuelle Rechte, wie das Recht, die Religion zu wechseln oder wie die Gleichheit der Geschlechter. Aus der gleichen Würde folgen notwendig gleiche Rechte. Es ist nicht möglich, eine bestimmte Religion oder religiöse Tradition prinzipiell über die Geltung der Menschenrechte zu stellen oder eine religiöse Tradition als allgemeinverbindlichen Interpretationsrahmen der Menschenrechte zu etablieren.

c) Schließlich ist unsere Gesellschaftsform der Demokratie darauf aufgebaut, dass Menschen miteinander kommunizieren, ihre Überzeugungen zur Diskussion und sich mit ihren Überzeugungen der Kritik stellen. Bereitschaft zur offenen Kommunikation ist nach unserer historischen Erfahrung eine Voraussetzung für ein friedliches Miteinander. Deshalb ist es wichtig und notwendig, dass alle Menschen die Verkehrssprache des Landes lernen. Inseln, in denen nur bestimmte Menschen sich verstehen, kann und soll es zwar geben, um bestimmte Kulturen zu pflegen. Aber zum Leben in der Gesellschaft gehört es, auch eine gemeinsame Sprache zu sprechen.

Fasse ich die drei beschriebenen Voraussetzungen zusammen, so ergibt sich folgendes Bild: Der interreligiöse Dialog kann dann gelingen, wenn er *erstens* eine unsachgemäße Vermischung religiöser Themen mit den sozialen Problemen der Integration vermeidet, wenn er *zweitens* von der Bereitschaft getragen ist, innerhalb der je eigenen Glaubenstradition die Notwendigkeit des Dialoges immer schon mitzudenken und Kritik an der eigenen Religion zuzulassen, und wenn er sich *drittens* darauf einlässt, die in unserer Gesellschaft historisch gewachsenen Prinzipien des Zusammenlebens von Menschen unterschiedlicher *Konfession* auch als Rahmen für das Gespräch zwischen Menschen unterschiedlicher *Religion* zu akzeptieren.

III. Die Chancen des interreligiösen Dialoges und die Selbstverpflichtung der Kirche

Welche Chancen bieten sich, wenn diese Form des interreligiösen Dialogs gesucht und gepflegt wird?

Für Mitbürgerinnen und Mitbürger muslimischer Religionszugehörigkeit und für muslimische Religionsgemeinschaften kann der interreligiöse Dialog die Tür zu einer selbstbestimmten Integration in unsere Gesellschaft öffnen, dort, wo dies bisher noch nicht gelungen ist.

Für den einzelnen muslimischen Gläubigen kann ein vertrauensvoller Dialog den Raum schaffen, das eigene religiöse Selbstverständnis zu entwickeln. Im Gespräch kann erprobt werden, dieses Selbstverständnis unter den Bedingungen unserer Gesellschaft zu artikulieren. Auf diese Weise wird eine aktive Selbstbefreiung von Fremdzuschreibungen möglich, die muslimische Mitmenschen ständig erdulden müssen. Sich selbst als Muslim oder Muslima in Deutschland besser zu verstehen und verständlich zu machen, kann im Dialog geübt werden. Eine vertrauensvolle Dialogsituation schenkt die Selbsterfahrung, nicht nur als Arbeitskraft oder als Staatsbürger akzeptiert zu sein, sondern auch als ein Mensch mit einer religiösen Identität. Gleichzeitig wird der eigene Glaube bereichert, weil er durch Dialog- und Kritikfähigkeit sich selbst besser und tiefer verstehen lernt. Und dies alles gilt selbstverständlich auch für die am Dialog beteiligten Christinnen und Christen, die ihrerseits noch viel zu wenig darauf eingestellt sind, sich auf dem Markt der religiösen Möglichkeiten einer multireligiösen Gesellschaft zu artikulieren.

Für muslimische Religionsgemeinschaften, die sich als Verein oder als Institution auf einen Dialog mit christlichen Gemeinden oder Kirchenvertretern einlassen, ergibt sich die Chance, die Möglichkeiten zu erkunden, die religiöse Vereinigungen durch das Religionsrecht in unserer Gesellschaft haben. Sie können für sich die Chancen unseres Staatssystems entdecken, die Chancen einer Gesellschaft, die durch viele schmerzliche Erfahrungen hindurch ein System entwickelt hat, das die Toleranz der Religionen fördern will und auch kann, ein System, in dem Staat und Religion getrennt, aber sinnvoll aufeinander bezogen sind. Muslime, die als Migranten in unser Land kommen oder die bereits in zweiter oder dritter Generation in unserem Land leben, haben die Chance, sich mit ihrer Religion in unserer Gesellschaft heimisch zu fühlen. In der Wahrnehmung aller Rechte, die unser Religionsrecht bietet, können sie Formen finden, um ihr Glaubensleben privat und öffentlich zu leben. Denn unser Religionsrecht gilt nicht nur für die christlichen Kirchen, sondern für alle Religionen. Alle Religionen, die sich auf die Grundprinzipien unser Gesellschaft einlassen, können Religionsunterricht an öffentlichen Schulen einrichten, theologische Fakultäten betreiben, Refinanzierungen für religiös geprägte Sozialarbeit beanspruchen, Seelsorge anbieten und den Verkündigungsauftrag im öffentlichen Raum wahrnehmen. Der interreligiöse Dialog kann einen wesentlichen Beitrag dazu leisten, nicht-christliche Religionen, die diesen Weg gehen wollen, zu unterstützen. Er stellt eine Einladung dar, deren Attraktivität noch viel deutlicher vermittelt werden muss.

Das Ziel des interreligiösen Dialoges ist aber noch weiter gesteckt, es geht über die Einladung an Muslime, eine selbstbestimmte Integration zu wagen, hinaus. Das übergeordnete Ziel ist das friedliche Miteinander unterschiedlicher Religionen, die sich gemeinsam dafür einsetzen, die Friedenskräfte in der Gesellschaft zu stärken. Letztlich geht es darum, dass Menschen unterschiedlicher Religion gemeinsam einen neuen „identity turn“, also eine neue Identitätswendung schaffen, um sich gemeinsam als starke Friedensmacht in der globalisierten Welt zu profilieren, als eine Interessengemeinschaft, die sich im Vertrauen auf Gott für eine gerechte und versöhnte Welt einsetzt.

Weil die Evangelische Kirche Berlin-Brandenburg-schlesische Oberlausitz die großen Chancen sieht, die der interreligiöse Dialog bietet, und gleichzeitig ihre Verantwortung wahrnehmen will, das Ziel eines friedlichen Miteinanders der Religionen zu erreichen, will sie den interreligiösen Dialog sowohl in ihr Missionsverständnis integrieren als auch eng mit ihrem ökumenischen Engagement verbinden.

In den Orientierungspunkten, die von der Herbstsynode 2012 als Diskussionspapier verabschiedet und im Frühjahr 2013 unter dem

Titel „Welche Kirche morgen?“ veröffentlicht worden sind, sind deshalb folgende Thesen formuliert:

> „*Die EKBO richtet sich in der Art und Weise, wie sie ihren Glauben bezeugt, nach den Prinzipien des Verhaltenskodexes ‚Das christliche Zeugnis in einer multireligiösen Welt‘.*[15] *Der Kodex verpflichtet Christinnen und Christen, in Liebe zu handeln, Christus nachzuahmen, der Gerechtigkeit zu dienen, Gewalt abzulehnen, Religions- und Glaubensfreiheit zu achten, allen Menschen mit Respekt zu begegnen, aufrichtig zu reden und interreligiöse Beziehungen aufzubauen.*“ (These 2.1.5)

> „*Die EKBO sucht den Dialog mit Muslimen und unterstützt sie in ihrem Bemühen um Integration in unsere Gesellschaft. Im interreligiösen und interkulturellen Dialog setzt sie sich für die Achtung der Menschenwürde und die Bewahrung der Menschenrechte ein.*“ (These 7.2.5)

Anmerkungen

1 Jeder vierte Berliner hat Migrationshintergrund. Im Jahr 2011 lebten im Land Berlin etwa 862 000 Personen mit Migrationshintergrund. Ihr Anteil an der Gesamtbevölkerung betrug 24,8 Prozent (Amt für Statistik Berlin-Brandenburg, Pressemitteilung vom 19.9.2012).

2 In Mitte, Neukölln und Friedrichshain-Kreuzberg stammen etwa 60 Prozent der Kinder und Jugendlichen bis 18 Jahren aus Einwandererfamilien (Pressemitteilung des Integrationsbeauftragten des Berliner Senats vom 2.7.2008. Die Zahlen dürften inzwischen höher liegen).

3 Ein Drittel der Menschen mit Migrationshintergrund haben Migration nicht selbst erfahren (9. Bericht der Beauftragten der Bundesregierung für Migration, Flüchtlinge und Integration über die Lage der Ausländerinnen und Ausländer in Deutschland, Juni 2012, S. 20). Migration ist jedoch ein Element ihrer Identität entweder durch Familienlegenden oder durch die Zuschreibung von außen aufgrund von Aussehen, Akzent, Kleidung oder Namen. Sie haben ein mehrkulturelles Bewusstsein, sind mehrsprachig, haben familiäre Bindungen ins Ausland, empfinden sich als Deutsche mit mehrfachen Wurzeln.

4 In Brandenburg haben 5,2 Prozent der Bevölkerung einen Migrationshintergrund (Amt für Statistik Berlin-Brandenburg, Pressemitteilung vom 19.9.2012). In der schlesischen Oberlausitz sind die Zahlen etwas niedriger. Der Ausländeranteil im Landkreis Görlitz beträgt 2,1 Prozent (Der Sächsische Ausländerbeauftragte: Jahresbericht 2010, S. 197). Der Anteil der Deutschen mit Migrationshintergrund ist erfahrungsgemäß etwas höher als der Ausländeranteil, für Görlitz jedoch nicht ausgewiesen. Insgesamt kann der Anteil von Menschen mit Migrationshintergrund auf etwa 4.5 Prozent geschätzt werden.

5 Oliver Decker, Johannes Kiess, Elmar Brähler, Die Mitte im Umbruch, Rechtsextreme Einstellungen in Deutschland 2012. Unter Mitarbeit von Benjamin Schilling und Peter Ullrich. Herausgegeben für die Friedrich-Ebert-Stiftung von Ralf Melzer.

6 Vgl. Johannes Kandel, „Islamfeindschaft" und „Islamkritik". Anmerkungen zur Studie „Mitte im Umbruch" der Friedrich-Ebert-Stiftung (2012), in: Materialdienst der EZW 1/2013, S. 21–26.

7 Wertvolle Anregungen für meine Vorträge habe ich dem Vortrag „Verschieden und doch gleich – Integration und Menschenbild" von Wolfgang Huber entnommen, den er als Willy Brandt Lecture 2010 am 7. Dezember 2010 in der Humboldt-Universität zu Berlin gehalten hat.

8 Die folgenden Gedanken entstammen meinem Vortrag „Interreligiöser Dialog – Beitrag der Religionsgemeinschaften zum gesellschaftlichen Frieden und zur Beheimatung zugewanderter Menschen in Berlin". Vortrag bei den Baden-Badener Unternehmergesprächen Berlin, 8. Juni 2012.

9 „Integration in Deutschland". Erster Integrationsindikatorenbericht: Erprobung des Indikatorensets und Bericht zum bundesweiten Integrationsmonitoring. Die Beauftragte der Bundesregierung für Migration, Flüchtlinge und Integration (Hg.): Integration in Deutschland, Berlin 2009.

10 Zweiter Integrationsindikatorenbericht erstellt für die Beauftragte der Bundesregierung für Migration, Flüchtlinge und Integration. Erstellt von Dr. Dietrich Engels, Dr. Regine Köller, ISG Institut für Sozialforschung und Gesellschaftspolitik GmbH; Prof. Dr. Ruud Koopmans, Jutta Höhne, WZB Wissenschaftszentrum Berlin für Sozialforschung GmbH. Köln/Berlin, Dezember 2011.

11 Die Gedanken dieses Abschnittes entstammen meinem Vortrag „Voraussetzungen und Chancen des christlich-muslimischen Dialoges", den ich am 18.1.2012 auf Einladung des FID (muslimische Vereinigung „Forum interreligiöser Dialog") vor muslimischen Studierenden in Berlin gehalten habe.

12 Vgl. zum Folgenden: Reinhard Hempelmann, Das unterscheidend Christliche und der religiöse Pluralismus, sowie: Friedemann Eißler, Neues Identitätsbewusstsein – Rückschritt oder Fortschritt? „Identity turn" im christlich-muslimischen Dialog, beides in: EZW-Text 201/2009.

13 Hans-Martin Barth, Dogmatik. Evangelischer Glaube im Kontext der Weltreligionen. Ein Lehrbuch. 2. korrigierte Auflage, Gütersloh 2002.

14 Die Gedanken dieses Abschnittes entstammen meinem Vortrag „Voraussetzungen und Chancen des christlich-muslimischen Dialoges".

15 Das christliche Zeugnis in einer multireligiösen Welt. Empfehlungen für einen Verhaltenskodex, erarbeitet vom Päpstlichen Rat für den Interreligiösen Dialog, dem Ökumenischen Rat der Kirchen und der Weltweiten Evangelischen Allianz, 2011.

Roland Herpich

Toleranz und Mission in einer zukunftsfähigen und gesellschaftsrelevanten Kirche vor Ort und weltweit*

1. Kirche und Toleranz

1.1 Das Bekenntnis zur Toleranz

Kirche lebt mit der Hoffnung, dass alle Welt eine Schöpfung Gottes ist, die er erhält, versöhnt und zum Heil führt.[1] Seine Verheißung des Heils ist eine Verpflichtung für die Kirche, an seiner Seite mitzuwirken und sich an der Gestaltung der Welt zu beteiligen.[2] In einer offenen, demokratischen Gesellschaft wird eine Mitgestaltung geradezu gefordert. Dabei ist das Bekenntnis zur Toleranz vorausgesetzt: Toleranz gilt als zentrales Thema einer freien Gesellschaft.

Ohne Toleranz gegenüber Menschen mit anderem Glauben, anderer Kultur oder anderen Lebensentwürfen wäre ein friedliches Zusammenleben nicht möglich. „Toleranz ist nicht nur ein hochgeschätztes Prinzip, sondern eine notwendige Voraussetzung für den Frieden und für die wirtschaftliche und soziale Entwicklung aller Völker",[3] formulierte 1995 die Deutsche UNESCO-Kommission in ihrer „Erklärung von Prinzipien der Toleranz". Auf dem Weg zur Feier der Reformationsdekade hat sich die EKD im Jahr 2013 Toleranz als Jahresthema vorgenommen. Die Evangelische Kirche Berlin-Brandenburg-schlesische Oberlausitz hat das Thema aufgegriffen und sich ihrerseits offiziell zur Toleranz bekannt, auf ihrer Synodaltagung ein umfangreiches Papier dazu verabschiedet und in die Kirchengemeinden, Kirchenkreise, Werke und Einrichtungen zur Nutzung und zur Weiterarbeit gegeben.[4] Die dort beschriebenen Aspekte sollen hier nicht nochmals aufgerufen werden. Aber ein Einzelpunkt bleibt problematisch, die Frage nach den Grenzen der Toleranz.

1.2 *Grenzen der Toleranz*

Wie viel Abweichung verträgt Kirche in ihren Grundüberzeugungen? Während das generelle Bekenntnis zur Toleranz für die Mitgestaltung in unserer Gesellschaft notwendig und auch innerkirchlich fast selbstverständlich ist und auch formuliert wurde, so fällt es der Evangelischen Kirche Berlin-Brandenburg-schlesische Oberlausitz schwer, die Grenzen der Toleranz zu benennen. Schon das Wort „Abweichung" führte zu einer umfangreichen Diskussion auf der Frühjahrssynode 2013, obwohl es nur als Verweis zum technischen Gebrauch von Toleranz diente.[5] Umso wichtiger ist es, die Grenzen unseres Toleranzverständnisses zu diskutieren und zu bestimmen, damit innerhalb der akzeptierten Grenzen Vielfalt ermöglicht wird.

Toleranz hat – ähnlich wie die christliche Freiheit – immer eine Doppelstruktur. Auf der einen Seite bedeutet der Begriff „noch zu dulden" und auf der anderen Seite „befördern, respektieren, einladen". Die Abgrenzung gegenüber dem Intolerablen bleibt dabei die eigentlich spannende Frage. Eine rein formale Definition der Toleranzgrenze – die evangelische Kirche möge intolerant gegenüber der Intoleranz sein – löst, so charmant sie auf den ersten Blick scheint, weniger Probleme als sie verursacht. Zum einen besteht die Gefahr eines logischen Dilemmas, da wir als intolerante Kirche selbst wieder Anlass für Intoleranz böten. Zum anderen aber ist Intoleranz gelegentlich geradezu geboten, gegenüber menschenfeindlichen Ideen und Handlungen zum Beispiel. Aber selbst dies ist zu allgemein formuliert. Schließlich ist das, was Menschen für menschenfeindlich halten oder was die Identität der Gruppe verletzen kann, selbst einer Entwicklung unterworfen.

Allein in den Jahren meines Berufslebens hat die Kirche mehrfach signifikant ihre Toleranzgrenze verschoben. Frauen waren zu Beginn meines Studiums 1972 noch Pfarrämter versagt, später sollten sie wenigstens unverheiratet bleiben. Das können wir heute kaum noch verstehen, geschweige denn tolerieren. War noch vor einigen Jahren eine Segnung gleichgeschlechtlicher Paare wenn nicht undenkbar, so keinesfalls tolerabel, ist heute sogar im Pfarrhaus ein Zusammenleben gleichgeschlechtlicher Paare möglich. Waren zu

Beginn meiner Berufstätigkeit katholisch-protestantische „Mischehen“ nicht erlaubt und bedurften sie später einer Sondergenehmigung, so halten wir sie heute für eine ganz normale Lebensgestaltung.

Allein diese wenigen Beispiele zeigen, dass es keine ewig gültige Toleranzgrenze gibt. Vielmehr bildet die protestantische Kirche die gesellschaftlichen Diskurse in sich selbst ab, jedenfalls wenn sie Kirche für das Volk ist. Das bedeutet, dass wir unterschiedliche oder gar abweichende Ansichten hinnehmen müssen, auch wenn sie Kernfragen wie Gerechtigkeit, Frieden oder Bewahrung der Schöpfung betreffen. Selbst bei grundsätzlicher Übereinstimmung sind die Wege und Schritte oft umstritten. Konkret und greifbar wird das Ringen um die Grenzen der Toleranz bei den Lebensformen unserer Amtsträgerinnen und Amtsträger und der Ehrenamtlichen mit großer Verantwortung. Hier gelang es schließlich durch synodale Diskussionen und Entscheidungen im Zusammenspiel zwischen Haupt- und Ehrenamtlichen, zuletzt durch die Regelung zum Wohnen gleichgeschlechtlicher Paare im Pfarrhaus, eine Verschiebung der Toleranzgrenze zu erreichen. Insofern sind wir im geschwisterlichen Streit eine Kirche, die unserer offenen und demokratischen Gesellschaft entspricht.

Dabei ist zu beachten, und das ist für viele besonders schmerzlich, dass eine Verschiebung der Toleranzgrenze, die wir als kulturelle Weiterentwicklung und als Fortschritt empfinden, in anderen Kontexten so nicht gesehen wird. Eine globale lineare Weiterentwicklung unserer Glaubenslehre und unseres Glaubenslebens ist nicht zu erwarten, wie die Rückschritte in Bezug auf die Frauenordination in einigen Kirchen unserer östlichen Partner zeigen. Wahr ist vielmehr, dass wir mit unseren ethischen und Lebensgestaltungskompromissen in der weltweiten Christenheit selten mehrheitsfähig sind, sondern höchstens einen Pol oder eine Vorhut bilden. Dies sollten wir respektieren, ohne unsere Überzeugung aufzugeben. Eine angemessene Antwort folgt der Struktur der Leuenberger Konkordie von 1973: Kirchen mit verschiedenen Bekenntnissen, mit verschiedenen Traditionen, mit verschiedenen Lebensvollzügen leben in versöhnter Verschiedenheit miteinander. Zugleich arbeiten sie an möglichen neuen gemeinsamen Bekenntnissen und definieren eine Toleranzgrenze, die zu überschreiten bedeutet, aus der Gemeinschaft ausgeschlossen zu werden oder erst gar keinen Zutritt zu ihr zu erhalten.[6] So können auch das Miteinander in unserer Kirche und das Zusammenleben in unserer Gesellschaft und der globalen Welt dem Bild der versöhnten Verschiedenheit folgen. Kirche ist damit in Form und Inhalt tolerant.

1.3 Toleranz und Mission

Eine noch größere Herausforderung als die Klärung des Toleranzbegriffes und seiner Grenzen für die evangelische Kirche ist es, das Miteinander von Toleranz und Mission auszuhalten, zu definieren und verständlich zu machen. Mission ist für Kirche unaufgebbar, denn sie ist ein Hauptbestandteil ihres Wesens. Kirche gewinnt ihre Apostolizität aus ihrem „in die Welt gesandt" sein, aus ihrem missionarischen Auftrag, die gute Nachricht von Gottes Liebe zu bezeugen.[7] Also wird es nicht darum gehen, ob Toleranz und Mission vereint gedacht werden können, sondern wie es gelingen kann, beides für eine zukunftsfähige, sich an der Gestaltung der Welt beteiligende Kirche zu formulieren. Daran entscheidet sich letztlich, ob unsere Kirche von der Gesellschaft selbst als Akteur anerkannt wird oder nicht.[8] Sicherlich ist der Begriff „Mission" im deutschen Sprachraum vorbelastet, aber das sind andere Begriffe auch.

Zu welchem Missionsbegriff wir uns bekennen ist wichtig, und es muss klar formuliert und vermittelt werden. Vieles wird sich gegenüber unterschiedlichen Adressaten differenzieren. Im Gespräch mit jüdischen Rabbinern werden wir anders argumentieren als vor Eltern in einer evangelischen Kindertagesstätte; im Gespräch mit bekennenden Atheisten anders als mit muslimischen Imamen. Aber es sollte doch so etwas wie eine Kontinuität unseres Missionsbegriffes geben, der die Toleranz einschließt und sich gegenüber den verschiedenen Adressaten bewährt, obwohl er jeweils verschiedene Formen annehmen kann. Hierüber soll im Folgenden nachgedacht werden.

2. Kirche und Mission

2.1 Mission in der Geschichte

Kirche als apostolische Kirche hatte in ihrer Geschichte und hat in ihrer Gegenwart die Verpflichtung zur Mission. Was dies bedeutet, wird unterschiedlich beurteilt:

Im deutschen Sprachgebrauch wird Mission oft mit radikalem Eifer oder gar gewalttätiger Bekehrung in Verbindung gebracht. Bis heute spielt das Blutbad an der Aller im Jahr 782, bei dem Karl der Große 4500 sächsische Rebellen umgebracht haben soll, noch immer eine Rolle bei der Beurteilung missionarischen Handelns. Hinter dem Ereignis – wenn es denn überhaupt stattfand – stand aber eher ein politisches Programm und eben keine Glaubensfrage. Die gewaltsame Missionierung Lateinamerikas durch die katholischen Spanier sollte weniger als Mission denn als koloniale Ausbeutung verstanden werden.

Tatsächlich aber hält, trotz aller Fehlentwicklungen, eine generelle Verurteilung – jedenfalls der protestantischen Mission und insbesondere der Berliner Missionare – keiner historisch-wissenschaftlichen Betrachtung stand. Sicher haben die Missionare in den Völkern, denen sie in Übersee begegneten, zunächst keine gleichwertigen Partner im religiösen Diskurs gesehen. Aber sie haben die Menschen geliebt; sie sind ihnen nach und auf sie eingegangen.

> „Der Missionar solle sich dem heidnischen Volke ganz hingeben, zu welchem er gesandt sei, solle dasselbe lieb haben und also offene Augen für dasselbe gewinnen in betreff seines ganzen Wesens, seiner Eigentümlichkeiten, seiner Sünden und seiner Vorzüge.“[9]

Sie haben ihre Sprachen systematisiert und aufgeschrieben sowie Wörterbücher und Grammatiken verfasst.[10] Noch heute sind die Christen in Afrika – wie beispielsweise Bischof Dr. Owdenburg Mdegella aus Tansania – stolz auf ihre Berliner Missionare: „Sie haben geholfen, unsere Sprache und Identität zu erhalten, sie sind unsere Helden“, betonte er im April 2012 auf der Frühjahrssynode der Evangelischen Kirche Berlin-Brandenburg-schlesische Oberlausitz. Die Missionare kämpften außerdem für die Emanzipation gegenüber brutalen Kolonialisten, sie bauten neben der Kirche immer auch eine Krankenstation und eine Schule mit Kindergarten, sie betrieben und lehrten eine ertragreiche Landwirtschaft. Meist lebten die Missionare lange Zeit unter den fremden Völkern und oft dauerte es Jahre, bis die ersten Einheimischen sich taufen ließen.

Zur Mission im Namen Christi gehörte wesentlich die Freiheit – weil sie Menschen von finsteren Mächten befreite, die Unterdrückung verbreiteten und selbst die Herzen und Gewissen beherrschen wollten, und weil sie immer nur in Freiwilligkeit zur Herzensangelegenheit werden konnte.

2.2 *Gottvergessenheit*

Nicht nur aus Gründen des kirchlichen Wesens oder einer angemessenen Beurteilung der Geschichte, sondern auch aus der großen Aufgabe heraus, der wir uns verpflichtet wissen, hat die Evangelische Kirche Berlin-Brandenburg-schlesische Oberlausitz ein deutliches Bekenntnis zu ihrer missionarischen Gestalt abzugeben.[11] Sie fühlt sich als Volkskirche im Wandel – in der Verantwortung für das Volk und für die vielen Menschen hier in der Region, die wenig oder gar nichts von Gott und seiner Gegenwart wissen, jedenfalls sich seiner nicht bewusst sind. Ein Großteil der Menschen ohne Religion oder Konfession in unserer Region hat ihre Wurzeln in der protestantischen Kirche, zu denen ihre Groß- oder Urgroßeltern noch gehörten. Die evangelische Kirche kann deshalb nicht einfach ihre Verantwortung für diese Entwicklung leugnen. Vielmehr hat sie zu spät und wenig erfolgreich auf die großen gesellschaftlichen Veränderungen – besonders im Zeitalter der Industrialisierung und Landflucht – reagiert und es nicht vermocht, geeignete Antworten zu finden. Immerhin wurde die Äußere Mission ins Leben gerufen als ein Versuch, die beginnende Globalisierung zu begleiten, während die Innere Mission der Entkirchlichung und allgemeinen Not im Inland begegnen sollte. Diese Bewegungen entstanden außerhalb der Kirche und haben nun ihren Platz und ihre Plausibilität in der Kirche gefunden. Heute wendet sich unsere Kirche denen zu, die keine religiösen Traditionen mehr haben. Aber dazu bedarf es eines langen Atems. Was über Generationen – vor allem, aber nicht nur in der ehemaligen DDR – an religiösen und kulturellen Traditionen verloren ging, wird nun nicht in einer Generation zurückzugewinnen sein. Die Kirche aber muss sich ihrer Verantwortung stellen. Das wird bei einer Weiterentwicklung des Missionsbegriffes zu bedenken sein.

2.3 Mission und interreligiöser Dialog

Die Evangelische Kirche sollte gerade im Blick auf den interreligiösen Dialog zu ihrem missionarischen Wesen stehen. Es geht also um beides: Bei allem notwendigen Respekt gegenüber Andersglaubenden und der Bereitschaft, vom anderen Glauben zu lernen, müssen Christinnen und Christen fähig sein, über ihren eigenen Glauben Auskunft zu geben. Denn Mission ist ja vor allem das Werk des dreieinigen Gottes, an dem wir teilhaben. „Ungetrennt und unvermischt“ sollten Menschenwerk und Gotteswerk sein. Einen Weg zeigt das neue Statement des Ökumenischen Rates „Das christliche Zeugnis in einer multireligiösen Welt“. Hier wird unterschieden zwischen der allein von Gott durch den Heiligen Geist gewirkten Konversion der Herzen und Sinne und dem vorangehenden Zeugnis und Dienst. Im Blick auf das interreligiöse Gespräch ist das sehr hilfreich. Bekennen, Bezeugen und Dienen ist unsere Sache, die letzte Konsequenz aber steht dem dreieinigen Gott zu.

Für eine Struktur von Mission bedeutet das: Mission von Kirche und Christen und Christinnen ist wesentlich Zeugnis und Dienst; Zeugnis von der Liebe Gottes, die wir in Jesus Christus in Fülle erkannt haben, von der wir aber auch aus anderen Zeugnissen der Heiligen Schrift wissen, was wir mit dem Dienst unseres Lebens ausdrücken.

Wir erkennen, dass Gott in seinem Heilsplan Wege geht, die sich uns nicht vollständig erschließen. Um seine Freiheit zu wahren, verzichten wir auf die Konversionsabsicht. Wir respektieren jegliche Erscheinungsform von Gottes Liebe in seiner Schöpfung und seinen Geschöpfen. Wir glauben daran, dass seine Versöhnung und Erlösungstat grundsätzlich aller Schöpfung und allen Geschöpfen gilt. Wir respektieren und achten aufmerksam andere Bekenntnisse und

Erfahrungen von Gott und seiner Liebe. Wir streiten in Liebe um unser Verständnis von Gott: dass er wesenhaft uns in Liebe und Gnade zugewandt ist, dass er barmherzig ist und das Heil für diese Welt erwirken wird. Wir halten das Gleichgewicht zwischen Liebe und Wahrheit und sind bereit, unsere eigene Religion, unsere Gotteserfahrung, Lehre und Leben kritisch auf den Prüfstand zu stellen, so wie wir Menschen anderer Religionen, Lebens- und Weltanschauungsformen bitten, ihre Erfahrungen, ihre Überzeugung und Wahrheit kritisch zu betrachten. Unsere Mission ist es, „Botschafter der Versöhnung“[12] zu sein. Wir lassen uns von Gott in die Verantwortung für die Welt nehmen.

Vereinfacht formuliert hat Mission für uns fünf Elemente:
- Respekt ohne Vorbedingungen
- Zeugnis von der Liebe und Barmherzigkeit Gottes (für uns Christen in Fülle offenbart in Jesus Christus)
- Ringen um Wahrheit
- Bereitschaft zu Selbstkritik und Veränderung
- gemeinsame Teilhabe an der großen Aufgabe Gottes, die Welt zum Heil zu führen.

Genau genommen sollten diese fünf Elemente jede missionarische Lebensäußerung von Kirche kennzeichnen. Zwar werden Christen mit ihrem Zeugnis den jeweiligen Gesprächspartnern verschieden begegnen, aber ihr Missionsverständnis muss Kontinuität bewahren, wenn es Geltung behalten will. Dies soll im Folgenden an Dialogbeispielen überprüft werden.

3. Kirche, Toleranz und Mission im Dialog

3.1 Mission im Verhältnis zum Judentum

Im Blick auf Menschen jüdischen Glaubens verzichten die deutschen Kirchen weitgehend auf die Bekehrungsabsicht. Wer nun „Mission“ mit „Bekehrungsabsicht“ gleichsetzt, könnte daraus schließen, dass die Kirchen ihren missionarischen Auftrag nicht annehmen. Unter dieser Voraussetzung kommt es zu einem missverständlichen und theologisch verkürzten Missionsverständnis und der Missionsbegriff gerät in ein schiefes Licht.[13] Gemeint ist vielmehr, dass die Kirche, vom Auferstandenen zu weltweiter Mission beauftragt (Matthäus 28), ihren Platz innerhalb der Sendung Israels hat, nämlich „Licht der Völker zu sein“ (Jesaja 49,6). Die Kirche hat also Teil an der mit der bleibenden Erwählung Israels gegebenen Sendung in die Welt, wie sie im Vater Unser zusammenfassend beschrieben ist: „Dein Name werde geheiligt, Dein Reich komme, Dein Thora-Wille werde getan.“[14]

Daher verzichtet die Kirche auf Bekehrungsversuche ebenso wie auf Taufeinladungen. Aus grundsätzlichen theologischen Erwägungen bleibt die Frage aber relevant. Paulus spricht im Römerbrief (Kap. 9–11) nicht von einer „Bekehrung“ Israels in dem Sinne, dass nach dem Hinzukommen der Heiden noch einmal die missionarische Verkündigung des Evangeliums an Israel ergehen wird. Das bedeutet für Paulus keinen „Sonderweg“ am Evangelium vorbei, sondern Israel wird durch den kommenden Retter erlöst werden (Römer 11,26f.).[15] Gott hat sein Volk nicht verstoßen (Römer 11,1f.). Wir erkennen aus Römer 9–11, dass das jüdische Volk sich um unseretwillen nicht zu Jesus Christus als den Messias bekehrt, dass Gott zu seiner Erwählung Israels steht und alles Weitere letztlich dem Herrn am Ende der Tage vorbehalten bleibt.

Nüchtern betrachtet besteht diese theologische Aussage der Heiligen Schrift seit 2000 Jahren. Warum wurde sie erst in der Nachkriegszeit in den Landeskirchen übereinstimmend betont? Sicher nicht, weil unsere Zeit klügere Theologinnen und Theologen hervorgebracht hätte als frühere Zeiten. Vielmehr versuchen wir aus der unfassbaren Geschichte der Schuld zu lernen und jeglichen Gefahren einer erneuten Diskriminierung oder gar Verfolgung von Menschen jüdischen Glaubens zu wehren. Also haben sich die kulturellen, historischen, gesellschaftlichen und politischen Kontexte und damit der Einfluss einer bestimmten theologischen Überzeugung in der Kirche und ihrem Umfeld so entwickelt, dass eine Bekehrungsabsicht gegenüber Juden von der Mehrheit abgelehnt wird. Auch wenn diese Situation einzigartig ist, findet sich ein Muster, das sich mit der Entwicklung der Toleranzgrenze vergleichen lässt. Es gibt eine ständige Nachjustierung. Auch für die Beziehungen zu anderen Religionen ist eine solche Entwicklung zu erwarten. Auf eine theologische Begründung zu verzichten, ist unmöglich. Aber allein theologisch zu argumentieren, reicht nicht aus.

Wir verzichten auf die Bekehrungsabsicht, aber wir beharren auch gegenüber Juden auf dem Ringen, ja dem liebevollen Streit um die Wahrheit Gottes; so wie wir ja auch in unserer Kirche ständig um die Wahrheit Gottes geschwisterlich ringen. Also kommen letztlich alle Elemente der oben beschriebenen Struktur von Mission im Verhältnis zwischen den protestantischen Christen in Deutschland und den jüdischen Glaubenden zur Geltung, ja sie können wegen ihrer theologischen und geschichtlichen Einzigartigkeit beispielhaft für einen besonders achtsamen Umgang mit Andersdenkenden gelten.

3.2 Kirche und Islam

Für das Verhältnis zum Islam haben wir keine biblischen Belege, weil es zur Zeit der Verfassung der Heiligen Schrift keinen Islam gab. Eine einfache Hinzufügung der islamischen Völker zu der Reihe der ungläubigen Heiden ist illegitim, denn tatsächlich wissen wir nicht, wie Paulus theologisch Formen islamischen Glaubens beurteilt hätte; zumal sich der Islam, wie viele Forscher heutzutage überzeugt sind, in seinem Ursprung als eine Weiterentwicklung von Christen- und Judentum verstand. Ob wir diese Ansicht nun teilen oder nicht, ist eine andere Frage. Wir können aber zwischen uns und dem Islam eine Reihe von Gemeinsamkeiten feststellen: Wir teilen den Glauben an den Schöpfergott, wir bekennen vor allem die Barmherzigkeit Gottes. Wir haben einen monotheistischen Gottesbegriff. Wir verstehen uns als Nachfahren Abrahams, wir kennen gemeinsam Jesus, Maria und Josef, wenn auch in unterschiedlichen Bekenntnisstufen. Ich kann nicht erkennen, warum wir den Muslimen die gegenüber dem jüdischen Volk geübte Enthaltsamkeit bezüglich der Bekehrungsabsicht verweigern sollten. Die fehlende Erwähnung in der Heiligen Schrift reicht als Begründung nicht aus und der Hinweis auf eine weniger schuldhafte Geschichte wäre letztlich zynisch. Schließlich gilt auch hier, dass wir um die Wahrheit in Liebe streiten, dass wir bereit sind selbst zu lernen, dass wir Gott bezeugen, wie wir ihn in Fülle in Jesus Christus erkannt haben, als Gott der Liebe, der Barmherzigkeit, der Gnade, des Heils; dass wir Botschafter der Versöhnung sind; dass wir Bündnispartner suchen, um die Welt in Liebe friedlich und gerecht zu gestalten. Die oben beschriebene Struktur lässt sich bei allen Unterschieden auch in Bezug auf den Islam durchhalten.

3.3 Kirche und fremde Religionen

Im Dialog mit Religionen, die nicht die gleichen religionsgeschichtlichen und kulturellen Wurzeln haben wie die drei abrahamitischen Religionen, werden wir uns schwerer tun, Gemeinsames zu finden. Aber auch hier werden wir konstatieren müssen, dass es fremde Lebenszusammenhänge gibt, die auf der Liebe Gottes gründen, die Gotteserfahrung vermitteln und denen wir mit Respekt begegnen. Mit Menschen in diesen fremden religiösen Zusammenhängen wollen wir um die Wahrheit ringen, unsere Form des Gottesbekenntnisses bezeugen und dennoch Gottes Geheimnis in ihnen respektieren, lernbereit bleiben und sie als Bündnispartner betrachten.

3.4 Kirche und Gottesvergessenheit

Am schwersten fällt uns die Zurückhaltung in Blick auf die Bekehrungsabsicht und vielleicht sogar eine Taufeinladung im Verhältnis zu Menschen, die Gott vergessen haben, jedenfalls aber ihr Leben ganz und gar ohne Gott führen wollen. Unsere Grundvorstellung ist, dass diesen Menschen eine wichtige Dimension ihres Lebens fehlt. Tatsächlich nehmen wir ihnen in keiner Weise etwas weg, wenn wir sie zum Glauben einladen, oder sogar zu einem verbindlichen Leben im Glauben gewinnen; wenn wir sie taufen und zu lebendigen Steinen unserer Kirche machen. Notwendig sind vor allem Hilfestellungen bei der religiösen Sozialisation an der Seite der Eltern, im frühkindlichen Bereich, an der Seite der Erzieherinnen und Erzieher im Kindergarten, im Religionsunterricht, im Konfirmandenunterricht und in der Erwachsenenbildung. Glaubensinhalte, Partizipationskompetenz und Interpretationskompetenz in religiösen Dingen zu vermitteln, gehört zum kirchlichen Bildungsauftrag, der ein Begleiter missionarischen Handelns ist.

Das ist richtig und wichtig, und ich selbst habe 27 Jahre jeden Sonntag im Kindergottesdienst an dieser großen und beglückenden Aufgabe mitgewirkt und nach wie vor trete ich für eine einladende und gastfreundliche Kirche ein. Dennoch geht es auch hier zunächst um Respekt und Achtsamkeit. Niemand, kein Geschöpf Gottes, kein Teil der Schöpfung kann von uns a priori als defizitär bezeichnet oder behandelt werden.[16] Auch wenn tatsächlich manchen Menschen die religiöse Dimension fehlen sollte und ihr Leben dadurch – nach unserer Überzeugung – weniger erfüllt gelebt werden könnte: Legitim ist dies nur als Bekenntnis für unser eigenes Leben zu formulieren.

Viele Menschen ohne Religion empfinden ihr Leben als glücklich und erfüllt. Und tatsächlich werden auch sie von Gottes Liebe getragen. Auch sie sind Geschöpfe Gottes und ihr Leben ist von der Verheißung umgeben, dass Gottes Rettungs- und Erlösungstat ihnen gilt. Insofern sollte im Gegenüber zu Menschen in Gottvergessenheit, gegenüber Religionsfernen und Ablehnenden unterschieden werden zwischen der Mission als Zeugnis und Dienst einerseits und dem Recht der Organisation Kirche andererseits, Menschen zu werben, einzuladen, zu bilden, zu faszinieren, zu begleiten.[17] Das ist legitim und notwendig, aber von Mission zu unterscheiden.

Dies bedeutet für uns, dass wir mit den Religionslosen eine Lerngemeinschaft bilden, dass wir an ihrem Leben möglicherweise neue Wahrheitsmomente über Gottes Gegenwart erkennen und dass wir in Auseinandersetzung mit ihnen unseren Glauben, unser Bekenntnis, unser Glaubensleben auf den Prüfstand stellen. Mit ihnen gilt es, in Liebe um die Wahrheit zu ringen. Wir sollen ihnen bezeugen, was wir von Gott zu glauben wissen. Aber wir müssen auch ihnen gegenüber Respekt empfinden, wenn sie absichtsvoll oder absichtslos, bewusst oder unbewusst ohne Gott, ohne Kirchenzugehörigkeit, ohne Bekenntnis, ohne Religionszugehörigkeit ihr Leben gestalten. Denn wir vertrauen auf Gottes Heilshandeln auch in ihrem Leben.

Aber unser Angebot wird ihnen gegenüber in vieler Weise stärker formuliert sein können, weil es nicht konkurriert mit ihrer eigenen religiösen Tradition, Lebensgestaltung und Erfahrung. Anders als gegenüber Menschen mit eigenen religiösen Lebensentwürfen und religiöser Tradition haben wir die Pflicht, ihnen und besonders ihren Kindern und Kindeskindern Angebote zu machen. So können sie selbst sich auseinandersetzen mit der Frage des rechten Wegs von Gesellschaft und persönlichem Leben, von Eigennutz und Gemeinwohl. So können sie ihre Diskursfähigkeit in religiösen und weltanschaulichen Dingen stärken. Aber um der Freiheit Gottes willen und um das Missverständnis des Eigennutzes der Organisation Kirche zu vermeiden, ebenso wie den Eindruck, es gehe ihr mehr um den Selbsterhalt als um Gottes Willen, sollten wir die Einladung zur Mitgliedschaft trennen von dem Zeugnis von der Liebe Gottes und der Bitte um Bündnispartnerschaft bei der Gestaltung der Welt. Je klarer hier Mission und Mitgliedergewinnung auseinandergehalten werden, desto deutlicher wird unsere Rolle in einer demokratischen Gesellschaft. Insofern plädiere ich einerseits für eine Kirche mit Angeboten für Religionslose, Religionsvergessene oder Ungebundene, andererseits aber für die Verwendung des gleichen Missionsbegriffes und der gleichen Missionsstruktur, wie ich sie gegenüber Juden entworfen habe.

Im Ergebnis hat sich die entworfene Struktur der fünf Punkte im Kapitel 2.3 von Mission bewährt und kann als Wesensäußerung eine tolerante und zukunftsfähige Kirche bestimmen.

4. Kirche und Gesellschaft

4.1 Kirche und Sozialstaat

Eine Kirche, die sowohl tolerant als auch missionarisch im oben beschriebenen Sinne ist, wird zur Gestaltung unserer Gesellschaft, unseres Landes, unserer Welt dringend gebraucht, und sie wird in zunehmenden Maße eine wichtige Rolle spielen. Fast überall auf der Welt gehören die religiöse Dimension und die Auseinandersetzung mit ihr zum gesellschaftlichen und persönlichen Leben.

In Deutschland ist die gesellschaftliche Situation der protestantischen Kirche rechtlich vergleichsweise komfortabel.[18] Sie hat sich nach 1918 aus der Symbiose von Thron und Altar gelöst, ohne die

Verantwortung für das „ganze Volk“[19] aufzugeben. Nach dem Zweiten Weltkrieg wurde Kirche als einzige halbwegs intakte und im „Dritten Reich“ nicht vollständig beschädigte Großorganisation[20] in die Situation versetzt, abgesichert durch Verträge und Vereinbarungen, eine starke Rolle in der deutschen Nachkriegsgesellschaft zu spielen. Kirche hat in der Folge Einfluss auf Medien, Politik und Kultur und prägt durch ihre Stimme die politische, wirtschaftliche und kulturelle Situation der Bundesrepublik. Kirche hat Anteil an der Verantwortung des Staates für die Gesellschaft und das ganze Land. Der Staat unterstützt sie dabei.

Gemeinsam mit anderen Institutionen und Verbänden nimmt Kirche mit ihren Einrichtungen und Werken teil an der subsidiären Verwirklichung ihrer Verantwortung.[21] Sie trägt Einrichtungen, besonders im Bildungsbereich und diakonischem Umfeld, sie unterhält Kindergärten und Schulen, Krankenhäuser, diakonische Einrichtungen, Alten- und Pflegeheime und hat Einfluss auf Universitäten und vieles mehr. Aus einer ursprünglichen privilegierten Partnerschaft im Gegenüber zum Staat wurde zunächst eine Dreierbeziehung zwischen Staat, Kirche und Gesellschaft.[22] Genaugenommen aber sind heute Staat und Kirche heute zwei, freilich sehr starke und gut ausgestattete Organisationen und Systeme in einer komplexen gesellschaftlichen Situation.

4.2 Kirche und gesellschaftlicher Diskurs

Eine zweite und große Aufgabe besteht für Kirche in der Vermittlung von Kompetenzen im Umgang mit Religion und Religionen in einer modernen, offenen, demokratischen Gesellschaft. Fast überall in der Welt gehört Religion selbstverständlich zum Leben der einzelnen Menschen, trägt aber ebenso dazu bei, dass die Gesellschaft „funktioniert“. Auch in unseren Breiten wird dies auf Dauer so sein. Religion sollte in einer offenen Gesellschaft am Diskurs um die rechte Politik, um die rechte Ausformung von Wirtschaft und Sozialwesen, um Prinzipien, Werte, Grundsätze der Gesellschaft und die Rechte der Einzelnen teilnehmen. Vor allem aber muss Religion eine Form finden, in der sie nicht nur kritisches Gegenüber für andere gesellschaftliche Partner – besonders für den Staat durch das Wahrnehmen des prophetischen Wächteramtes – darstellt, sondern auch Kritik an sich selber übt. Nur eine selbstkritische Form von Religion ist in der Lage, sich dauerhaft an dem gesellschaftlichen Diskurs zu beteiligen. Protestantische Kirche kann hier a priori einen wichtigen Beitrag leisten, weil sie in ihrem Grundsatz diskursiv aufgebaut ist. Martin Luther ging davon aus, dass die Wahrheit über Gott und die Welt allein durch den Diskurs innerhalb der Kirche oder der Gemeinde zu erreichen ist. Nachdem die Glaubenden dazu befähigt werden, sich an einem solchen Diskurs zu beteiligen, führen sie ihn bezüglich der äußeren Klarheit der Heiligen Schrift (claritas externa), die jedem Menschen durch die Vernunft einsichtig und verstehbar ist, im Austausch so lange, bis der Heilige Geist als interne Klarheit (claritas interna) dazu kommt und so Wahrheit entsteht. Diese in ihrer Grundstruktur demokratische, diskursive Form der Wahrheitsfindung ist eine der Wurzeln der heutigen modernen Gesellschaft.[23]

Religion wird von vielen heutzutage als gefährlich eingestuft und sie ist es tatsächlich, da sie besondere Kräfte in Menschen, Gruppen und Gesellschaften freisetzt. Daher braucht Religion eine sich selbst zähmende Struktur, damit sie ihre eigentliche Rolle wahrnehmen kann. Gerade in der Diskussion, welche Form des Islam in der Lage ist, an modernen Gesellschaften Anteil zu haben, ist das protestantische Beispiel deshalb von grundlegender Bedeutung.

4.3 Kirche und die Ziele des Diskurses

Der dritte wesentliche Punkt ist die Transformationsleistung der Kirche. Für eine Gesellschaft, die jedenfalls in ihrer staatlichen Verfasstheit im Prinzip wertneutral, religionsneutral, weltanschauungsneutral sein soll, leistet Religion politische, ethische, wirtschaftliche und kulturelle Transferleistungen, wobei sie aus ihrer langen Geschichte und der weltweiten Menschheitserfahrung generell schöpft. Die Bindekräfte von guten Traditionen, Bräuchen, Überlieferungen, Ideen, Prinzipien, Normen und Werten braucht jede Gesellschaft und erst recht der zunächst neutrale Staat. Deshalb ist ein laizistisches Gemeinwesen auf Dauer nicht in der Lage, diese Bedürfnisse zu erfüllen, da es, jedenfalls theoretisch, nicht aus sich selbst heraus ein ausreichend soziales, moralisches, ethisches Kapital erzeugen kann. Kirche hat einen großen Schatz an Überlieferungen, an Glauben, an Überzeugungen und an Lebensformen, an ethischen und politischen Dimensionen und den Erfahrungen mit fremden Kontexten. Sie kann, wenn sie diesen in die Gesellschaft einbringt, ihre Rolle als mitprägende Kraft wahrnehmen. Was Kirche als Willen eines transzendentalen Gegenübers und als Korrektiv zum eigenen Denken, Handeln, Fühlen und aller menschlichen Lebensdarstellung und Gestaltung erfährt, wird vielleicht in der Gesellschaft nicht mehr als Willen eines transzendentalen Gegenübers akzeptiert. Es wird aber noch als Beitrag zur sittlichen, gedanklichen, wirtschaftlichen, politischen Weiterentwicklung einer Gesellschaft gebraucht, wenn es denn in einer gemeinwohlfähigen und diskursiven Form vorgetragen wird.

Eine Gesellschaft braucht – und die Kirche vermittelt – feste Lebensmuster, Orte und Zeiten. Im Kirchenjahr feiert die Kirche die Ereignisse des Lebens und Sterbens Jesu Christi für uns und prägt damit bis heute den Kalender auch der Gesellschaft. Kirchen verleihen Städten und Dörfern Struktur und bilden öffentliche Orte der Gemeinschaft. Der einzelne Mensch braucht Begleitung von der Geburt bis zum Tod, in den verschiedenen Übergangssituationen, in Krisen und bei freudigen Höhepunkten. Ebenso braucht die Gesellschaft gemeinschaftliche Deutungen großer und bewegender Ereignisse, aber eben auch von Krisen. Ein Beispiel aus meinem eigenen Berufsleben: Am 11. September 2001, einem Dienstag, saß ich in Berlin-Wilmersdorf im Personalplanungsausschuss, gemeinsam mit Vertretern aller Gemeinden dieses Kirchenkreises. Wir hörten die Nachricht aus New York und gingen sofort in unsere Gemeinden und öffneten die Kirchen. Die füllten sich buchstäblich augenblicklich, wir feierten Friedensandachten in vollen Kirchen, am Dienstagabend ebenso wie am Mittwoch. Ich wurde eingeladen, als Superintendent ein Friedensgebet in der Bezirksverordnetenversammlung zu sprechen. Donnerstag wurden die Kirchen nicht mehr voll, obwohl immer noch einige zum Gebet kamen, und ich wurde von der Bezirksverordnetenversammlung wieder ausgeladen, mit der Begründung, es sei nicht ausgewogen genug, nur den Vertreter einer Religionsgemeinschaft dazuzuladen. Tatsächlich war es wohl eher so, dass die Angst geringer geworden war. Die Welt war nun doch nicht untergegangen, so dass auch ohne religiöse Begleitung das Leben weitergeführt werden konnte. Eigentlich eine recht menschliche Einstellung.

Dies zeigt aber, dass Kirche in Extremsituation gewollt, gefordert und genutzt wird.[24] Zu beachten ist dabei, dass Kirche sich nicht selbst marginalisiert, indem sie ständig darauf hinweist, wie viel weniger Kraft sie besitzt als noch vor einigen Jahren, wie viel weniger Mitglieder, wie viel weniger Geld, wie viel weniger Einfluss. Vielmehr sollte Kirche ihre immer noch – weltweit fast einmalige – komfortable Situation nutzen, einschließlich der vom Sozialstaat zur Verfügung gestellten Ressourcen. Blicken wir etwa in die USA, so erkennen wir, dass unsere Partnerkirche, die United Church of Christ, zwar oft nur eine winzige Minderheit darstellt und trotzdem großen Einfluss hat, weil es die gesellschaftliche Form der Zivilreligion gibt und weil sie sich sehr offensiv artikuliert. Wie viel mehr sollten wir mit unserer komfortablen Ausgangssituation erreichen. Gerade weil Kirche nicht nur die Erfahrung der eigenen und der Menschheitsgeschichte weitergeben kann, sondern aus ihren weltweiten Verbindungen zu Partnerkirchen und Partnergemeinden Erfahrung mit fremden Kontexten und interkulturelle Kompetenz anzubieten hat, sollte sie es offensiv angehen, die Gesellschaft zu gestalten, und sich darüber hinaus ihrer Plausibilität in Extremsituationen gewiss sein.

5. Kirche, Toleranz und Mission in der Zukunft

Ist Kirche also zugleich tolerant und missionarisch, so wird sie mit der Toleranz und veränderten Toleranzgrenzen eher unter ihren Mitgliedern und Unterstützern, besonders denen aus dem konservativen Milieu, Zustimmung erringen müssen. Dies gelingt im Zusammenspiel von Haupt- und Ehrenamtlichen immer wieder. Gesellschaftlich aber wird das Bekenntnis zur Toleranz eher als selbstverständlich oder wohltuend verstanden werden.

Das Bekenntnis zur Mission hat zwar innerkirchlich wieder größere Zustimmung errungen als in den siebziger Jahren des vorigen Jahrhunderts. Es ist aber gesellschaftlich nach wie vor problematisch und es gelingt noch nicht wirklich, den Begriff neu zu füllen, weil sich in der Regel ein Bedeutungswandel im Gebrauch von Begriffen erst sehr langsam niederschlägt und die freien Assoziationen zum Missionsbegriff weithin negativ geprägt sind.

Für unsere Kirche und das Berliner Missionswerk sehe ich drei Grundsätze als entscheidend an: Erstens dürfen wir nicht selbst den Begriff unklar verwenden und wahlweise gut- oder schlechtreden, sondern müssen ehrlich aussprechen, was wir wollen und worauf wir verzichten. Zweitens sollten wir Mission nicht provokativ verwenden. Drittens ist der neu gefüllte Missionsbegriff stetig einzuüben.

Zum ersten Grundsatz: Es hat wenig Sinn, einen neuen Begriff von „Mission" zu kreieren, zu kommunizieren, wenn wir ihn selbst noch immer unklar und ambivalent verwenden. Dies geschieht schon, wenn wir öffentlich erklären, auf Judenmission zu verzichten. Dies impliziert, Mission sei etwas Negatives, das wir den Juden nicht oder nicht mehr antun wollen, anderen Glaubensgemeinschaften, Religionen und Menschengruppen aber schon. Auch von anderen Formen des Sprachgebrauchs ist abzusehen: „Es ist nicht missionarisch gemeint." Oder: „Wir wollen sie nicht missionieren." Davon sollten wir Abstand nehmen und stattdessen sagen, was wir meinen: Wir wollen niemanden zur Konversion, zum Verlassen der eigenen Religion, zur Übernahme unserer Religion überreden oder gar zwingen und auf jede Form der Vereinnahmung verzichten. Wir erklären ernsthaft den Verzicht auf unsere Konversionsabsicht[25] und den Verzicht auf jegliche Intention zur Bekehrung.[26]

Zweitens: Als Provokation empfinden Juden, Muslime und viele Menschen mit anderer oder keiner Religion, wenn wir unser missionarisches Wesen betonen, bevor wir es erklären. Unsere Beiträge in der dialogischen und auch diskursiven Form des Austausches sollten andere sein: Was sind meine Überzeugungen? Wofür trete ich gern ein? Was ist mir wichtig? Welcher großen Aufgabe fühle ich mich verpflichtet? Wie erkenne ich Gottes Gegenwart, was weiß ich von Gott, was darf ich glauben und hoffen? Wie stehen wir an seiner Seite?

Der Missionsbegriff muss drittens positiv gefüllt und verwendet werden. Dafür gibt es eine Reihe von guten Ansätzen. Dr. Fidon Mwombeki, Pfarrer aus Tansania und Generalsekretär der Vereinten Evangelischen Mission (VEM), schrieb am 21. Juli 2013 in der Zeitung „Die Kirche": „Wer sagt denn, dass die weltweite Mission des

Christentums etwas Schlechtes war? Das tun hauptsächlich die Europäer und Nordamerikaner. Warum fragen sie nicht die Betroffenen? Für die meisten Christen in Afrika, Asien und Lateinamerika hat Mission einen sehr guten Klang. Meine Heimat Tansania stünde ohne das Christentum schlechter da. Zum Beispiel gibt es in meiner Herkunftsregion zwölf Krankenhäuser, elf davon werden von Kirchen getragen."[27]

Oder Annette Kaiser, Internetredakteurin der EKBO, formulierte zum Wort Mission: „Bedeutet für mich Werte haben, Werte leben, Werte weitergeben, Werte wie Vertrauen, Achtsamkeit und Besonnenheit."[28] Das ist ein Anfang, Mission positiv zu besetzen.

Vielleicht wird die Anglisierung der deutschen Sprache uns zu neuem Gebrauch des Begriffes Mission verhelfen. Im Englischen bedeutet „mission" eine Aufgabe, ein Auftrag, dem ich mich in besonderer Weise verpflichtet weiß. Unsere Mission als Kirche ist es, den Versöhnungswillen und die Liebe Gottes zu bezeugen. Unsere Mission als Kirche ist es, um die Gemeinwohlfähigkeit des Eigennutzes zu kämpfen. Unsere Mission als Kirche ist es, für die Würde und Freiheit des einzelnen Menschen als gottgewollt einzutreten. Unsere Mission ist es, im Namen Gottes für eine nachhaltige Behandlung von Gottes Schöpfung einzutreten. In diesem Sinne ist unsere Mission die große Aufgabe, an der wir alle teilhaben lassen wollen, weil Gott selbst uns an seiner Mission teilhaben lässt![29] So sind wir erkennbar zukunftsfähige, tolerante, missionarische Kirche für „alles Volk", vor Ort und weltweit.

Anmerkungen

* Für den Artikel wichtige Literatur:

Arnoldshainer Konferenz: Evangelisation und Mission, Ein Votum des Theologischen Ausschusses der Arnoldshainer Konferenz.

Dehn, Ulrich: Neue Wege der Missionstheologie?

Deutsche UNESCO Kommission e.V.: Erklärung von Prinzipien der Toleranz, Paris 25. Okt. 1995.

EMW: Weltmission Heute, Ausg. 68, Studienheft Wege nach Edinburgh, S. 117, Hamburg 2010.

EMW: Christus heute bezeugen. Mission auf dem Weg Edinburgh 2010 nach Busan 2013, S. 48ff., Hamburg Juli 2013.

EKBO: Synodale Texte, Vorträge, Geistliche Worte, Toleranz nach ev. Verständnis, Frühjahrssynode 2013.
EKBO: Leitlinien kirchlichen Handelns in missionarischer Situation, Berlin 2008.
Gehlen, Martin: Glaube ohne Selbstbegrenzung; Tagesspiegel, 14.07.2013.
Handbuch Interreligiöser Dialog, Köln 2006.
Heinig, Hans Michael / Munsonius, Hendrik: 100 Begriffe aus dem Staatskirchenrecht, Tübingen 2012.
Hinterhuber, Eva Maria: Abrahamischer Tialog und Zivilgesellschaft, Stuttgart 2009.
Huber, Wolfgang: Gesellschaftlicher Wandel und Erneuerung der Kirche, S. 234–235, S. 269–270, S. 306ff., S. 320ff.; Gütersloh 1998.
Lindner, Herbert / Herpich, Roland: Kirche am Ort und in der Region, Stuttgart 2010.
Link, Christoph: Kirchliche Rechtsgeschichte, S. 251f.
Luther, Martin: D. Martin Luthers Werke (Weimarer Ausgabe).
Maier, Hans: Revolution und Kirche, S. 293ff., München 2006.
MUREST/Multireligiöse Studiengruppe (Hg.): Richter, D. Julius: Geschichte der Berliner Mission 1824–1924, S. 159, Berlin 1924.
Sloterdijk, Peter: Du mußt dein Leben ändern,S. 133ff., Frankfurt am Main 2009.
Steinacker, Peter: Absolutheitsanspruch und Toleranz, S. 66, Frankfurt am Main 2006.
Wietzke, Joachim: Mission erklärt Ökumenische Dokumente von 1972 bis 1992, S. 405ff., Leipzig 1993.
Wrogmemann, Henning: Interkulturelle Theologie und Hermeneutik, Gütersloh 2012.
Wrogmemann, Henning: Mission und Religion in der Systematischen Theologie der Gegenwart, S. 315, Göttingen 1997.

1 1. Mose 1f., Ps. 104, Hiob 38f., Markus 13,19; Röm 1,30; 2. Kor 5,19, Kol 1,15, Jes 49,6.

2 Mt 21,42; Mt 18,19f.; Apg 2; Joh. 4,23; 2. Kor 5,17; 1. Kor 12,27, 1. Kor 12,13, Apg 19,1ff.

3 Deutsche UNESCO Kommission e.V.: Erklärung von Prinzipien der Toleranz.

4 EKBO Synodale Texte Toleranz nach ev. Verständnis.

5 Vielleicht hat die protestantische Kirche allgemein ein Problem mit Abweichungen? Identitätsstiftende Elemente wie ein festgeschriebener Pflichtenkatalog oder ein ausgeprägter Kultus mit heiligen Orten, heiligen Zeiten und Zeichenhandlungen spielen im Protestantismus keine so große Rolle wie bei anderen Konfessionen oder Religionen. Vielleicht wünschen sich deshalb viele Engagierte in unserer Kirche eine Homogenisierung der Glaubensüberzeugungen, der Weltsichten und des Glaubenslebens. Das lässt sich nur schwer mit dem Bekenntnis, Kirche für alles Volk zu sein, vereinbaren.

6 Vgl. die „status confessionis“, Debatte beim Südafrika-Boykott.

7 A 11.8 + 39GO EKBO; CA 5 ,CA 2, Barmen 6, Meißen 4.

8 Sloterdijk in „Du musst dein Leben ändern“, wird deutlich, welches Urteil in einer Gesellschaft über eine Kirche gefällt wird, sofern sie eine vertikale Angebotsreligion bleibt, S. 133ff.

9 So wies der Missionsdirektor Wangemann die Missionare in Südafrika an. Siehe Richter, S. 159.

10 Vgl. Dresdner Missionare Teichelmann und Schürmann, die 1840 in Australien ein Wörterbuch der Sprache der Aborigines verfassten: *„zum Verständnis ihrer Kultur und für den Austausch mit den Europäern"*, wie sie im Vorwort schreiben. Heute nutzen es die Nachkommen jener Aborigines, um die Sprache ihrer Vorfahren wiederzubeleben.

11 EKBO: Leitlinien kirchlichen Handelns in missionarischer Situation.

12 2. Kor 5,19ff.

13 Ein gutes Beispiel bietet die Stellungnahme von Präses Nikolaus Schneider. Er formuliert theologisch sorgsam und m.E. völlig zu recht: „Nach meiner festen Überzeugung beschreiten Christinnen und Christen, Kirchen und ihre Missionsgesellschaften einen theologischen Irrweg, wenn sie im Namen des Evangeliums versuchen, Jüdinnen und Juden von jüdischem Glauben und jüdischer Lebensgestaltung abzubringen und sie zu Mitgliedern christlicher Gemeinden zu machen." Diese Worte richten sich nicht gegen den Missionsauftrag selbst, sondern gegen organisierte Missionstätigkeit mit der gezielten Absicht zur Bekehrung. Dennoch finden sich in allen Publikationen unter der Überschrift: „Rheinischer Präses Nikolaus Schneider erteilt der Judenmission eine klare Absage" eine undifferenzierte Darstellung.

14 Vgl. vertiefend Bertold Klappert, Dialog mit Israel und Mission unter den Völkern. Der Ort der Kirche innerhalb der Sendung Israels, in: ders., Miterben der Verheißung. Aufsätze zum christlich-jüdischen Dialog, Neukirchen-Vluyn 2000, S. 407–430, S. 407.

15 Für Paulus ist damit das Evangelium nicht einfach mit der Missionspredigt identisch: vg. Dazu Ernst Käsemann, An die Römer, Handbuch zum Neuen Testament (HNT) 8a, Tübingen 1974, S. 6f.19.

16 Zwar betont die Lehre der mittelalterlichen Kirche seit Irenäus von Lyon, dass wir Menschen mit dem Sündenfall die Similitudo – die Ähnlichkeit mit Gott verloren. Aber dies gilt ohne Differenzierung für alle Menschen. Martin Luther sieht ohnehin die ganze imago dei im status pecctoris als verloren an.

17 Zur Kirche als spiritueller Organisation vgl. Lindner, S. 20ff.

18 Christoph Link: „Kirchliche Rechtsgeschichte", S. 249ff.

19 Barmen 6.

20 Staatskirchenrecht in hundert Begriffen, S. 251ff.

21 Staatskirchenrecht in hundert Begriffen, S. 265.

22 Huber, Wolfgang: Zeitwende.

23 WA 18,609, siehe Lindner: Kirche am Ort und in der Region, S. 18ff.

24 Das zeigt auch wie die Inanspruchnahme der Notfallseelsorge und der Seelsorge in speziellen Situation z.B. Krankenhaus, Gefängnis, Militärdienst u.v.m.

25 „Lasst uns vielmehrunerschrocken sagen, dass wir nicht mehr glauben, dass es unsere Rolle ist, Menschen zu bekehren, seien es Muslime oder Hindus, Agnostiker oder säkularisierte Menschen. Hans Ucko, Den Glauben in Demut bekennen. In EMW: Christus heute bezeugen.

26 Gleichzeitig bieten wir als Organisation Kirche differenzierte Angebote für Menschen an, die früher zu uns gehörten, oder im weitesten Umfeld unserer Kirche angesiedelt sind, verbindlichere Glaubensformen zu erreichen und in diesen Zusammenhang gehören natürlich auch Taufinitiativen und Wiederaufnahmen.

27 Lindner, Kirche am Ort und in der Region.

28 Lindner, Kirche am Ort und in der Region.

29 Apg 15,22–29, Röm 8,14–17.

Andreas Goetze

Jenseits von Absolutheitsdenken und Beliebigkeit

Perspektiven einer im Glauben gründenden „spirituellen Toleranz“

Ganz bewusst möchte ich persönlich beginnen: mit dem, was mich trägt und mein Leben erhält. Es ist der Glaube an Jesus Christus, den gekreuzigten und auferstandenen Herrn. Er ist der Ausgangspunkt meiner eigenen spirituellen Spurensuche nach einem evangelisch zu verantwortenden Toleranzbegriff, der die Wahrheitsfrage nicht ausklammert. Denn der christliche Glaube ist permanent an der Wahrheit interessiert. Dabei muss ich für mich klären: Was verstehe ich unter Spiritualität, unter Religion, unter Offenbarung? Welches Wahrheitsverständnis leitet mich? Je nachdem, wie meine Antworten ausfallen, ergeben sich erste Schlussfolgerungen für die eigene Haltung im innerchristlichen und interreligiösen Dialog und für das Gespräch mit denjenigen, die sich zu keiner Religionsgemeinschaft zugehörig fühlen oder die religiös sind, ohne sich an eine verfasste Religion binden zu wollen.

I. Eine erste Annäherung: Gott – Wahrheit – Offenbarung

1. *Wer ist eigentlich Gott? Und was bedeutet biblisch „Wahrheit“?*

Eine spirituelle Lebenshaltung ist für mich: Ich richte mein Leben nicht nach mir aus. Nicht „Ich“ bin die Mitte, sondern Gott, ihm verdanke ich mich, ihm gebe ich Raum in meinem Denken, Fühlen und Handeln. Spiritualität vereint für mich Glaube, Frömmigkeitsübung und Lebensgestaltung. Sie beinhaltet für mich den Einsatz für Frieden, Gerechtigkeit und die Bewahrung der Schöpfung. Gott ist der Welt zugewandt, so ist es mein Glaube auch.

Glaube ist für mich, in der „Sehschule Jesu" zu lernen, die Welt, die anderen Menschen und mich auf eine einzigartige Weise wahrzunehmen als Teil der besonderen Geschichte Gottes mit den Menschen seit Anbeginn der Schöpfung.

Schaue ich auf die Geschichte des Volkes Israels bis zu Jesus Christus, erfahre ich zweierlei: Zum einen erfahre ich, wie „beweglich" Gott ist. Gott geht mit, er führt das Volk Israel aus der Knechtschaft in die Freiheit (Exodus 2,24). Er geht mit ins Exil (Hesekiel 1 und Kap. 10–11). Franz Rosenzweig schreibt: „Gott gibt sich weg an sein Volk, er leidet sein Leiden mit, er zieht mit ihm in das Elend der Fremde, er wandert mit seinen Wanderungen."[1] Gott ist veränderlich. In der Bibel begegnet mir ein Gott, der mit sich reden lässt, Pläne ändert, sich verwundbar macht, sich enttäuschen lässt, sich innerlich zerrissen fühlt, zürnt, liebt und einen langen Weg mit den Menschen geht. „Von nun an lasse ich dich Neues hören und Verborgenes, das du nicht wusstest" (Jesaja 48,6). Gott lässt sich nicht definieren, er bleibt unverfügbares Geheimnis. Er legt sich nicht auf einen Namen fest am brennenden Dornbusch (Exodus 3,14): „Ich bin, der ich bin. Ich bin da."[2] Gott ist entgrenzte Offenheit. Er ist nicht dies oder das, sondern er ist, indem er begegnet und wirkt.

Zum anderen erfahre ich, wie zuverlässig Gott ist, wie treu. Der Gott Abrahams verheißt, dass er zuverlässig immer und immer wieder retten wird. Gott ist im Kommen, er ist „adventlich".[3] Wie und wann sich JHWH erweist, bleibt offen. Nur dass er zu seinen Verheißungen steht, ist gewiss. Hier ist Gott alles andere als veränderlich! „Ich bin bei euch, ich gehe mit!": Diese Verheißungstreue heißt auf Hebräisch „ämät"/„ämunâh", auf Deutsch: Wahrheit. „Wahrheit ist nicht etwas, was irgendwie unter oder hinter den Dingen liegt und durch Eindringen in ihre Tiefe gefunden würde; sondern Wahrheit ist das, was sich in der Zukunft herausstellen wird."[4] Gottes zukünftiges Mit-Sein, seine zugesagte Gegenwart ist seine Wahrheit. Gerade da, wo Gottes „Unwandelbarkeit" zur Sprache kommt, geht es um den unkündbaren Bund, Gottes Verheißungstreue. Gottes „ämunâh" ist seine verlässliche Bundestreue, die Recht schafft und für Gerechtigkeit sorgt.[5] Aus Liebe. Aus Hingabe.

Gott ist biblisch gesprochen nicht der „unbewegte Beweger" oder die „prima causa", die „erste Ursache".[6] Solch ein „Grund des

Seins", ohne Beziehung zu seiner Schöpfung und stets transzendent gedacht, ist kalt und distanziert. Gottes Wesen als Liebe könnte auf diesem Weg nicht erkannt werden. „Die Vernunft weiß, dass Gott ist. Aber wer oder welcher es sei, der da recht Gott heißt, das weiß sie nicht."[7] Von diesem Gottesverständnis her ist Entscheidendes zum biblischen Wahrheitsverständnis gesagt: Die Wahrheit geschieht, ereignet sich in der Begegnung. In der Beziehung bewahrheitet es sich, ob der oder die andere verlässlich ist. Nur dadurch, dass sich Gott selbst offenbart, so Martin Luther, könnten Menschen erkennen, dass Gott „ein glühender Backofen voll Liebe"[8] sei.

Demgegenüber hat das abendländische Denken auf der Grundlage des hellenistischen Erbes an der Unterscheidung von göttlicher, zeitloser und unveränderlicher Wahrheit („Erstursache" = „prima causa") und menschlicher, zeitbedingter und veränderlicher Wirklichkeit festgehalten. An diese Unterscheidung knüpft später die Aufklärung an und definiert als „wahr" das, was vernünftig, das heißt in diesem Fall: erklärbar, im Sinne der Wissenschaft anschaulich sei.[9] In deren Gefolge behauptet die religionsphilosophische Betrachtung und mit ihr die pluralistische Religionstheorie die grundsätzliche Unerklärbarkeit Gottes. Aus diesem Grund sei die Wahrheitsfrage nicht zu beantworten und seien alle Antwortversuche des Menschen zu relativieren. In der Verwechslung von „Unerklärbarkeit" und „Geheimnis" liegt meines Erachtens das erkenntnistheoretische Problem dieses Ansatzes.

Das aramäische oder hebräische Denken ist nicht wie das hellenistische Denken interessiert am „An-und-für-sich-Sein" von irgendwem, auch nicht von Gott. Gottes Wirken für die Menschen steht im Mittelpunkt, nicht eine Definition von „Gottes Sein an sich".[10] In der Beziehung bewahrheitet es sich, ob der andere verlässlich ist: Jesus Christus ist der „Sohn Gottes", weil er sich in den Begegnungen mit den Menschen bewahrheitet und bewährt hat. Die hellenistische erkenntnistheoretische Frage: „Was *ist* Wahrheit?" wird existenziell-relational, also begegnungsorientiert, gefasst: „Wie *geschieht, wie erfahre ich* Wahrheit?" Dialogisch, relational, auf der Basis von Vertrauen, aus einer Haltung des Gebets: Eine Christologie auf diesem Hintergrund ist eher – wie es bis heute im syrischen Christentum insbesondere in der „Kirche des Ostens" anzutreffen ist – existenziell-relational bestimmt (Wer ist Jesus für mich?) als definitorisch gefärbt (Wer ist Jesus Christus an und für sich?).[11] Sie ist mehr interessiert an den Werken der Offenbarung in der Geschichte und dem Erweis der Macht und Wahrheit Gottes oder Jesu Christi als an abstrakten, zeit- und geschichtslosen Seinsaussagen über Gott oder Christus selbst. Es verwundert nicht, dass das syrische Christentum ebenso wie das Judentum weniger an Dogmen interessiert ist als an glaubwürdiger Lebenspraxis. Denn aus der Wahrheit leben heißt, in der Liebe existieren.[12]

2. *Offenbarung als Erschließungsgeschehen*

Gott lässt sich aus Liebe auf die Schöpfung und den Menschen ein. Wer so liebt, der ist verwundbar. Sein Zorn ist enttäuschte Liebe, er aber ringt sich immer wieder durch zu Barmherzigkeit und Liebe (Hosea 11,8f.). „Ist nicht Ephraim mein teurer Sohn und mein liebes Kind? Denn sooft ich ihm auch drohe, muss ich doch seiner gedenken; darum bricht mir mein Herz, dass ich mich seiner erbarmen muss, spricht der Herr" (Jeremia 31,20). Dieser Satz bewegte den Japaner Kazoh Kitamori dazu, eine „Theologie des Schmerzes" zu entwickeln.[13]

Auch Paulus, dem das „Wort vom Kreuz" eine Gotteskraft wurde (1. Korinther 1,18ff.), wurde berührt und verändert durch die Liebe Christi, durch die Verwandlung seines Herzens. Und so beginnt sein Glaube, sein spiritueller Weg. In der Erkenntnis, die das Herz berührt, dass Gott sich in seiner Freiheit selbst begrenzt, um Leben außerhalb seiner selbst zu schaffen – aus Liebe. Denn das ist ja für die Liebe wesentlich: „dass der Liebende sich selbst zurücknimmt zugunsten des geliebten Anderen".[14] Schon durch die Schöpfung hat sich Gott in aller Freiheit selbst begrenzt, Verzicht geübt, indem er Lebensraum schafft und willentlich andere neben sich haben möchte. In seiner Selbstbegrenzung gibt aber Gott seine Identität nicht auf, er wird sich selbst nicht untreu, „wenn er sich als Schöpfer zugunsten seines Geschöpfes selbst begrenzt".[15]

Diese liebende Bewegung Gottes hin zu seiner ganzen Schöpfung, seine „Einwohnung" (hebräisch: „Sche'china") bei den Menschen erfüllt sich aus christlicher Perspektive in der Person Jesus von Nazareth. Jesus Christus als die der Welt zugewandte Seite Gottes: „Er entäußerte sich selbst und nahm Knechtsgestalt an" (Philipper 2,5ff.). Gottes hingebungsvolle Liebe begründet für mich das Geheimnis des Kreuzes, Ausdruck höchstmöglicher Selbstbegrenzung. Gerade im Geheimnis des Kreuzes erweist sich Gottes grenzenlose Liebe, die auch das Unansehnliche liebt und dem, was nicht ist, zuruft, dass es sei (Römer 4,17).

Auf diese Weise lässt sich Gott bis heute glaubend erkennen und lässt mich erfahren, dass Gott über alle Begrenzungen der Schuld, des Leides und des Todes hinaus Wege gefunden hat, mich als Menschen zu finden, mich zurechtzubringen, mich zu tragen. In Jesus Christus leuchtet Gottes Wesen einzigartig und konkret auf. In seinen Worten und Taten, ja, durch sein ganzes Leben bis hin zu Kreuz und Auferstehung kann ich die liebevolle Zuwendung Gottes zu den Menschen entdecken.[16]

Von hier aus lässt sich sagen: Gottes Wahrheit „ist" nicht, sondern sie erschließt sich. Gott selbst lässt sich wie gezeigt biblisch nicht definieren. Gott „ist" nicht, sondern er „wirkt" – und als solcher wird er erfahren und in Bildern beschrieben (Gott – mein Fels: Psalm 27,1, Gott – meine Mutter: Exodus 15,26; Gott – mein Arzt: Jesaja 66,13 u.a.). Da „Gottes Sein im Werden"[17] ist, das heißt sich immerwährend neu erschließt, gründet sich christlicher Glaube auf diese Öffnungsbewegung Gottes. Offenbarung ist in diesem Sinne ein Erschließungsgeschehen, das mich hineinnimmt in die verheißene Zukunft Gottes, der mich ja in alle Wahrheit führen will (Johannes 16,13), und nicht nur Mitteilung von Weisungsworten Gottes an einen Propheten ist.

Um nicht missverstanden zu werden: Die Glaubenserfahrung, die sich aus der Gottesbeziehung speist, ist auf Deutung angewiesen, denn der Glaube sucht das Verstehen. Um mich verständlich zu machen, kann ich mich nicht allein auf Erfahrung stützen. Die theologische Lehre hilft, die unübersehbare Vielfalt religiöser Erfahrung zu systematisieren, auf den Begriff zu bringen und damit kommunizierbar zu machen. Hier stellt sich die Wahrheitsfrage, weil Glaubenserfahrung und Glaubenswissen einander brauchen. Eine Glaubenserfahrung, die keinen Begriff hat, ist blind. Sie ermöglicht keine

Frage danach, ob sie als lebensdienlich oder -hinderlich einzuordnen sei und ist so auch immun gegen kritische Anfragen.[18] Aber auch das andere gilt: Begriffe und Lehrsätze ohne Erfahrung sind leer.

In Anerkennung dieser Wechselwirkung möchte ich betonen: Offenbarung ist nach evangelischem Verständnis nicht Informationsvermittlung, so als gäbe Gott vom Himmel herab Wahrheiten über sich und die Welt bekannt oder als gäbe er den Menschen Anteil an seinem vollkommenen Wissen. Vielmehr tritt er in Beziehung zu den Menschen mit ihren Wegen und Irrwegen, ihrer Schuld und ihrem Leiden. In der Offenbarung erschließt sich Gott dem Menschen wesensmäßig als Liebe.

Gottes Heilshandeln hat die zukünftige Verwandlung der Welt im Blick. Alle Ereignisse der Geschichte nehmen dieses Endgeschehen in unterschiedlicher Intensität vorweg. Im Blick auf den „adventlichen Gott“ lassen sich Ereignisse der Geschichte als Offenbarung bezeichnen. Das Reich Gottes ist schon da – aber die Vollendung steht noch aus, so dass die Bitte „Dein Reich komme“ (Matthäus 6,10) weiter sinnvoll ist. Aus christlicher Perspektive hat sich Gott in Jesus Christus am deutlichsten zu erkennen gegeben, sich mit ihm „identifiziert“, weil Gottes Geist ganz und gar in ihm einwohnt.[19] Leben, Leiden, Kreuz und Auferstehung Jesu Christi offenbaren nach christlichem Verständnis am deutlichsten die Vorwegnahme der zu erwartenden Verwandlung der ganzen Schöpfung durch Gott. Doch die Vollendung steht noch aus. Dieser eschatologische Vorbehalt ist konstitutiv für eine spirituelle Haltung, die zu glauben wagt und nicht aus dem Glauben „ein zu Glaubendes“ macht, das nur „für wahr zu halten sei“.[20]

Damit ist Entscheidendes zum christlichen Religionsverständnis gesagt: Erschließt sich mir der Unverfügbare, erfahre ich Gottes Offenbarung, gleicht das einer Erschütterung, einer inneren Berührung. Solche Erschütterungen und inneren Berührungen sind Aus- und Einbrüche unverfügbarer Kräfte und von unverfügbarer Intensität.[21] Wer religiös ist, kommt von einer Erfahrung her, dass er nicht selbst die Mitte ist, sondern ihn eine andere Mitte trägt. In der religiösen Erfahrung geht es um etwas, jemanden, das/der mir widerfahren ist. Es ist mir nicht verfügbar, es ist immer frei und unableitbar. Es bleibt ein unsagbarer Rest, theologisch gesagt: Ein spiritueller Mensch kommt von einem Geheimnis her, über das er/sie nicht verfügt, das sich ihm/ihr erschließt, sozusagen offenbart.

Davon kann jeder etwas sagen, dem schon einmal die Liebe widerfahren ist. Der christliche Glaube kennt dieses Erleben als Erfahrung des Heiligen Geistes. Solche Erfahrungen können sich auch einstellen von einer tiefen Berührung, aus dem Staunen und voller Dankbarkeit für das Leben. Solche Erfahrungen sind nicht identisch mit dem Glauben. Und viele Gläubige können nicht von einem entscheidenden Ereignis berichten, sondern verstehen ihren Glaubensweg als Prozess. Doch stets steht dahinter die Erkenntnis, die Entdeckung, nicht selbst die Mitte zu sein. Und das führt zur „Aufdeckung" („aletheia" = „Wahrheit"): Ich entdecke als Mensch die Wahrheit über mich, meine Erlösungsbedürftigkeit – nach Hans Küng eine Gemeinsamkeit großer Weltreligionen. Sie sehen den Menschen als erlösungsbedürftig an und glauben an einen barmherzigen Gott, der alle Menschen zur Umkehr ruft.[22]

Es ist eine Lebensbewegung aus dem „Zustand des Ergriffenseins von einem letzten Anliegen (...), das alle anderen Anliegen zu bloß vorläufigen macht und das in sich selbst die Antwort auf die Frage nach dem Sinn unseres Lebens enthält".[23] Um dieses Erleben zu einer Erfahrung des Glaubens werden zu lassen, bedeutet „religio" auch die Rückbindung an Offenbarung, Traditionen und bedeutende Texte, muss ich mich äußern in Worten, Gesten, Symbolen, Riten, begebe ich mich auf einen spirituellen Lern- und Erfahrungsweg.

Folgt man diesem Gott-Nachdenken, das „Gottes Sein im Werden" begreift, lässt sich im Blick auf den interreligiösen Dialog die dialogische Wahrheitsstruktur auch vom Offenbarungsverständnis her entfalten. Nach Schleiermacher ist Offenbarung „jede ursprüngliche und neue Anschauung des Universums".[24] In diesem Sinn gewinnt der Offenbarungsbegriff eine Qualität, die allen Religionen zukommt.

„Konstitutiv ist allein Gottes uranfänglicher, endloser und universaler Heilswille, der alle Wirklichkeit übergreift, um sie über sich hinauszuführen."[25] Für die Binnenperspektive bedeutet das: „In Jesus Christus ist diese Gottesgegenwart einzigartig in geschichtlicher Konkretion repräsentiert, ohne dass sie deshalb auf diese eine als einzige Repräsentanz festgelegt sein müsste. In ihr ist Gott ganz und gar gegenwärtig (totus Deus), ohne dass man sagen müsste: das Ganze Gottes (totum Dei) erschöpfte sich in ihr."[26]

Diese Gottesoffenbarung ist „definitiv", aber nicht im Sinne von „begrenzend", sondern von „entscheidend". „Hier wird Entscheidendes über Gott bekannt: über die Universalität, Unbedingtheit und Unbeirrbarkeit seiner sich schenkenden Gnade. Das bedeutet aber nicht, dass diese Gnade nur im Glauben an Christus zur Wirksamkeit käme. Dann wäre sie nicht universal und unbedingt."[27]

Wenn „der Herr Geist ist" (2. Korinther 3,17) und diese Geistkraft Gottes kreativ, heilsam, universal überall weht, dann ist nicht zu begründen, warum dieser Geist Gottes nicht auch in anderer Gestaltweise sich zu erkennen geben sollte. Damit muss die Einzigartigkeit und universale Bedeutsamkeit Jesu nicht geleugnet werden. Wieso sollte es nicht andere Manifestationen der Liebe Gottes in der Welt geben? Dann gibt es eine Vielfalt von Seinsweisen in der einen unverfügbaren Wahrheit.

Das „solus Christus" hat seinen „Sitz im Leben" im Bekenntnis der Christen zu Christus, es ist keine abstrakte, allgemeingültige, „absolute" Wahrheit „über", sondern ein persönliches Zeugnis „von". Als Ausdruck der unbedingten Wahrheitsgewissheit ist es ein existenzielles Bekenntnis des Glaubens innerhalb dieses Glaubens. Das heißt: Natürlich steht der Weg zu Christus potenziell allen Menschen offen. Doch wer ihn nicht geht, muss deshalb noch nicht auf dem Irrweg sein. Gott sagt nicht: „Das ist ein Weg zu mir, das aber nicht", sondern er sagt: „Alles, was du tust, kann ein Weg zu mir sein, wenn du es so tust, dass es dich zu mir führt."[28]

Christus ist und bleibt das Identitätszentrum des christlichen Glaubens. „Wer von diesem Zentrum seine Identität gewinnt, ist ein Christ."[29] Christlicher Glaube besteht aber nicht aus Sätzen über Jesus, die für wahr zu halten sind, sondern in dem Mitvollzug der Öffnungsbewegung Gottes hin zu den Menschen, also im Vertrauen auf die Verlässlichkeit und Verheißungstreue Gottes.[30] Insofern muss auch eine letzte Überzeugungsgewissheit nicht mit einem Machtanspruch verbunden sein.

3. *Geheimnis des Kreuzes: Nicht Recht haben wollen, sondern ins Recht setzen*

Gottes kreativer und heiliger Geist öffnet für mich den Blick auf die Religionen als Teil der vielfältigen Lebensäußerungen Gottes in dieser Welt. Von dieser öffnenden, entgrenzenden Liebe berührt bleibt Paulus nicht in seinem religiös-kultisch gesicherten Raum. Er geht hinaus, hin zu den Menschen, auf den Marktplatz, zum Beispiel in Athen auf den Areopag (Apostelgeschichte 17). Und er fordert die Menschen zum Hören, zum Gespräch und zum Widerspruch heraus. Denn solch „ein spiritueller Weg öffnet weite Räume der Verbundenheit und nährt die Erinnerung, dass ich nie Einzelne oder Einzelner bin, sondern immer Teil eines Ganzen".[31]

Diese öffnende, entgrenzende Liebe wird neutestamentlich mit „agape" wiedergegeben (griechisch: „Liebe" im Sinne der „Hingabe": 1. Korinther 12,31–13,13). „Gott selbst gibt sich hin" (Markus 10,45): Gott fordert nicht mehr – auch keine Glaubensbeweise von uns. Sondern er nimmt sich in aller Freiheit der Liebe selbst zurück und schafft so die Möglichkeit neuen Lebens, indem er den Tod überwindet (Römer 6,23: „Der Sünde Sold ist der Tod. Gottes Gabe aber ist das ewige Leben in Christus Jesus, unserm Herrn"). Er gibt sich selbst als Glaubenserweis und als tragenden Grund. Christlicher Glaube hat Anteil an dieser Leben schaffenden und Leben schenkenden Bewegung Gottes hin zu den Menschen, zu seiner ganzen Schöpfung. Und auch Anteil am Scheitern und Auferstehen Jesu. Darum: „Wer sein Leben erhalten will, wird es verlieren" (Markus 8,35).

Daraus erwächst für mich eine geistliche Haltung, die dem anderen Raum gibt, sich ihm öffnet, ihn anerkennt in seiner unverwechselbaren Würde. „Je mehr die Liebe zu allem, zu aller Kreatur, zu Schöpfung und Kosmos und in alledem zum Göttlichen wachsen und reifen kann, umso mehr werde ich ein leidenschaftlicher Mensch. Compassion, Mitgefühl, Sympathie (griech. „Mit-leiden") erlebe ich auf dem Weg in die Tiefe: dem eigenen Leiden gegenüber und dem Schreien all der unterdrückten und missbrauchten Menschen."[32] Ich kann mich dem anderen öffnen, weil ich selbst einen geschenkten Lebensraum habe. Das eröffnet mir einen Dialograum.

Jesu Weg ging ans Kreuz. Er hat sein Leben gelassen in freiwilliger Selbstzurücknahme. Und er hatte nicht mehr einfach Recht, sondern er offenbarte sich als Liebe. Der menschliche Weg ist in der Regel der des Rechtbehaltens. Nach Paulus geht das nicht anders, weil der „alte Adam" prägend ist (Römer 5,12–14). Christus schenkt hier Verwandlung – aber diese Verwandlung („der neue Adam": Römer 5,17–19; „der neue Mensch": 2. Korinther 5,14bff.) ist schwierig – und wird es bleiben, solange wir auf dieser Welt sind. Deshalb liegt im Toleranzgedanken so viel Konfliktpotenzial.

Eine spirituelle Grundhaltung, die ihre Kraft aus dem Geheimnis des Kreuzes gewinnt, kann sich nicht unter Bedingungen von Herrschaft und Überlegenheit glaubwürdig vermitteln. Toleranz in diesem Zusammenhang bedeutet dann nicht nur Respekt vor anderen, sondern schließt Duldsamkeit und Leidensbereitschaft mit ein (2. Korinther 1,6). Ja, Kreuzestheologie schließt Verwundbarkeit[33] in der Begegnung mit anderen ein. Darauf wird noch zurückzukommen sein.

Nach christlichem Selbstverständnis ist Leben, Glauben kein erworbenes Recht, das man sich selbst nimmt oder hat, sondern ein Geschenk. Was bedeutet diese Erkenntnis für die Begegnung mit dem Fremdem, mit der mir fremden Religion, für den Dialog der Religionen? Was wäre es, wenn wir im Vergleich der Religionen nicht mehr die Frage stellten: Wer hat denn nun recht – die oder wir? Das ist die Frage des „alten Adam". Die neue Frage wäre: Wer gibt dem anderen das Recht zu leben? Und: Wer gibt, wer gewährt mir recht? Wer gewährt mir Lebensraum, so dass ich leben kann? Das würde mit einem Mal im Streit der Religionen die ganze Szene verändern.

Ich werde an dieser Stelle konkret, um mein Verständnis der spirituellen Grundhaltung, die ihre Kraft aus dem Geheimnis des Kreuzes gewinnt, zu verdeutlichen: Wenn eine Moschee gebaut wird, dann sollten Christen sich als Erste anbieten, die Moschee mitzubauen, sich einzubringen. Und nicht nur zu sagen: „Schluss mit der Moschee, hier wird keine Moschee gebaut. Wo kommen wir denn da hin? Fünfmal den Muezzin, das ist ja nicht zu ertragen. Das will ich nicht ertragen."

Aus empfundener Angst und Unsicherheit wächst das Bedürfnis, selbst recht zu behalten. Die Gewissheit, von Gott anerkannt und ins Recht gesetzt zu werden, nimmt mir Ängste, fördert Gelassenheit. In solch einer Haltung schaffen wir Raum für Anerkennung, wenn wir sagen: „Wir helfen euch dabei, die Moschee zu bauen. Wir haben nur eine herzliche Bitte, macht den Muezzinruf vielleicht nur am Freitag – oder nur innerhalb der Moschee“ – oder ähnlich. Und dann überlassen wir es Gott und seiner Verheißungstreue, wie er sich in den Begegnungen erschließt.

Das ist für mich Teil der „Sehschule Jesu“: Mit diesem Sehen beginnt die Liebe. Wenn wir uns in Gottes Augen voller liebender Aufmerksamkeit geachtet wissen, können wir auch andere in ihrer Würde sehen, auch die, die leicht übersehen werden. Diese sehende Haltung überwindet alle Geringschätzung. Sie ist die Quelle einer verwundbaren „spirituellen Toleranz“, die es noch zu entfalten gilt.

II. Eine biblische Erinnerung: „Nichts ist unmöglich – aber nicht alles ist erträglich“ (1. Korinther 10,26)

Diese spirituelle Grundhaltung aus dem Glauben an den gekreuzigten und auferstanden Herrn, der Lebensrecht schenkt und für den Wahrheit keine einfache Frage nach richtig und falsch ist, lässt es im konkreten Leben dann doch nicht an Unübersichtlichkeit fehlen. Am einfachsten ist die Welt immer dann, wenn klar entschieden werden kann, was gut und böse ist, was zu tolerieren und was eben nicht zu tolerieren ist. Es ist nicht zu tolerieren, dass einer einen anderen aus niederen Beweggründen tötet. Darüber besteht in der ganzen Welt kein Zweifel. Doch jedem ist klar, dass das normale menschliche Leben komplizierter ist.

Das kann am Beispiel des Gebotes „Du sollst nicht töten“ anschaulich werden. Tötung aus Notwehr ist durchaus etwas anders als ein geplanter Mord. Tötung im Auftrag des Staates als Soldat ist sogar völkerrechtlich erlaubt. Je genauer man hinsieht, umso geringer werden die Chancen, schon im individuellen Bereich klare Entscheidungen mit gutem Gewissen fällen zu können. Das gewinnt in Bezug auf religiöse oder geistliche Zusammenhänge noch an Schärfe. Wer kann schon sagen, was dem Willen Gottes entspricht?

Konfliktpotenzial gab es von Anfang an in der jungen christlichen Gemeinde. Darüber erfahren wir in einem Antwortbrief des Apostels Paulus an die Gemeinde zu Korinth. Die groß von Paulus verkündigte „Freiheit eines Christenmenschen“ haben die Korinther wohl sehr großzügig ausgelegt („Panta exestin“, griech. für „alles ist erlaubt“). „Nichts ist unmöglich“ oder „Man darf alles!“ war die verbreitete Losung und führte zu einem teilweise ausschweifenden Lebensstil. Paulus nennt das „Unzucht“. Die Korinther waren empört. In ihrer so multireligiösen und multikulturellen Stadt, in dieser pluralen Gesellschaft war es einfach selbstverständlich, seinen Lebensstil frei zu wählen. Wer wollte das schon kontrollieren? Wer wollte Anfragen daran stellen, ob einer ins Bordell geht oder nicht, ob einer sich vergnügt oder enthaltsam lebt oder welche Art von Fleisch er isst.

Das Problem an diesem pluralistischen „anything goes“-Konzept liegt in der unvermeidlichen Relativierung religiöser Wahrheitsansprüche. Prinzipielle Pluralisierung bedeutet eben zugleich eine Lockerung der Verbindlichkeiten. Hier erkennt Paulus einen Missbrauch der Freiheit, die Christus schenkt. Die spirituelle Grundhaltung geht verloren, wenn sie nicht mehr das Leben selbst zu prägen imstande ist. Paulus greift daher die Losung der Korinther auf. Aber er stellt sie in ein anderes Licht. „Panta exestin“ („alles ist erlaubt“), aber: „ou panta symphero“ (griech. für „nicht alles führt zusammen“). Das meint: Nicht alles ist hilfreich, ersprießlich, zuträglich, förderlich, angemessen.

Es geht dabei nicht um den Einzelnen und seine Überzeugungen, sondern Paulus hat die Gemeinschaft im Blick. „Symphero“ ist ein Grundwort griechischer Moral und ein ausgesprochenes Beziehungsverb. Es sagt etwas aus über die Qualität der Beziehung. Und diese Qualität ist gekennzeichnet davon, dem anderen „beizustehen“, „mit jemandem zusammen etwas zu ertragen“. Das Bedeutungsfeld geht so weit, dass es auch beinhaltet, „jemandem beim Tragen zu helfen“, also eine Last abzunehmen, ihm „zum Heil zu gereichen“. Es geht um eine Haltung der Achtsamkeit dem anderen gegenüber. Und diese Haltung, die dem anderen Lebensraum gewährt, ist für Paulus eine aus dem Glauben erwachsene Haltung, die das Gemeinwohl im Blick hat. Im Passiv-Gebrauch bedeutet es „zusammentreffen", „zusammenkommen" bis hin zu dem Sinn, „sich zu verbinden", „sich zu versöhnen", um in Eintracht miteinander zu leben.

Im Zusammenhang des 10. Kapitels des 1. Korintherbriefes legt Paulus dar, dass es für einen Christenmenschen natürlich möglich sei, alles, was auf dem Fleischmarkt angeboten ist, auch zu kaufen. Nur eine Ausnahme nennt Paulus. Wenn der Gastgeber ausdrücklich darauf hinweist, dass es sich um Götzenopferfleisch handelt, sollte Verzicht geübt werden und zwar um des Gastgebers willen. Es geht ja letztlich um die Teilnahme an einer kultischen Handlung. Die Gemeinschaft „unter dem Altar" der anderen Gottheit steht damit auch unter dem Segen dieser anderen Gottheit – und das bindet. Das Gewissen im Kontext der Gemeinschaft ist für Paulus die letzte Instanz der Entscheidung. Das Gewissen des Gastgebers soll nicht belastet werden, indem er denkt, es sei den Christen in ihrem Glauben sowieso egal, wie sie sich verhalten. Und auf der anderen Seite muss ich mich gegenüber dem anderen auch nicht derart beweisen, dass ich in falsch verstandener Freiheit („was ich alles kann und darf") nun ganz bewusst mitesse, um meinem Gastgeber meine Überlegenheit zu demonstrieren. Alles ist erlaubt, aber nicht alles ist dem Gemeinwohl zuträglich.[34] Auch die „Unzucht" wird in ihrer sozialen Dimension gesehen. Es betrifft die Gemeinschaft als Ganzes, wenn ein einseitiges Besitz- und Objektverhältnis eine wirkliche Begegnung zweier Menschen disqualifiziert und das gemeinsame, sich gegenseitig würdigende Leben nicht fördert. Das heißt eine Handlung wird nicht „an sich" bemessen, sondern an der Wirkung gegenüber einem anderen. Inwiefern wird Lebensraum gewährt oder Leben und Lebenswürde genommen? Wird der andere ins Recht gesetzt oder ausgenutzt? Dies sind bereits zentrale Fragen, die die Bedeutung von Toleranz als einer Haltung innerhalb eines Gemeinwohls bestimmen.

Ich knüpfe an die Ausführungen zum Gottes-, Wahrheits- und Offenbarungsverständnis an und möchte auf drei weitere Aspekte in diesem Zusammenhang aufmerksam machen.

Zum einen hat Paulus Grundsätzlicheres im Blick als nur eine bestimmte Verhaltensweise. Er denkt vom Glaubensgrund her. Er ist der Auffassung, dass die anderen durchaus genau spüren, ob es die Christen wirklich ernst meinen mit dem, was sie glauben. Bei aller Wertschätzung und allem Respekt dem anderen gegenüber erwartet Paulus, dass es dem Christenmenschen abzuspüren ist, was ihn beseelt und was ihm innerlich wichtig ist. Eine Nivellierung der Unterschiede seitens der Glaubenden – in diesem Fall das gemeinsame Essen von Götzenopferfleisch, das zu einer Gottesverehrung gehört, die der eigenen nicht entspricht – wird vom anderen zumeist als das ausgelegt, was sie auch tatsächlich ist: das Eingeständnis grundlegender Zweifel am eigenen Glauben und ein Mangel an theologischer Reflexion und Bildung.

Die Begegnung mit Menschen, die anders glauben als ich, mag, wenn man die hier angedeutete Problemanzeige ernst nimmt, positiv dazu führen, die Grundlagen und Schätze der eigenen Religion (wieder-)zuentdecken, sie bewusster zu leben und eben auch zu vertreten. Ganz im Sinne der oben angedeuteten spirituellen Haltung. Nicht: „Ich habe doch recht!“, sondern mit der Haltung der Recht gewährenden Liebe, wie sie sich aus der Botschaft des Kreuzes heraus erschließt, dem anderen zu begegnen. Bin ich existenziell von dieser Liebe Gottes in Jesus Christus berührt, suche ich das mir Eigene auch zu einer Lebenshaltung werden zu lassen. Neutestamentlich gesprochen: Ich folge Jesus nach.

Dass es dabei auch zu Unterscheidungen kommt und Harmonisierungen nicht angesagt sind, liegt in der Natur der Sache. Allerdings möchte ich darauf aufmerksam machen, dass man einige Vorsicht dabei walten lassen sollte, das polytheistische Umfeld des Neuen Testaments einfach mit der heutigen multireligiösen Situation gleichzusetzen. Biblische Auskünfte sind durchaus nicht so eindeutig, wie es auf den ersten Blick den Anschein hat. Gleichwohl gilt, dass es gerade um der Liebe willen auch um Klarheit geht. Die Wahrheit, die mir so existenziell begegnet ist, dass ich mein Leben nach ihr ausrichte, bleibt nicht indifferent gegenüber dem alltäglichen Leben. Glaube möchte Gestalt gewinnen, bewährt sich im Tun.

Zu unterscheiden bedeutet aber nicht, sich grundsätzlich der Gemeinschaft zu verweigern, sich aus der Welt zurückziehen. Denn die Gemeindeglieder in Korinth haben ja am alltäglichen Leben Anteil. Sie treffen auch diejenigen, die anders und anderes glauben als sie und haben mit ihnen Gemeinschaft, sogar Tischgemeinschaft. Sich um den anderen zu sorgen, wie es Paulus hier fordert, ist selbst eine spirituelle Haltung. Sie bedeutet Achtsamkeit und Respekt dem anderen gegenüber und fragt, was für ihn wie für mich, ja für die ganze Gemeinschaft lebensdienlich und -förderlich ist. Gerade weil mir im Alltäglichen Gott begegnen kann, bleibe ich aufmerksam, prüfe alles und behalte das Gute (1. Thessaloniker 5,21), ohne den anderen zu verwerfen. Denn man ist letztlich mit allen Menschen unterwegs und „hat" nicht die Wahrheit.

Diese Haltung einer gewissen Selbstbeschränkung beinhaltet bei allem Einstehen für die eigene Überzeugung die grundlegende Fähigkeit zur Selbstkritik und das Wissen um die Vorläufigkeit auch religiöser Aussagen. Offenbarung als Erschließungsgeschehen ist nicht identisch mit der religiösen An- und Aufnahme dieses Offenbarungsgeschehens. Die Teilhabe am Christentum bedeutet nicht zugleich Teilhabe an der Wahrheit.

Hier gilt noch immer Karl Barths selbstkritische Aussage gegenüber dem Christentum als Religion, durch das „das göttlich Einzigartige in einem menschlich bloß Eigenartigen" Platz gefunden habe.[35] Oder wie es Gerhard Ebeling formulierte: „Das Christentum als Religion ist ein ungemein komplexes Gebilde, bestehend aus vielen religiösen Phänomenen (…). Nur in dem Maße, wie alles am Christentum auf Jesus Christus bezogen und auf ihn hin relativiert wird, hat es an der Wahrheit teil (…). Das Wahre am Christentum ist der Glaube. Der Glaube aber schöpft seine Gewissheit nicht aus sich selbst, sondern aus seinem Grund. Der Glaube ist nicht Selbstgewissheit, sondern ein Versetztsein des Menschen außerhalb seiner selbst, ein Angenommensein, ein Bejahtsein, ein Geliebtsein" von Gott her, von Christus her.[36]

Noch ein Zweites macht diese Begebenheit in Korinth deutlich: Die christliche Gemeinde ist eine Lern- und Erinnerungsgemeinschaft. Die eigenen Einsichten und Positionen werden miteinander geprüft, weiterentwickelt, manchmal korrigiert oder gar verworfen. Denn der Glaube lebt in der Gegenwart und muss sich den Fragen, Stilen und Behauptungen stellen, die gedeutet und verstanden werden sollen und wollen. Die Wahrheit „an sich", die von vornherein feststeht und nur zu einer passenden Gelegenheit zitiert werden kann und muss, ist aus christlicher Perspektive nicht gegeben.

Bin ich wahrhaftig ergriffen und berührt von Jesus Christus, führt mich das zu dem unbedingten Bekenntnis, dass Christus nicht nur mein Heiland, sondern „der Heiland der ganzen Welt" (Johannes 4,42) ist. Erst unter Absehung der existenziellen Dimension von Wahrheit wird daraus im Dialog mit anderen ein unversöhnlicher Absolutheits- und Alleingeltungsanspruch. Daher ist der zweite Halbvers aus Johannes 14,6 („Niemand kommt zum Vater denn durch mich") notwendigerweise gebunden an den ersten, der seine Grundlage bildet: „Jesus spricht: Ich bin der Weg und die Wahrheit und das Leben." Beide Versteile sind aufeinander verwiesen so wie Glaubenserfahrung und Glaubenswissen aufeinander bezogen sind. Weggemeinschaft ohne Unbedingtheit ist ziellos, formulierte Exklusivität ohne Wegcharakter ist ausschließend.

Zusammengenommen ist Johannes 14,6 ein Bekenntnis in einer Zeit der Verfolgung, der unmittelbaren Existenzbedrohung: Nach dem Ausschluss aus der Synagoge waren die Judenchristen Jerusalems aus der Glaubensgemeinschaft ausgestoßen und als Ketzer gebrandmarkt. Sie suchten ihren Glauben in dieser extremen Konfliktsituation zu behaupten.[37]

Diese Grundlage bleibt: Jesus Christus ist für Christinnen und Christen der Weg, die Wahrheit und das Leben. Für den Schriftkundigen damaliger Zeit war die Verbindung zu Exodus 3,14 offensichtlich.[38] Wenn die Wahrheit Weg ist und Gott im Kommen, dann ist sie auf dem Weg, beweglich. Dann ist trotz göttlicher Präsenz noch etwas offen. Wenn die Grundlage der Wahrheit eine Person ist, ist sie nicht Buch, System oder Besitz, sondern Begegnung. „Das, worauf es ankommt, ist die Bezeugung der Wahrheit als Person. Natürlich weiß ich von ihr, bezeuge sie. Doch der Begriff der abgeschlossenen Wahrheit ist auf sie überhaupt nicht anwendbar."[39]

Denn der „adventliche Gott", der „für uns" im Kommen ist, sucht die Begegnung immer wieder neu. Er bleibt nicht der unbewegte Beweger oder die erste Ursache transzendent im Himmel. Diese existenzielle Begegnungswahrheit ist gerade nicht unveränderlich, wie es das hellenistische Denken nahelegt. Wenn sich die Wahrheit immer wieder neu als Weg und Leben erschließt, steht sie nicht unumstößlich fest. Sie gibt sich im Gegenüber, in der Begegnung zu erkennen. Weil Gott im Kommen ist, sehe ich in einer adventlichen, auf Gott ausgerichteten erwartungsfrohen Existenz die spirituelle Haltung des Glaubens. Theologisch bedeutet das, dass christliche Existenz selbst eine dialogische ist.

So werden auch die Erkenntnisse des Paulus heute wieder neu zu sehen, zu diskutieren, zu bewerten sein. Denn soziale und politische Bedingungen sind keine kommentarlos hinzunehmenden Fügungen, sondern Bedingungen, unter denen sich der christliche Glaube in tätiger Nächstenliebe und geistiger Wachheit immer wieder neu bewähren muss. Und diese Bedingungen ändern sich, so dass wir heute vor anderen Herausforderungen und Erkenntnismöglichkeiten stehen als die Menschen zur Zeit des Apostels Paulus.

3. Das Christentum ist nicht aus sich heraus denknotwendig

Schließlich macht die Situation in Korinth noch auf etwas Drittes aufmerksam: Christus ist die der Welt zugewandte Seite Gottes. In ihm erkennen wir die heilende Gegenwart Gottes in unserer Mitte. Das sind grundlegende Aussagen des christlichen Glaubens, hinter die wir nicht zurückgehen wollen und können. Die Frage ist: Wie verstehen wir solche Grundaussagen in der multireligiösen und multikulturellen Welt, in der wir leben? Diese Grundfrage stellte sich nicht erst in der Moderne.

Denn schon die multireligiöse und multikulturelle Gesellschaft ist der erste und prägende Kontext des jungen Christentums gewesen. Die Pluralität des Denkens und Glaubens, der Lebensführung und der Gesellschaftsordnungen ist damit keine moderne Erscheinung. Allerdings haben die Menschen im christlichen Abendland über 1500 Jahre in einer Art religiösen Monokultur gelebt. Nur einige Juden waren als „die andere Religion“ als Minderheit erkennbar – mit entsprechenden Verwerfungen durch die christliche Mehrheitsgesellschaft. Die Situation hat sich grundlegend geändert. Im multikulturellen und multireligiösen Europa des 21. Jahrhunderts stellt sich nicht mehr die Frage, ob Menschen unterschiedlicher kultureller und religiöser Prägungen zusammenleben wollen. Vielmehr leben sie neben- und miteinander, so dass sich aus konkreten Lebenserfahrungen deutlich und dringend die Fragen nach der Gestaltung eines „gelebten Dialogs“ stellen.

Das bedeutet aber zugleich auch die Erkenntnis, dass der christliche Glaube nicht allein ein Antwortgeber ist. Er muss mit dem Einspruch der anderen Religionen rechnen. Alle großen Religionen der Welt versuchen die elementaren Fragen der Menschheit zu formulieren und zu beantworten, auch der christliche Glaube. An manchen Punkten gibt es Verwandtschaften, erstaunliche Nähe und Übereinstimmungen, an anderen scharfe Widersprüche, große Distanzen und erwartbare Gegensätze.

Diese plurale Situation macht deutlich: Das Christentum ist nicht aus sich heraus denknotwendig. Es kann sich nur in einem „Gespräch auf Augenhöhe“ als Gesprächspartner empfehlen. Um von der eigenen Konfession her zu formulieren: Das fällt dem europäischen Protestantismus derzeit schwer, weil er seine wirklichkeitsgestaltende Kraft längst verloren hat. Im Gespräch mit den anderen Religionen und Konfessionen mag er seine religiöse Kraft zurückgewinnen, wenn er seinen eigenen Glauben wieder ernst nimmt. Wenn der Protestantismus geistlich, spirituell erlahmt, hat er auch weltlich nichts mehr zu sagen.

Das lässt sich ohne Polemik auf alle christlichen Konfessionen übertragen, wie Helmut Aßmann deutlich macht: „Der christliche Glaube hat im westlichen Teil von Europa seine kulturelle Selbstverständlichkeit und seine Monopolstellung verloren. Religion, vor allem der christliche Glaube, bedarf für jeden einzelnen mündigen Menschen der persönlichen Aneignung und Eingliederung ins persönliche Leben. Die Traditionen der vergangenen Generationen erlahmen. Dies ist weniger klagend als feststellend gesagt. Die Welt ist nicht böser, sie ist unübersichtlicher, nicht unchristlicher, sondern nur schwieriger geworden in den vergangenen fünfzig Jahren."[40]

Menschliches Leben ist nicht gebunden an christliche Überzeugungen. Christlich gesprochen: Der Schöpfer hat mit seinen Geschöpfen nicht automatisch ihre Weltanschauung festgelegt. Das Christentum ist „nur" eine Religion unter anderen, wenn auch zahlenmäßig mit etwa zwei Milliarden Gläubigen die derzeit größte.

Es stellt sich die Frage, wie auf diese gesellschaftlichen Herausforderungen aus evangelischer Perspektive theologisch und spirituell reagiert werden kann, ohne das eigene Wahrheitsverständnis aufzugeben und ohne den anderen nur in einer Haltung der Abwehr oder Duldung zu begegnen. Dazu sollen zuvor in einem weiteren Schritt die schon angedeuteten gesellschaftlichen Entwicklungen vertieft werden.

III. Eine zweite Annäherung: gesellschaftliche Entwicklungen

1. Positionierung unter Fundamentalismusverdacht

Die evangelische Theologin Dorothee Sölle schildert in einem ihrer Bücher, wie sie von einer Frau angerufen wird, die eine Umfrage über Religion macht. Die Frau am Telefon führte aus: *„Angenommen, Sie treffen einen Mann in guter Position, erfolgreich, gesund, zufrieden, schönes Familienleben usw., der Atheist ist. Was würden Sie ihm sagen?" Ich antwortete: „Ihnen fehlt etwas, würde ich sagen." „Was wäre das?" Antwort: „Der Hunger und Durst nach dem Reich Gottes." Sie wendet ein: „Er hat doch keinen Hunger." Ich antworte: „Das ist es ja gerade. Er hat sich den Bauch mit anderen Sachen vollgeschlagen." „Werfen Sie ihm das vor?" „Natürlich!", sage ich. „Er meint, Gott sei überflüssig." „Sie sind intolerant", sagt die Stimme am Telefon. Ich frage etwas verwirrt: „Wollten Sie mit mir über Toleranz diskutieren? Ich dachte, über Glauben." „Aber Sie lehnen den Mann ab", bekomme ich zu hören. Ich versuche es noch einmal: „Weil er Gott nicht liebt", stottere ich. „Ich wünsche ihn mir anders." Die Antwort kam prompt: „Sehen Sie, wie intolerant Sie sind!" Ich lege den Hörer auf.*[41]

Wir leben in einer Zeit, in der gläubige Menschen schnell als intolerant eingestuft werden. Wie ist der Gedanke der Wahrheit mit dem des Pluralismus in ein Verhältnis zu bringen? Religion ist erlaubt – aber nicht als eine substanzielle Lebensweise, sondern als „Kultur-" und Lifestyle-Phänomen.[42] Wer sich leidenschaftlich zu seinem Glauben bekennt, steht schnell unter Fundamentalismusverdacht. Zumindest gilt er als potenziell intolerant. „Es ist ja ganz schön, dass du so glaubst, aber …" Vielleicht ist „Kultur" der Name für all jene Dinge, die wir praktizieren, ohne wirklich an sie zu glauben, ohne sie im Tiefsten existenziell ernst zu nehmen. Möglicherweise ist das der Grund für die ausgesprochene Skepsis gegenüber jeder religiösen Aussage, hinter der viele gleich fundamentalistische Gläubige vermuten und sie als „kulturfeindliche Barbaren"[43] abtun. Dass es Deformationen von Religion gibt, die das Leben und die Würde des Menschen nicht achten, steht außer Frage. Doch religiöse Gefahrenabwehr darf nicht in Religionsabwehr umschlagen. Im Rahmen der Beschneidungsdebatte in Deutschland im Jahre 2012 war diese Unterscheidung nicht immer gewahrt. Wirklicher, gelebter Glaube irritiert. Verfasste (!) Religion wird von immer mehr Menschen in Deutschland vielfach nicht mehr als eine Möglichkeit begriffen, dem eigenen Leben Sinn zu verleihen, gleichwohl das Phänomen „Religiosität" zugenommen hat.

Leidenschaft „als solche" gilt heute als politisch nicht korrekt. „Es ist alles erlaubt, aber es frommt nicht alles." Es ist eine „Kultur", in der es darum geht, alle schädigenden Eigenschaften zu neutralisieren. Kaffee ohne Coffein, Sahne ohne Fett, Bier ohne Alkohol, Kriege ohne zivile Opfer (auf unserer Seite natürlich), Religion ohne innere, existenzielle Leidenschaft.[44] Politisch korrekt scheint nur die Forderung nach Toleranz und Offenheit gegenüber den oder dem anderen, bei der zugleich eine Angst vor Belästigung spürbar ist. Der andere ist einem recht, solange er nicht wirklich anders ist. So schält sich das Recht heraus, unbehelligt zu bleiben und andere auf Distanz zu halten. Die Wahrheitsfrage bleibt so ausgeklammert.

Doch ein interreligiöser Dialog, der nicht bloß ein nettes Gespräch ist, sondern ein ehrlicher und offener Dialog, wird die eigene Überzeugung einbringen, die Wahrheit aus der je eigenen Sicht der jeweiligen Religion verdeutlichen. Wie aber lässt sich in einer postmodernen Gesellschaft, in der es letztlich beliebig ist, was eine oder einer glaubt, in der jede und jeder sich seinen/ihren eigenen Glauben zurechtlegen kann, miteinander von der Wahrheit reden? Wenn die einzige Wahrheit darin besteht, dass es keine Wahrheit gibt – zumindest keine, die vom Menschen auszusagen ist? „Niemand hat die Wahrheit für sich gepachtet“ ist ein bekanntes Sprichwort. Es scheint öffentlicher Konsens zu sein, so dass viele Menschen aufgehört haben, sich diese Frage überhaupt zu stellen. Die Suche nach der Wahrheit hat sich dahingehend verändert, dass viele Menschen nach dem streben, was ihnen persönlich guttut. Mehr noch: Sollen wir also die Frage nach der Wahrheit nicht sogar grundsätzlich aufgeben, weil wir sonst als intolerant gelten?

Wie lässt sich unter diesen Voraussetzungen über Religion als Erschütterung und Offenbarung als mich existenziell berührendes Erschließungsgeschehen sprechen, das mich „in alle Wahrheit führt“? Wer auf diese Weise seinen Glauben versteht, erntet Widerspruch – möglicherweise auch in einer Art Abwehrhaltung als Aufschrei derjenigen, die selbst keine Orientierung haben finden können und schmerzlich an ihr eigenes Unbehagen erinnert werden.

2. *Das Unbehagen in der Modernität*

Das „Unbehagen in der Modernität“[45] nennt Peter L. Berger den inneren Widerspruch, der in der modernen Kultur eingebaut und Quelle einer fortwährenden Orientierungs- und Identitätskrise ist. Einerseits soll das moderne Individuum alle Gewissheit und Sicherheit, derer es im Denken, Handeln und Leben bedarf, allein aus sich selbst schöpfen. Dabei muss es sich mit ständigem Wandel und mit Vereinheitlichungsbestrebungen auseinandersetzen.

Andererseits ist aber das moderne Individuum aufgrund der wachsenden Ungewissheiten und des wachsenden Pluralismus immer weniger zu solch einer Leistung in der Lage. Wie kann es mir gelingen, bei fortwährendem Wandel Halt zu finden für die eigene Identität und Identitätsbildung? Es ist nicht überraschend, so Berger, dass der moderne Mensch an einer dauernden Identitätskrise leidet – ein Zustand, der „zu starker Nervosität“ führt. Denn die pluralistischen Strukturen der modernen westlichen Gesellschaft haben das Leben von immer mehr Menschen nicht sicherer, sondern „nomadisch, ständig wechselnd, mobil gemacht“.[46] So ist der moderne Mensch nach Berger durch die „Notwendigkeit zur Wahl“ hin- und hergerissen zwischen dem Gefühl der Befreiung und der Erfahrung der Angst und Entfremdung.[47]

Das Wesen der Moderne liegt nach Jürgen Habermas in der „Ausdifferenzierung von Wertsphären und Subsystemen“, die zugleich durch ein Übermaß an Rationalisierung der Lebenswelten bestimmt ist.[48] Der „Geist der Ökonomie“ hat sich der Welt und des Menschen bemächtigt und ordnet „Lebenswert“ unter dem Stichwort der „Verwertbarkeit“ ein.[49] Auch Religion wird oft unter pragmatischen Gesichtspunkten betrachtet und verbindliche religiöse Entscheidungen werden gerne vermieden.[50] Die Wahrheitsfrage kann auf solchen Grundlagen nur störend wirken. Sie zu stellen in einer sich liberal verstehenden Kultur erregt Anstoß.

Diese Überlegungen lassen erahnen, warum eine Positionierung im Glauben vielfach unter Fundamentalismusverdacht gerät – und der Gläubige unter den Verdacht, a priori intolerant sein zu müssen. Wer existenziell nach Wahrheit fragt, droht aufgerieben zu werden zwischen „postmoderner“ Gleich-Gültigkeit und fundamentalistischer Ein-Deutigkeit. Damit stellt sich die Frage nach dem Toleranzbegriff im (inter-)religiösen Kontext und danach, wie und ob überhaupt aus evangelischer Perspektive unter Einbeziehung der Wahrheitsfrage von Toleranz gesprochen werden kann. Inwieweit kann Toleranz eine dem christlichen Glauben angemessene Haltung sein? Eine Antwort lässt sich erst finden, wenn eine gewisse Klärung darüber stattgefunden hat, was ursprünglich unter Toleranz zu verstehen ist und wie der Begriff weiterentwickelt wurde.

IV. Toleranz

1. Zum Begriff

Ein Blick auf unterschiedliche Zitate[51] zeigt, wie vielfältig der Begriff „Toleranz“ heute gebraucht wird. „Toleranz setzt voraus, ein Bekenntnis und Überzeugungen zu haben", meinte Johannes Rau. Demgegenüber behauptet Gilbert Keith Chesterton: „Toleranz ist die Tugend des Mannes, der keine Überzeugungen hat." Für Jules Lemaître ist „Toleranz die Nächstenliebe der Intelligenz", während William S. Maugham meint: „Toleranz ist ein anderes Wort für Gleichgültigkeit." Von Arthur Schnitzler ist überliefert: „Toleranz heißt, die Fehler des anderen zu entschuldigen. Takt heißt, sie gar nicht erst zu bemerken." Berühmt ist auch Goethes Ausspruch: „Die wahre Liberalität ist Anerkennung. Toleranz sollte eigentlich nur eine vorübergehende Gesinnung sein; sie muss zur Anerkennung führen. Dulden heißt beleidigen."[52]

Das zeigt, wie umstritten das Verständnis von Toleranz ist.[53] Nach dem Duden-Herkunftswörterbuch leitet sich „Toleranz" ab vom Lateinischen „tolerare", was sich mit „tragen, ertragen, erdulden" wiedergeben lässt. Tolerant ist derjenige, der duldsam, nachsichtig und weitherzig ist. Toleranz ist ein Begriff aus der individuellen Ethik, er beschreibt „die sittliche Haltung, die aus dem Solidaritätsbewusstsein erwächst, dass ich den neben mir lebenden Menschen, der zwar durch seine Eigenart, seine Andersartigkeit das Zusammenleben erschweren kann, ‚ertragen' muss. Von hier aus weitet sich der Begriff aus auf das Dulden und Ertragen von Lebensgewohnheiten und Eigenarten von Gruppen, die sich in der menschlichen Gemeinschaft gebildet und sich durch ihre Gebräuche, ihre Sitten, ihre Religion als abgehobene Sondergruppe charakterisiert haben".[54]

Den biblischen Bezug liefert 2. Korinther 1,6, in dem das Wort „Toleranz" im Neuen Testament nach der lateinischen Übersetzung der Vulgata das einzige Mal vorkommt: „in tolerantia earundem passionum quas et nos patimur" – und zwar in dem Sinne, dass sich für die bedrängte Gemeinde der Trost (Gottes) als wirksam erweist, wenn sie „in Geduld leidet wie auch wir (als Apostel) leiden". Nachhaltig wirksam wurde Augustinus' lateinische Übertragung von 1. Korinther 13,7 „caritas tolerat omnia" (Sermones 4): „Die Liebe erträgt alles". Klaus Schreiner erkennt hier die Verwandlung des antiken Verständnisses von „tolerantia", die ein stoisches Ertragen meinte, in die Sozialtugend des bewussten Ertragens des anderen.[55] Allerdings entspricht diese Übersetzung nicht ganz dem Bedeutungsfeld des griechischen Wortes „hypomeno" in seiner Grundbedeutung „Geduld". „Liebe schenkt die Kraft der Geduld" kommt dem Sinn von 1. Korinther 13,7 näher.[56]

Ein zweites Bibelwort hat die Kirchengeschichte bis hinein in die Neuzeit geprägt, wenn es um den Umgang mit Häretikern in den eigenen Reihen ging. Das „Gleichnis vom Unkraut unter dem Weizen" (Matthäus 13,24–30: „Lasset beides wachsen bis zur Ernte") erinnert daran, dass das endgültige Urteil über die Frevler Gott vorbehalten bleiben muss.[57] Nach Reiner Forst ist dieses Gleichnis „die für die Rechtfertigung christlicher Toleranz prominenteste Stelle".[58] Die Häretiker waren für die Kirche nicht belanglos, aber das Strafgericht war Sache Gottes (Römer 12,19).

Doch nicht nur der Bereich der Individualethik ist in den Blick zu nehmen, um die verschiedenen Facetten des Toleranzbegriffes zu verstehen. Dieser ist nicht nur im Rahmen einer individuellen Grundhaltung zu deuten, sondern auch unter Berücksichtigung unterschiedlicher Mentalitätsstrukturen. Es geht darum, das Phänomen der Toleranz geistesgeschichtlich einzuordnen in das Lebens- und Weltverständnis der jeweiligen Zeit. Idealtypisch lassen sich zwei grundlegend verschiedene „Mentalitäten", Weltverständnisse aufzeigen,[59] die in der Realität in der Regel in Mischform anzutreffen sind.

In einem religiös-politischen Gemeinwesen, das insbesondere auf Einheit Wert legt und in dem die Religion den öffentlichen Raum prägt, ist es wesentliches Ziel, den inneren Frieden und die Einheit des Volkes zu erhalten. Das Erleben des Heiligen bestimmt alle privaten und öffentlichen Handlungen. Intoleranz wird in diesem Fall zu einem Auftrag der Götter, der Staatsgötter. Überall, wo die religionspolitischen Machthaber eine Verletzung des gemeinschaftserhaltenden Kultus vermuten, gehen sie zu einer aktiven Intoleranz über. Denn es gilt, den inneren Frieden und die Einheit des Reiches zu sichern. Die Gemeinschaft ist zu schützen und steht über der Freiheit des Einzelnen. Das Traditionsbewusstsein wird stets höher geachtet als jeder Neuerungswille. Die Offenbarungswahrheit gilt absolut, so dass sich ein Beharrungsvermögen etabliert. Der Kampf zugunsten der Erhaltung der auf Überlieferung beruhenden Lebensordnung ist wesentlich.

Im römischen Reich galt „die Religion als Herrschaft stabilisierendes Mittel".[60] Unterhalb der Schwelle des für alle verbindlichen

Staatskultus ließ der römische Vielvölkerstaat durchaus eine Vielfalt religiöser Vorstellungen zu. Doch Abweichungen konnten umgehend bestraft werden, weil die Verehrung anderer Gottheiten bedeuten konnte, sich eigene Gesetze zu machen, was die Einheit und den inneren Frieden des Reiches infrage gestellt hätte. Daher galt als Frevler, wer „novarum reum cupidus" („neuerungssüchtig") war.[61] So konnte das junge Christentum im römischen Reich neben den anderen Religionen zunächst relativ unbehelligt existieren, solange die römischen Herrscher nicht den Eindruck hatten, der absolut unantastbare Kaiserkult wäre öffentlich angegriffen worden. Das änderte sich in dem Moment, als Gefahr für den „inneren Frieden" heraufbeschworen wurde.[62]

Eine ähnliche Mentalität einer „sakral", über die Gottheit bestimmten Gesellschaft, lässt sich in den islamisch geprägten Ländern beobachten, in denen es schwierig ist, Neuerungen einzuführen, weil sie schnell im Verdacht stehen, die absolut gültige Offenbarung infrage zu stellen. So ist es notwendig, jede Idee und Entwicklung dahingehend zu überprüfen, ob sie mit den Traditionen (Koran und Sunna) übereinstimmen. Darüber gab und gibt es bis heute religionspolitischen Streit unter den verschiedenen Gruppierungen, die diese Traditionen unterschiedlich auslegen.

Ergänzend sei angemerkt, dass sich solch ein religiös-politisches Gemeinwesen selbst nicht unbedingt von einer Religion her verstehen muss. Paul Tillich bemerkt zutreffend, dass auch in „säkularen Quasi-Religionen (…) Gegenstände wie die Nation, die Wissenschaft, eine besondere Form oder ein bestimmtes Stadium der Gesellschaft zu letzten Anliegen erhoben und vergöttert" werden können.[63] Als Letztbegründungs-Instanz erhält auf diesem Weg in einem wissenschaftsgläubigen Zeitalter die menschliche Vernunft, die „Ratio", quasi „sakralen" Charakter, wird als einheitsbildend verstanden. Was sich nicht mit der Wissenschaft begründen lässt, gilt als rückständig und die soziale Gemeinschaft gefährdend. Aus diesem Blickwinkel wurde in der sogenannten Beschneidungsdebatte Religion als fundamentalistisch, extremistisch, archaisch und als für den modernen Menschen in einer modernen Gesellschaft nicht tauglich verunglimpft. Strukturell kann also eine „sakrale" Mentalität in einem religiösen wie quasi-religiösen Gewand erscheinen.

In einer weitgehend offenen Staatsform, die sich entsakralisiert hat, in der es zu einer Unterscheidung von Religion und Politik gekommen ist, ist mit Religion „kein Staat mehr zu machen". Religion wirkt wohl im öffentlichen Raum, ist aber weitgehend Privatsache geworden. Die Freiheit des Einzelnen hat eine größere Bedeutung, doch sucht man einen Ausgleich hin zum Gemeinwesen zu erreichen. Darum ist Toleranz eine Grundhaltung, wofür der Einzelne Verantwortung trägt. Aus dieser geistigen Haltung sind im „westlich-europäischen" Abendland jene Gesellschaftsformen entstanden, die stärker eine Trennung von Religion und Staat vollzogen.[64] Aus dieser Grundhaltung entwickelte sich im 16. Jahrhundert ein Verständnis von Toleranz als „Duldsamkeit".

2. *Der Toleranzgedanke im reformatorischen Kontext*

Im Gedankengut der Reformatoren steckt ein großes Toleranzpotenzial (zum Beispiel in der Rechtfertigungslehre Luthers), das in der Geschichte aber faktisch nicht verwirklicht wurde. Der Toleranzgedanke hat im evangelischen Kontext eine Entwicklung durchlaufen, die von der Forderung nach Toleranz, über die Verweigerung von Toleranz und bis zur Gewährung von Toleranz reichte.[65] In der Auseinandersetzung mit dem Papsttum verlangten die frühen Reformatoren keine Duldung, sondern Veränderung. In einer Zeit, in der Religion zur kollektiven Identität gehört, hätte die Forderung nach Toleranz bedeutet, dass der eigene Wahrheitsanspruch wenigstens in dem Sinne teilbar gewesen wäre, dass er sich als akzeptiertes Teilsystem hätte befrieden lassen durch einen anderen gesetzten Rahmen. Das ist erst nach den Erfahrungen des Dreißigjährigen Krieges so möglich geworden – auch und gerade gegen den Widerstand der Kirchen.

Anfang des 16. Jahrhunderts herrschte allgemein eine endzeitlich-apokalyptische Stimmung im Land. Luther identifizierte in dieser Stimmungslage den Papst mit dem Antichristen. Vom Antichristen konnte man sich aber nicht tolerieren lassen (im Sinne von dulden). Das hätte ja bedeutet, einer widergöttlichen Macht das Recht einzuräumen, über die eigene Akzeptanz zu entscheiden. „Wo der endzeitliche Kampf zwischen Gott und seinem Widerpart gesehen wird, ist für Toleranz gegen andere wie für das Toleriertwerden durch andere kein Raum."[66] Allein nur durch den Gedanken, dass es letztlich Gott ist, der eingreift und richtet, konnte in diesem Zusammenhang ein Toleranzpotenzial entfaltet werden. Man duldete den anderen im Bewusstsein des kommenden Strafgerichts Gottes. Doch das altkirchlich so bedeutsame „Gleichnis vom Unkraut unter dem Weizen" verlor seine mildernde Kraft, indem Martin Luther das „Reißt nicht aus" ganz auf den geistlichen Bereich bezog: „Das ist nicht zu weltlich Obrigkeit gesagt, sondern zum Predigtamt."[67] Die damit verbundene Aufforderung zum Handeln haben die weltlichen Fürsten gut verstanden, da Luther noch deutlicher werden konnte. Mit Bezug auf Leviticus 24,15f. formulierte er: „Wer Gott lestert, der sol getoedtet werden."[68]

Gleichwohl hätten Luther und die anderen Reformatoren[69] zu einer offeneren, weniger abwertenden und verurteilenden Haltung aus theologischen und spirituellen Gründen kommen können. Luther selbst hatte den Gedanken der Toleranz in ausgesprochener Klarheit in seiner dritten Thesenreihe zum Römerbrief von 1536 formuliert. Er erkennt in „der unvergleichlichen Geduld und Weisheit Gottes" („ad incomprehensibilem tolerantiam et sapientiam Dei"[70]) die Grundlage für die Pluralität der Lebensäußerungen der Menschen. Gottes Toleranz ist in diesem Sinn Voraussetzung für die Toleranz der Menschen untereinander. „Die Toleranz Gottes kennt den Unglauben, den Ungehorsam und die selbstzerstörerische Tendenz menschlichen Handelns. Davon wird nichts beschönigt, verharmlost oder ‚entschuldigt'. Gleichwohl gibt es eine Perspektive, die dieses Wissen und dieses scharfe Urteil umfängt und in einen neuen Horizont rückt: Es ist die erhaltende und erlösende Liebe Gottes, die bereit ist, alles zu ertragen, zu erdulden, zu erleiden um des geliebten Menschen willen."[71]

Luthers scharfe abgrenzende Haltung, die sich auch gegenüber den Juden und dem Islam artikulierte,[72] kann allein mit dem historischen Kontext nicht hinreichend erklärt werden. Theologisch ist kritisch zu bedenken, inwieweit bei den Reformatoren die ausschließliche Konzentration auf die Christologie und die Rechtfertigungslehre („allein aus Gnade") dazu führte, alle anderen Religionen als „gesetzlich" und „gotteslästerlich" zu deuten, weil sie Christus als Messias ablehnten.[73] So besteht noch ein großer Bedarf an Forschung darüber, warum sich Luthers grundlegend befreiende theologische und seelsorgerliche Erkenntnisse nicht in seiner Haltung gegenüber den anderen, die anders glaubten (zum Beispiel Täufern, Juden und Muslimen), gespiegelt haben.

Diese Frage stellt sich umso dringlicher, als es andere Überzeugungen zu jener Zeit gab. So kann Sebastian Castellio als ein entschiedener Verfechter der Toleranz im 16. Jahrhundert angesehen werden:[74] Entgegen mittelalterlicher Überzeugung erkennt Castellio in seiner Schrift „De haereticis" von 1554 nur eine Art „moralische Häresie" an, die für ihn viel leichter festzustellen sei als die dogmatische. Dogmatische Häresie als Tatbestand bestreitet er gar nicht, aber es gibt für ihn in diesem Bereich viel zu viel Unsicherheit und Ungewissheit, so dass ein Irrtum kaum vernünftig definitiv feststellbar sei. Zentrale Bedeutung für die Begründung seiner Ansicht hat das schon erwähnte „Gleichnis vom Unkraut unter dem Weizen" (Matthäus 13).[75] Letztlich sei daher von einer Verfolgung der Ketzer abzusehen, weil dies unvernünftig und nicht begründbar sei und auch der viel toleranteren Haltung Christi widerspreche.[76]

Die Aussagen der Reformationszeit haben in Bezug auf den Toleranzgedanken eine bemerkenswert widersprüchliche Rolle gespielt: wegweisend und hemmend zugleich. Interessant ist in diesem Zusammenhang auch, dass sich die evangelischen Fürsten Luthers harte Haltung nicht zu eigen machen, sondern aus politischen Erwägungen den Toleranzgedanken aufnehmen. Johann Friedrich I., ein Unterstützer und Förderer Luthers, der die Entstehung der „Schmalkaldischen Artikel" angestoßen hatte, fordert direkt Toleranz in Glaubensfragen: „Dan es ist kundt und offenbar allen Christlichen lehrern die die heilige Schrift gelesen/ das man nirgendt findet das man die lehr des glaubens mit dtraff pein und marter zu bewilligen In die leute dringen und zwingen soll."[77]

Doch als Johann Friedrich I. dies fordert, ist er selbst machtlos, nicht mehr regierender Kurfürst, sondern Gefangener des Kaisers. In dem Fall hat er kein Regierungshandeln beschrieben, sondern in seiner Not formuliert. Eine nicht unwesentliche Beobachtung, wie Volker Leppin meint: Toleranz scheint vor allem dann immer gefordert zu werden, wenn der eigene Glauben oder gar das eigene Leben bedroht ist. Dann stellt die Forderung nach Toleranz aber keine innere Haltung dar, sondern entspringt einer pragmatischen Überlebensstrategie.

Wer in der Machtlosigkeit Toleranz fordert, weil er nicht bereit ist, seine Überzeugungen aufzugeben, verbindet den Toleranzgedanken mit Leiden, Demut und dem Anspruch, von Gottes Geist selbst in „alle Wahrheit geführt“ worden zu sein. Ein gutes Beispiel dafür sind die Täuferbewegung und die Spiritualisten, die durchaus bereit waren, für ihre Glaubensüberzeugungen zu leiden. Dabei haben sie ihr Geschick mit dem der Propheten im Alten Testament verglichen.[78] Toleranz scheint eine beliebte Forderung von denen, die unter dem Mangel an Toleranz leiden.[79] In den Kontext der Verfolgung wirkt auch das Wort des Kirchenlehrers Tertullian (um 220) wie ein Satz aus der Moderne: „Es ist ein Menschenrecht, zu verehren, was man glaubt, und gegen die Religion, Religion zu erzwingen.“

3. *Toleranz im pluralistischen Kontext*

Die Konfessionskriege im 16. und 17. Jahrhundert bildeten einen tiefen Einschnitt in der westeuropäischen Geschichte. Die jahrzehntelangen blutigen und brutalen Auseinandersetzungen, in denen manche Städte vielfach erobert und wieder zurückerobert worden waren, schienen die Friedensunfähigkeit der christlichen Konfessionen nur zu bestätigen. Nach Ende des Dreißigjährigen Krieges, der vornehmlich konfessionell geführt wurde, hatten fast 40 Prozent der Bevölkerung Deutschlands ihr Leben verloren. Ganze Landstriche lagen brach und verödeten. Hunger, Krankheiten, Seuchen waren die Folge. „Diese Erfahrung hat sich tief in das europäische Bewusstsein eingebrannt“[80] – und der Entwicklung der „Toleranz aus pragmatischen Gründen“ den Weg geebnet. Aber nicht auf dem Boden der Religion, sondern in Abgrenzung zu ihr. Mit der immer stärker werdenden Betonung der ethischen Dimension von Religion wurden die Dogmen, Lehren und Bekenntnisse der Konfessionen in das Belieben des Einzelnen gestellt und damit in die Privatsphäre zurückgedrängt.

Ein Umbau der Gesellschaft bahnte sich an durch die Vorrangstellung des Staates. Was im Augsburger Religionsfrieden 1555 innerkirchlich versucht wurde,[81] besiegelte man erst mit dem Westfälischen Frieden von 1648 auch politisch. Ein konfessioneller Konsens wurde in dem Maße verzichtbar, in dem das wirtschaftliche Wohlergehen oder die nationale Identität in den Vordergrund traten. Religion wurde in diesem Zusammenhang zu einem geduldeten Phänomen: Geduldet wurde Religion, weil mit ihr „kein Staat mehr zu machen ist" und sie als Recht und Gesetz gebende und bestimmende Instanz ihre Bedeutung immer mehr verlor. Religion war also leicht zu tolerieren, im Sinne von dulden, weil sie leicht „also nach dem herrschenden Recht verboten oder unterdrückt werden könnte".[82]

„In der Aufklärung wird der Kernbestand an gemeinsamen religiösen Überzeugungen, der die Einheit bei unterschiedlicher religiöser Praxis stiftet, immer mehr durch einen Kernbestand allgemeiner philosophischer bzw. moralischer Überzeugungen ersetzt".[83] Nach Lessings berühmter „Ringparabel"[84] geht es deshalb auch nicht um das „Ergriffensein durch den Glauben", das einen Menschen ganz in Anspruch nimmt, sondern bei allen geschichtlichen Ausformungen und Gestalten von Religion letztlich allein um die ethisch-moralische Ausformung, also um die eine Urreligion der Liebe. Religiöse Traditionen werden in eine dienende Rolle gedrängt, die helfen solle, das Zusammenleben zu sichern. Das macht ihren alleinigen Wert aus. Toleranz ist demnach nichts anderes als die andere Religion zu achten, weil sie den gleichen Grund hat wie die eigene. Gleichheit begründet hier die Toleranz. Die Verbindung von Religion und Toleranz, ja Religion selbst wird gegenstandslos, weil der aufgeklärte Toleranzbegriff genau das ignoriert, was Religion im Tiefsten ausmacht: die Wahrheitsfrage, die eine existenzielle Entscheidung zuallererst ermöglicht.

Aus der hier angedeuteten geschichtlichen Entwicklung wird deutlich: Wenn der sich aufgeklärt fühlende moderne (westeuropäische) Mensch Toleranz fordert, so folgt diese Forderung aus seinem Weltbild, das durch Relativismus, indifferente Positionen und Agnostizismus geprägt ist. Ein religiöser Mensch sieht das naturgemäß anders. Nur auf welchen Grundlagen beginnt er das Gespräch mit den Säkularisten, die jede religiöse Äußerung nur im privaten

Kämmerlein dulden wollen, bis hin zum Gespräch mit den anderen Religionen, die ganz anders und womöglich auch ganz fremd von Gott und Göttern reden?

Im heutigen gesellschaftlich pluralistischen Kontext ist Toleranz ein weithin schillernder Begriff. Er ist in aller Munde und scheint eine verbreitete Tugend der (westlich-europäischen) Gegenwart zu sein. Doch so einfach ist es nicht, selbst einem pragmatischen Toleranzverständnis Raum zu geben. Das haben nicht zuletzt die Beschneidungsdebatte sowie das Schmähvideo über Muhammad 2012 in Deutschland gezeigt. Religion und Toleranz scheinen nicht zusammenzupassen. Das ist nach Hans-Günther Stobbe[85] auch darauf zurückzuführen, dass sich derjenige, der in der pluralistischen Gesellschaft des Westens über Toleranz im religiösen Kontext nachdenkt, „alsbald in einer reichlich unbequemen Lage" wiederfindet. Er wird schnell eingeklemmt zwischen zwei Extrempositionen. Sie stehen sich ganz und gar gegenüber und sind doch darin einig, ein Nachdenken über Religion und Toleranz für überflüssig oder gar gefährlich zu halten.

Auf der einen Seite scheint unter dem Motto „anything goes" alles möglich. Da sind Lebensentwürfe, die sich auf eine Wahrheit außerhalb des Nachprüfbaren berufen, suspekt und gelten als Fremdkörper. Auf der anderen Seite schlägt genau diese postmoderne Beliebigkeit seltsam leicht in ihr Gegenteil um, wenn alles zu tolerieren ist – außer der Intoleranz.[86] Nicht von ungefähr erleben wir eine verstärkte Zunahme religiöser und politischer fundamentalistischer Bewegungen. Postmoderne Beliebigkeit und fundamentalistische Gewalt – „in beiden Fällen erledigt sich das Problem der Toleranz scheinbar von selbst: Die Postmodernisten verehren sie wie eine heilige Kuh, während die Fanatiker im Gewande des Fundamentalismus sie als das goldene Kalb der Moderne beschimpfen".[87]

In der (post-)modernen Gesellschaft ist zudem die Tendenz zu beobachten, Toleranz selbst als einen „Grundwert" zu bestimmen, der durch das (gemeinsame) Handeln zu realisieren sei. Die Frage nach den sogenannten Grundwerten erklärt nach Eberhard Jüngel allerdings die Wahrheitsfrage als überflüssig.[88] In der (post-)modernen Gesellschaft ist die Wahrheitsfrage „kaum eine relevante Kategorie. Nicht was wahr, sondern was wirksam, was effektiv, was wertvoll ist, interessiert".[89] Da die Frage nach dem Sinn des Lebens und damit nach den den Kosmos selbst zusammenhaltenden Grund nicht mehr gestellt wird, wird nach Jüngel der Wertbegriff zum Gegenbegriff der Wahrheit.[90]

Auch Freiheit entsteht nicht als Postulat. Vielmehr gilt im Rückblick auf alle Revolutionen im Namen der Freiheit: „Je hochgespannter die Ziele und Ansprüche in dieser Hinsicht sind, desto grauenhafter wird die Wirklichkeit."[91] Entscheidend ist die Frage nach der Quelle einer Freiheit, „durch die der Mensch allererst frei und menschlich wird".[92] Das macht deutlich: Werte wollen realisiert werden, die Wahrheit wird zugesprochen und eröffnet so erst neue Möglichkeiten. Nicht ein „Sein-Sollen"[93] und damit Ethik steht in jüdisch-christlicher Tradition im Mittelpunkt, sondern die Zusage, wertfrei geliebt zu sein. „Jeder Wert hat – wenn er einmal Macht gewonnen hat über eine Person – die Tendenz, sich zum alleinigen Tyrannen des ganzen menschlichen Ethos aufzuwerfen, und zwar auf Kosten anderer Werte."[94] Doch „Personen haben (…) keinen Wert, sondern Würde. Und Würde lässt sich gerade nicht verwerten." Insofern ist zu lieben – eine Person, ein Gegenüber, ein Du – im eigentlichen Sinne wert-los".[95] Vielmehr geht es um Beziehungen, die tragfähig sind – und damit um die existenzielle Wahrheitsfrage; um die Frage, was wirklich im Leben tragfähig und verlässlich ist. Wahrheit und Liebe sind nach christlichem Verständnis dementsprechend direkt aufeinander bezogen: „Aus der Wahrheit leben heißt (…), in der Liebe existieren."[96]

Toleranz wird demgegenüber ohne die Wahrheitsfrage zu einer Grundforderung, über die zu diskutieren keine wirkliche Möglichkeit darstellt. Dabei wohnt dem Aufruf, einen bestimmten Grundwert als Handlungsmaxime zu realisieren, die Tendenz inne, zu Rigorismus zu führen. Vor dem „Grundwert" der Toleranz gelten Überzeugungen als „intolerant" und sind von vornherein ausgeschlossen. So entwickelt sich aus der Aufforderung „Keine Toleranz mit den Intoleranten" eine Intoleranz gegenüber den Glaubenden als den grundsätzlich für intolerant Erklärten. Aus diesem Blickwinkel kann eine religiöse Überzeugung, ein Eintreten für einen Glauben, nur als fanatisch angesehen werden.

Letztlich geht es in der (Post-)Moderne um „Ver-wert-barkeit". In diesem Zusammenhang wird Religion aufgeklärt nur dann gesellschaftlich anerkannt, wenn sie im säkularen Rahmen sich als nützlich erweist, etwa: Religion sei nützlich für die Moral, sie fördere kulturelle Werte, sie stärke das soziale Verhalten. Auch wenn das stimmen mag: Es trifft nicht die Mitte von Religion, es ist nicht die Grundlage für den Glauben, der wie beschrieben aus einer existenziellen Beziehung zu Gott, zu dem lebt, was „mich unbedingt angeht". Gläubig sind Menschen nicht, weil es nützlich ist, sondern weil sie an Gott glauben. Die Wertedebatte reduziert Glauben und Religion in einem aufklärerischen Verständnis auf die Ebene der Ethik und der Nützlichkeit. Die Betonung christlicher Werte als Legitimation mag angesichts des Traditionsverlustes naheliegen, lässt aber eine grundlegende Erfahrung außer Acht: „Religion als ethischer Appell ist langweilig oder zwanghaft oder beides."[97] Und was für unseren Zusammenhang noch wichtiger ist: Wer nach dem Nutzen fragt, fragt nicht nach Wahrheit. Damit interessiert nicht mehr, was wahr ist im Sinne von „verlässlich", sondern das, was mehrheitsfähig ist. Damit ist aber die Gottesfrage erledigt.

Nun ist der christliche Glaube aber permanent an der Wahrheit interessiert. Religion kann sich auf Dauer mit der bloßen Frage nach Werten nicht begnügen. Man braucht Antworten auf die Wahrheitsfrage. Was sich als hoch anschlussfähiges Thema darstellt (etwa durch die Formulierung „Reformation und Toleranz" angezeigt), entpuppt sich bei näherem Hinsehen als schwierig. Daher stellt sich das eingangs formulierte Ziel nach einem evangelisch zu verantwortenden Toleranzbegriff, der die Wahrheitsfrage nicht ausklammert, noch dringlicher, will man nicht bei einem aufgeklärt unverbindlichen Toleranzverständnis als einem „Grundwert" stehen bleiben.

Und noch ein Zweites macht die Aufgabe dringlich. Blickt man auf die Kirchengeschichte, lässt sich festhalten: Das „Gleichnis vom Unkraut unter dem Weizen" konnte sich letztlich nicht gegen die Macht- und Interessenpolitik der Kirche behaupten. Es wäre notwendig, „das legitime Verhältnis zwischen Toleranz als Problem praktischer Humanität und rechtlicher Ordnung zur Intoleranz der Offenbarung bzw. der Kirche in deren ausschließenden Heilsanspruch zu klären, denn die moderne Idee der Toleranz entsteht erst im Gegensatz zur christlichen Intoleranz, und zwar sachlich im Gegensatz zur illegitimen Intoleranz des (fanatisch) Gläubigen oder des (doktrinären) Dogmatikers".[98]

Der christliche Glaube ist von seinen Wurzeln her weder tolerant noch intolerant, sondern verfügt über Möglichkeiten zu beiden Haltungen. Finden sich doch in den heiligen Schriften verschiedene Handlungsalternativen, mit den durch die Begegnung mit dem Anderen ausgelösten Konflikten umzugehen. Neben dem „Gleichnis vom Unkraut unter dem Weizen" konnte man sich auf Leviticus 24,15f. beziehen, um „Gotteslästerer" mit dem Tode zu bestrafen (ebenso die Auslegung von Lukas 14,23: „compelle intrare" = „zwinge, nötige sie, hereinzukommen"). Es gab damit in der Kirchengeschichte ein „Nebeneinander von Duldung der Ungläubigen und radikaler Verfolgung abweichend denkender Christen".[99] Damit stellt sich das Problem nach den Kriterien zur Beurteilung, zumal Lehre und Praxis der Religionen von friedensstiftenden und konfliktverschärfenden Elementen zugleich durchdrungen sind.[100]

So ist es eine Frage der theologischen Hermeneutik (das heißt des Verstehens) in Verbundenheit mit der eigenen spirituellen Haltung, die das jeweilige Verständnis von heiligen Texten bestimmt, und was mit Gott, Wahrheit, Offenbarung und Religion gemeint sein könnte. Daher soll nun die Haltung einer „spirituellen Toleranz" vorgestellt werden, die der Kraft des Unverfügbaren lebt und die ihre Wurzeln im Geheimnis des Kreuzes hat. „Spirituelle Toleranz" sucht ihre Position jenseits sowohl eines intoleranten Fanatismus wie auch eines leidenschaftslosen Relativismus zu finden. Diese Überzeugung ist getragen von einer Verbindlichkeit, die die Sprache der Liebe spricht, und zwar die Sprache der liebenden Gewissheit und nicht der behauptenden Sicherheit.

V. Verwundbarkeit und Hingabe – Eckpunkte einer „spirituellen Toleranz"

1. *Wahrheit und Toleranz*

Die Liebe, die mich berührt, ist exklusiv. Ich bin von ihr angerührt, betroffen. Ich bin entschieden. Davon gebe ich Zeugnis, weil es mich vollkommen beseelt, mein Herz erreicht hat. Ich vertraue mich an, spüre die Verlässlichkeit. Diese Liebe wird mir zum Fundament. Wenn jemand anderes diese Liebe infrage stellt, bin ich kompromisslos. Wer mich von dieser Liebe abbringen will, sie schlecht macht, sie als eine unter vielen abspeist, es für Projektion hält, weil ich mich nur nicht traue, selbständig zu leben, und das Ganze sogar für eine reine Gedankenkonstruktion hält, dem gegenüber reagiere ich abgrenzend und insofern intolerant. Ich kann nicht anders, denn ich bin gewiss. Solche Liebe für „absolut" zu halten, ist nicht das Ende, sondern der Anfang des Dialogs.

Dabei ist das Wesen der Liebe das Kriterium, mit dem anderen im interreligiösen Gespräch nach der Wahrheit zu suchen. Am Kreuz kommen – christlich gesprochen – beide Perspektiven zusammen: die Wahrheit, die sich offenbart, und die Offenheit, die sich auf den anderen, den Fremden einlässt. Dies aber nicht kritik- und grenzenlos, denn diese Zugewandtheit zum Menschen, zum Menschlichen führt zum Gedanken, im Namen der Toleranz „die Unduldsamen nicht zu dulden".[101]

Die stärkste Herausforderung in der Begegnung mit anderen, die anders glauben, liegt meines Erachtens in zwei Aspekten: Zum einen bin ich herausgefordert, mich über meinen eigenen Glauben stärker zu informieren, eigene Kenntnisse zu gewinnen und meine eigene Lebens- und Glaubenspraxis so zu entwickeln, dass sich mir diese Wahrheit immer wieder erschließt. Das kommt dem Glauben zugute. Zum anderen bin ich herausgefordert, mehr über Kultur, Religion und Alltagsleben der anderen zu wissen. Das kommt der Menschlichkeit zugute. Aber Wissen allein genügt nicht. Verstehen ist mehr als Wissen.

2. *„Spirituelle Toleranz“*

„Spirituelle Toleranz“ versteht sich nicht von selbst. Sie muss daher getragen sein von einer Haltung, die bereit ist, sich mit dem Leben in seiner ganzen Vielfalt auseinanderzusetzen, mit seiner Faszination und seinen Widersprüchlichkeiten. Sie ist eine aktive, innerlich bewusst vollzogene Haltung.[102] Denn wenn ich mich dem anderen mit dem öffne, was mir existenziell wichtig ist, dann mache ich mich verletzlich. Aber nur indem ich mit einer solch offenen, dialogischen Haltung dem anderen begegne, kann sich ein wahrhaftiger Dialog entwickeln.

Diese Haltung ist nicht frei von Risiko, weil ich dabei mit anderen Einstellungen zusammenstoße und ich nicht weiß, wohin mich solch ein Dialog führt, wie er mich verändert, berührt. Der Geist Gottes weht nicht nur, wo und wie er will, auch der Glaube selbst ist eine offene Vertrauenshaltung – die zu einer offenen, dialogischen Begegnung führt. Denn der Glaube gründet nicht statisch auf einem Bekenntnis, sondern dynamisch in einer Beziehung – und setzt auf die kreative und befreiende Geistkraft Gottes, die alle religiösen Festschreibungen und Definitionen (Begrenzungen) sprengen möge.

Dies bezieht sich erstens auf meine Vorstellungen vom anderen: In der Begegnung mit dem anderen muss ich meine eigenen, fest verwurzelten Bilder, die ich mir über ihn gemacht habe, öffnen. Ich bin aufgefordert, so lange mit ihm unterwegs zu sein, bis ich ihn so weit wie möglich verstanden habe, wie er selbst gerne verstanden werden möchte.

Dies bezieht sich zweitens darauf, dass ich meine Überzeugung dem anderen nicht aufzuzwingen suche, denn der andere hat die Freiheit, zu seinen Überzeugungen zu stehen. Er ist des Respekts und der Anerkennung würdig. Allein diese Unterstellung der Freiheit bremst nach Paul Ricoeur[103] den gewaltsamen Impuls aus, Zwang auszuüben. Der Verzicht auf Zwang schafft Lebensraum für den Anderen. Ich gebe dem Anderen Recht. „Dies ist nicht leicht zu akzeptieren, denn der Preis, den man für diesen Respekt zu entrichten hat, ist – gemäß unserer eigenen Überzeugung – das Recht des Anderen, Irrtümer zu begehen.“[104] Es ist ein Verzicht nicht aus der

Not, sondern aus der Freiheit heraus, weil ich auch anders könnte. Es ist ein Machtverzicht.

Im Verzicht einen positiven Wert zu sehen, versteht sich nicht von selbst.[105] Es bedarf eines positiven Beweggrundes. Rechtlich besteht er nach Ricoeur in der Anerkennung der Gleichheit aller, im Begriff der Gerechtigkeit. Religiös besteht er im Begriff der Würde, die außerhalb des Menschen ihre Begründung findet. Christlich gesprochen steht der gekreuzigte und auferstandene Christus dafür, dass Verzicht Stärke bedeuten kann.

„Spirituelle Toleranz" meint dabei nicht, auf die eigene Überzeugung von Wahrheit zu verzichten und einen irgendwie gearteten Konsens über das Gottesverständnis herzustellen.[106] Es ist gerade der durch den Geist Gottes erfüllte Respekt vor der Würde und Achtung des anderen (in dem mir Gottes Geist wirksam begegnen kann) und des mir fremden Gottesverständnisses, das von mir Toleranz fordert. Toleranz ist die Akzeptanz des Fremden als Fremdes und nicht seine Assimilation in meine Vorstellungswelt. Es geht also um das respektvolle Unangetastet-Lassen dessen, was dem anderen heilig ist. Und was ich in meiner Begrenztheit nicht zu sehen und wahrzunehmen vermag: was auch Gott heilig sein könnte. Dies bildet eine Basis für Beziehung, die den anderen Glauben weder bejaht noch ihm einfach indifferent gegenübersteht.[107] Die „spirituelle Toleranz" hat ihren Ursprung geradezu in der Tiefe der eigenen Gotteserfahrung. Je lebendiger sie ist, desto größer die Ehrfurcht vor anderen Religionen.[108]

Martin Buber hat im Zwiegespräch mit Karl Ludwig Schmidt im Jüdischen Lehrhaus in Stuttgart am 14. Januar 1933 davon gesprochen, was Juden und Christen miteinander verbindet, aber ebenso deutlich von den jeweils eigenen Wegen. „Das Juden und Christen Verbindende (...) ist ihr gemeinsames Wissen um die Einzigartigkeit, und von da aus können wir auch diesem im Tiefsten Trennenden gegenübertreten; jedes echte Heiligtum kann das Geheimnis eines anderen echten Heiligtums anerkennen. Das Geheimnis des anderen ist in ihm und kann nicht von außen her wahrgenommen werden. Kein Mensch außerhalb von Israel weiß um das Geheimnis Israels. Und kein Mensch außerhalb der Christenheit weiß um das Geheimnis der Christenheit. Aber nichtwissend können sie einander im Geheimnis anerkennen. Wie es möglich ist, dass es diese Geheimnisse nebeneinander gibt, das ist Gottes Geheimnis (...) indem wir unter Anerkennung der Grundverschiedenheit in rückhaltlosem Vertrauen einander mitteilen (...) dienen wir getrennt und doch miteinander, bis wir einst vereint werden in einem gemeinsamen Dienst, bis wir alle werden, wie es in dem jüdischen Gebet am Fest des Neuen Jahres heißt: ‚ein einziger Bund, um Seinen Willen zu tun.'"[109]

Diese Lernerfahrung aus dem jüdisch-christlichen Gespräch gilt es, in anderen Dialogkontexten fruchtbar zu machen. Sie hat meines Erachtens keine exklusive, sondern eine exemplarische Bedeutung, so auch für andere interreligiöse Gesprächssituationen. In Bezug auf die gleichen Texte lernen Juden und Christen, wie sie miteinander und mit allen Völkern und Menschen umgehen sollen: Wenn wir nicht dazu kommen, uns gegenüber allen Religionen wertschätzend und respektvoll zu äußern, berauben wir uns unserer eigenen spirituellen Grundlagen und haben nichts aus der Geschichte gelernt.

Dass diese Lernerfahrung erst nach den furchtbaren Ereignissen der Shoa innerchristlich begonnen hat, zeigt, wie notwendig es ist, ganz grundlegend schon früh die Weichen zu stellen und sich in dieser angesprochenen „spirituellen Toleranz" einzuüben. Dazu braucht es interreligiöse Kompetenz, ein Wissen vom anderen, eine Kenntnis seiner Traditionen und vor allem Begegnungen, die einen Raum des Vertrauens schaffen. Und wenn ich etwas aus dem jüdisch-christlichen Gespräch gelernt habe, dann ist das die notwendige Differenzierung den anderen gegenüber, die anders glauben, ohne sie in mein Deuteschema zu vereinnahmen (wie es in der „Enterbungstheologie" gegenüber dem Judentum jahrhundertelang geschehen ist).

Dabei gehe ich selbstverständlich von meiner eigenen Tradition und meinem Glauben aus. Die Besonderheit des christlichen Glaubens liegt in der Bindung an Wort, Werk und Person Jesu Christi. Eine Haltung im Dialog, die ihre spirituelle Kraft aus dem Geheimnis des Kreuzes bezieht, wird sich der eigenen Erlösungsbedürftigkeit ebenso bewusst wie der eigenen erkenntnistheoretischen Begrenztheit. Darin liegt für mich die eigentliche spirituelle Herausforderung: sich ganz in den anderen hineinzuversetzen und zugleich ganz bei sich selbst zu bleiben und dabei Gottes Gegenwart in der zufälligen Begegnung zu erkennen suchen.

Noch pointierter: Christliche Identität bezieht ihre Kraft zuerst und vor allem aus dem Glauben an Jesus Christus und bestimmt sich nicht durch Abgrenzung dessen, was mit diesem Zentrum nicht identisch ist. Der Glaube ermöglicht mir eine kritische Offenheit für den anderen, ob er als Christ anders glaubt oder ob er als Andersgläubiger an einen anderen glaubt. In Korrelation von Glaubenserfahrung und Glaubenswissen lässt sich sagen: In Jesus Christus habe ich als Sünder[110] die Liebe Gottes erfahren und weiß seitdem, dass seine Liebe eine grenzenlose Liebe ist.

3. Toleranz im interreligiösen Dialog

Christliche Spiritualität, die sich aus dem Geheimnis des Kreuzes speist, weiß darum, dass Gott nicht ohne die Menschen sein kann und will. Dadurch erst kommt die Schöpfung zu ihrem Ziel, findet ihren Sinn. Wenn dem so ist – wie könnte sich christliche Existenz anders entfalten als in der dialogischen Vergewisserung mit dem anderen? Dabei geht es bei einer offenen und sensiblen Wahrnehmung der Religionen nicht darum, nun im Angesicht des pluralen Kontextes das Fundament des eigenen Glaubens aufzugeben. Mein Leben gründet auf dem Fundament des Glaubens. Tief in Christus verwurzelt und verankert, versuche ich als Christ, diese Erfahrung andersgläubigen Menschen glaubwürdig zu bezeugen.

Stelle ich mich der multikulturellen und multireligiösen Situation, bedeutet das dementsprechend nicht, dass mir in einer Art „milder Zulassung" alle Glaubensstandpunkte gleich gültig wären.[111] Vor dem Hintergrund der Wahrheit, die mich existenziell berührt hat, ist mehr geboten als diese Art von Toleranz, die die fremde Religion nur unter der Voraussetzung anerkennt, dass die eigene Religion aufgeklärt unverbindlich wurde. Toleranz in diesem Sinn würde dann nur noch bedeuten, die Meinungen anderer gelten zu lassen, weil sie im Grunde nichts mehr austragen.[112]

„Es frommt nicht alles." Der aufgeklärte Toleranzbegriff, so habe ich ausgeführt, klammert die Wahrheitsfrage aus. „Die Toleranz hört damit auf, schwierig zu sein."[113] Aufgeklärte Toleranz ist gerade gegenüber religiösen Letztbegründungen unduldsam, heißt intolerant.

Sie hält sie für rückständig. Im Unterschied zu diesem Toleranzverständnis der Aufklärung, das die aktuelle Diskussion beherrscht, kann ich als Glaubender aus meinem Selbstverständnis heraus nicht die existenzielle Wahrheit, Gott, den Grund des Seins, relativieren, wohl aber meinen Erkenntnisgrad. Die Möglichkeiten zu einem wahrhaft interreligiösen Dialog eröffnen sich in dem Maße, in dem ich als Glaubender zur Selbstkritik und damit zur Selbstrelativierung fähig bin. Damit wird nicht, was manche befürchten, die Subjektivität zur entscheidenden Instanz erhoben, sondern die Vorläufigkeit allen menschlichen Urteilens eingestanden.

Dies zu sagen, bedeutet nun gerade nicht, nur eine erkenntnistheoretische Aussage zu machen, sondern eine Wahrheit über das menschliche Leben selbst auszusprechen. Ich weiß um die Gebrochenheit, den Schmerz, das Unerfülltsein in meinem Leben, das eben zu jedem Menschen gehört. Auch das verwundet mich, kränkt mich zutiefst,[114] dass ich nicht so bin, wie ich mir das vorstelle (vergleiche auch: Römer 7,25).

Sich dieser Wahrheit über sein Leben zu stellen, braucht Mut. Nur weil ich gewiss bin, auch in aller Ergänzungsbedürftigkeit von Gott ins recht gesetzt zu werden, letztlich erlöst zu werden, habe ich die dadurch geschenkte Freiheit, dies auch einzugestehen. Ich muss nicht „auf Teufel komm raus“ Recht haben. Ich weiß, ich bin ergänzungsbedürftig und hoffe darauf, ergänzungsfähig zu werden. Dieses Eingeständnis brauche ich mir nicht durch „Absolutheitsansprüche“ vom Leibe und von der Seele zu halten. Solche Selbstrelativierung erfordert nach Reiner Forst „keinen Skeptizismus oder Relativismus, sondern eine konsequente Unterscheidung zwischen Glauben und Wissen“.[115]

Unter Absehung des biblischen Gottes-, Wahrheits- und Offenbarungsverständnisses haben Christinnen und Christen in der Vergangenheit tatsächlich mehr zu wissen geglaubt, als tatsächlich gewusst werden konnte. Christliche Orientierung im religiösen Pluralismus kann aber nicht darin bestehen, alle religiösen Differenzen einzudämmen. „Es ist alles erlaubt, aber es frommt nicht alles“: Das Gefühl der Verunsicherung kann ich natürlich versuchen, dadurch zu verdrängen, indem ich die trotzige Behauptung meiner eigenen Überzeugung umso lauter aussage. Aber dieser Weg hat keine Perspektive. Er hatte nie eine. Druckvolle Behauptungen in unseren Tagen sind eben nur druckvoll, aber nicht deswegen schon überzeugend. In Ermangelung der Möglichkeiten und Fähigkeiten, die Wahrheit, die mich ergriffen und berührt hat, als Wahrheit über die Welt und mein Leben plausibel darlegen zu können, bleibt mir nur ein Weg übrig: der Weg, den das Evangelium in seiner Geschichte schon immer genommen hat, den Weg der Schwachheit, den Weg der Hingabe, den Weg des Zeugnisses in Wort und Tat.

Mit Martin Buber bleibt die Aufgabe, den anderen, den „fremden Gott" in seiner ganzen Unzugänglichkeit und Größe zu respektieren. Da beginnt „spirituelle Toleranz" als Leiden an dem Zwiespalt, die eigene Heilserfahrung dem anderen nicht unbedingt einsehbar machen und den eigenen Glauben beim anderen nicht wiederfinden zu können. Ein spiritueller Zugang vertieft das herkömmliche Toleranzverständnis, indem er befähigt, den Widerspruch gegen den Glauben zu erdulden, ohne diesen Glauben gegen eine Verständnisbereitschaft einzutauschen, die keinen Glauben mehr zulässt. Insofern können gerade gläubige Menschen wahrhaft tolerant sein. Es ist eine spirituelle Aufgabe, die Unterschiede, die ich wahrnehme, nicht nur ertragen zu lernen, sondern mit Respekt und zugewandter Achtung dem anderen gegenüber anzunehmen – im Bewusstsein um die „Würde der Differenz".[116]

Der indische Jesuit Sebastian Painadath sagte dazu: „Ich würde nie zwei Religionen miteinander vergleichen und nach besser oder schlechter einteilen. Im Heilsplan Gottes müssen wir die Vielfalt der Religionen theologisch bejahen. Ich glaube nicht, dass Gott will, dass am Ende alle Menschen evangelisch-lutherisch werden. Vielfalt ist Schönheit. Das erkennen wir in der Vielfalt der Natur und in den Kulturen. Auch die Vielfalt der Religionen ist etwas Schönes und gehört zum Heilsplan Gottes."[117] Gott ist größer als alle Religionen, alle Kulturen und alle Offenbarungserfahrungen. „Deus semper maior": Gott ist immer (noch) größer als das, was ich zu glauben und zu denken vermag. Es geht um eine Grundsensibilität für das große Geheimnis Gottes.

„Spirituelle Toleranz" lebt aus der Haltung des Gebets, die sich vertrauensvoll in Gott birgt und in ihm gründet.[118] Das Gebet ist der Ort, an dem Wissen und Gewissheit zusammenfinden. Das „Verwiesen-Sein auf andere“ wird im Gebet existenziell erlebt und vollzogen:[119] Ich bin im Angesicht Gottes angenommen, menschenfreundlich angesehen. In dieser Weise gerechtfertigt, muss ich mich nicht selbst rechtfertigen. Nicht meine Weisheit, nicht meine religiösen Sätze und verobjektivierbaren Bekenntnisse rechtfertigen mich vor Gott, sondern die Erkenntnis, auf das Geheimnis von Gottes Gnade angewiesen zu sein – gegründet in einer Haltung, mich als Kind Gottes[120] verstehen zu dürfen – und die anderen auch.

„Spirituelle Toleranz“ beginnt, wenn ich von mir abzusehen beginne und den anderen als gleichberechtigten Dialogpartner mit auf dem Weg weiß. Und ich bezeuge lediglich, was mich gewiss macht. Das ist allerdings ein sehr hoher Wert, um den ich nicht selten und nicht wenig beneidet werde. „Nicht das Wissen, sondern die Gewissheit ist Kennzeichen des freien Christenmenschen. Das macht den Glauben durchaus schwieriger, aber es macht ihn kostbarer.“[121] So hat es Martin Luther verstanden, als er dem unverbindlich, vornehm abwägenden Erasmus 1525 einen Brief schreibt: „Der Heilige Geist ist kein Skeptiker, nicht Zweifel oder subjektive Ansichten hat er in unsere Herzen geschrieben, sondern verbindliche Aussagen, die gewisser und unerschütterlicher sind als das Leben selbst und alle Erfahrung“.[122]

4. *Unbedingte Geltung statt absoluter Ansprüche*

Was im westlichen Kulturkontext wieder Aufmerksamkeit braucht, ist eine neue Art der Sensibilität für den Glauben des anderen. Im westlich-europäischen Kontext wird noch mehrheitlich versucht, Identität durch Abgrenzung vom anderen aufzubauen oder sich in individuelle Beliebigkeit zu flüchten, die einen nicht wirklich bedrängt und vor Entscheidungen stellt. Wir sind es durch das hellenistische Denken gewohnt zu definieren, die „Sache auf den Begriff zu bringen“. So wird dann auch der christliche Glaube definiert und seine existenzielle Dimension geht verloren.

„Christus ist mein Heil“ ist Ausdruck einer tiefen Ergriffenheit. Wer dies bekennt, dem hat sich Gott in Jesus Christus offenbart. Mir hat sich das Geheimnis Gottes in dem Offenbarungsgeschehen so erschlossen, dass die Bindung an Jesus Christus alle anderen Bindungen relativiert oder sogar unwichtig macht. Es handelt sich dabei um den Ausdruck einer innigen Beziehungsqualität, die an die Person gebunden ist, die von dieser Beziehung ergriffen wurde. Hierin artikulieren sich „die Momente der Exklusivität der christlichen Wahrheitserfahrung".[123]

Für die Gestaltung interreligiöser Beziehungen ist eine exklusivistische Grundhaltung erst dann problematisch, wenn sich die existenziellen Beziehungsaussagen („Christus ist mein Heil") „loslösen", das heißt „verabsolutieren", und zu allgemeingültigen verobjektivierbaren Urteilen über den Wahrheitswert und die Heilsbedeutung anderer Religionen werden („außerhalb von Christus ist kein Heil"). Gegen den auf diese Weise vertretenen „christlichen Absolutheitsanspruch" als „Totalitätsanspruch" hat sich als Gegenbewegung aus der liberalen Theologie die pluralistische Religionsphilosophie herausgebildet. Doch auch sie hat ihre Grenzen. Der Tübinger Theologieprofessor Jürgen Moltmann:[124] „Dialogwürdig ist nur eine Religion, die sich selbst ernst nimmt. Eine Religion, die ihre Einzigartigkeit preisgegeben hat, erweckt kein besonderes Interesse. Was ist ein Jude ohne das ‚Schema Israel' (Deuteronomium 6,4f.), was ein Muslim ohne Islam, was ein Christ ohne den eindeutigen Heilszuspruch Christi? Sofern der sogenannte christliche Absolutheitsanspruch den Totalitätsanspruch der ‚christlichen Welt' oder den Unfehlbarkeitsanspruch des kirchlichen Lehramtes meint, steht er (...) dem Dialog im Wege. Sofern er aber die Einzigartigkeit Jesu Christi meint, ist er die Voraussetzung für den Dialog mit anderen Religionen, denn allein diese christliche Identität ist dialogwürdig". Die Herausarbeitung des Unterschieds zwischen „Absolutheitsanspruch" und „unbedingter Exklusivität" bedarf daher noch weiterer Durchdringung.

Noch einmal Painadath: „In Asien verstehen wir Identität durch Relation, durch Beziehungen: Ich bin, was ich bin, weil ich mit dir unterwegs bin. (...) Es geht nicht darum zu sagen: Alle Religionen sind pauschal gleich. Doch ich meine, dass wir unsere christliche Identität in Relation, also in geschwisterlichem Umgang mit den Hindus und Muslimen entdecken und verwirklichen sollen. Das Ich wird am Du zum wahren Ich."[125] Das verbindet sich gut mit der biblisch begründeten Einsicht, dass Wahrheit nicht „an und für sich" feststeht, sondern sich immer wieder neu und zumeist auch überraschend ereignet.

Es ist eine große Herausforderung, aber auch eine Chance, die eigene religiöse Identität in einer multireligiösen und multikulturellen Gesellschaft zu bestimmen und dabei den eigenen Beitrag zur Toleranz zu erörtern. Inwiefern lässt sich eine Haltung entwickeln, die mit dem Wort „spirituelle Toleranz“ die Fähigkeit beschreibt, „Überzeugungskonflikte auszuhalten und in der Weise des Ringens durchzutragen“?[126] Wie kann es gelingen, die eigene spirituelle Haltung im Glauben so zu entwickeln, dass die Wahrheitsfrage und die Toleranz zusammenkommen und die Begegnung mit dem anderen prägen? Wilfried Härle hat diesen Ansatz „positionellen Pluralismus“[127] genannt, der von zweierlei bestimmt ist: Zum einen von der unbedingten Geltung des Eigenen, was mich beseelt und trägt, mir Hoffnung und Lebenssinn gibt und mich befähigt, mein Leben mit „Herz und Verstand“ zu gestalten. Um der Glaubwürdigkeit meiner eigenen Überzeugung möchte ich meinen Glauben als Wahrheit bezeugen, damit der Glaube nicht beliebig sei, sondern eine echte Lebenskraft. Zum anderen von der unbedingten Achtung gegenüber dem/der anderen, der/die anders glaubt, hofft, sein/ihr Leben gestaltet – zusammen in der Verantwortung vor Gott und den Menschen.

Solange jede Religion auf Kosten und unter Abwertung aller anderen „absolut“ die ganze Wahrheit für sich beansprucht, wird einer Heilsarroganz Tor und Tür geöffnet. Erst wenn der für eigene Zwecke instrumentalisierte Gott der Vergangenheit angehört,[128] wird es möglich sein, dem unverfügbaren Geheimnis Gottes auf die Spur zu kommen. Dabei könnte diese spirituelle Einsicht in die gemeinsamen Ursprünge, das neue Hören auf die Ur-Geschichten, die Ursprungsgeschichten der jeweiligen Religionen, den unbedingten Willen dafür stiften, dass die genannten Religionen weniger Strategien theologischer Ausgrenzung, sondern Strategien gegenseitiger Aussöhnung in Achtung und Respekt voreinander entwickeln, ohne den Blick für die Unterschiede zu verlieren.[129]

Christliche Existenz ist wie dargelegt eine adventliche. Sie ist geprägt durch die Erwartung des ankommenden, „adventlichen Gottes“, der sich immer wieder neu erschließt, offenbart. Und wenn Gott der Kommende ist, „haben“ wir ihn nicht – und auch nicht die Wahrheit. Christliche Existenz lebt eschatologisch auf etwas hin, genauer: auf Ihn, Gott, hin. So entsteht eine doppelte Bewegung: Gott sucht den Menschen, der seinerseits als Glaubender stets auch ein spirituell Suchender bleibt. Dieses Unterwegs-Sein Gottes zu den Menschen will erkannt und geglaubt sein. Dieses Unterwegs-Sein des Menschen zu Gott will geübt und vergegenwärtigt werden. Ich öffne mein Leben auf das noch Ausstehende. Und wenn Gott kommt, sollte er mich vorbereitet finden – auch für Überraschungen.

Der Dialog erfährt seine tiefste Bestimmung aus der spirituellen Kraft des Unverfügbaren. So erwächst aus dem Gebet als der Grundhaltung des Lebens eine „spirituelle Toleranz", die selbst von der Last befreit ist, allein und einzig die Wahrheit zu „haben". Sie kann im Geist Gottes Lebensraum gewähren für andere Lebensentwürfe und Glaubensweisen. Im Dialog mit den anderen, die anders glauben, wird ein neues Hinhören ermöglicht – ein Hinhören auf noch nicht Geschehenes mitten im alltäglichen Erfahrungsprozess. „Denn der Christ ist nach Luther nicht im Geworden-Sein, sondern im Werden."[130] Dialog ist so verstanden ein schöpferischer Akt auf der von Gott eröffneten Grundlage, mit dieser neuen Wirklichkeit im Geist rechnen zu dürfen.

VI. Ausblick

Der jüdisch-christliche Dialog hat dafür sensibilisiert, dass ein „Gespräch auf Augenhöhe" die Gleichrangigkeit und Gleichwertigkeit verschiedener Religionen voraussetzt. Um allerdings dem anderen auf „Augenhöhe" begegnen zu können, muss ich selbst in meiner eigenen Tradition beheimatet sein. Und ich muss bereit sein, die eigene Ergänzungsbedürftigkeit anzuerkennen. Ein Mangel an (prophetischer) Selbstkritik führt zu einer Erstarrung des Glaubens, zu Formalismus und Aberglauben.[131] Die spirituelle Dimension des Dialogs atmet Glaubenszuversicht und den Geist der Versöhnung. Es geht nicht an, sich feindlich oder überlegen zu geben, den anderen zu karikieren oder als einheitlichen Block wahrzunehmen. Auch ist es in Verantwortung gegenüber dem eigenen Glauben nicht gemäß, die Unterschiede in falsch verstandener Toleranz einzuebnen.

All das sind keine spirituellen Haltungen im Dialog. Der interreligiöse Dialog ist nicht einfach eine freundschaftliche Unterhaltung, auch keine Verhandlung, sondern „eine Pilgerreise und Infragestellung“ (Kardinal Jean-Louis Tauran), ein wechselseitiges Lernen. Meine Erfahrung bei interreligiösen Begegnungen war bisher eine Vertiefung des eigenen Glaubens. Wer Zäune niederreißt, verliert sich nicht, sondern weitet den Blick. Unsere Gottesrede muss nicht nur innerökumenisch entfaltet werden, sondern auch dialogisch durch interreligiöse Begegnungen geprägt sein.

Dabei gibt es für mich heute auch nicht mehr die alte Grenzziehung zwischen den Glaubenden und den Nichtglaubenden. Beide können sehr selbstzufrieden in ihrer Position erstarren und in Schachteln denken. Wichtiger ist, dass Gläubige wie Atheisten ihre Selbstzufriedenheit und Überheblichkeit aufgeben und Suchende werden.

Abraham Joshua Heschel sagte dazu: „Keine Religion ist ein Eiland.“[132] „Wir müssen einander helfen, miteinander lernen, zusammenzuarbeiten und „was noch wichtiger ist, in der Wüste nach Quellen der Verehrung (...) suchen, nach kostbarer Stille, nach der Kraft der Liebe und Fürsorge für den Menschen. (...). Wir müssen zusammenarbeiten bei dem Versuch, eine neue Empfindsamkeit zu erwecken, das Gewissen wachzurütteln, die göttlichen Funken in unserer Seele lebendig zu erhalten.“

Dialog mit Menschen anderer Religionen und Weltanschauungen bedeutet für mich: anderen mit der Liebe Jesu Christi zuzuhören, ihnen mit der von Buddha gelehrten Freundlichkeit zu antworten, mich dem Allerbarmer Allah und dem Eifer Adonais auszusetzen. Durch all dies hoffe ich als Christ, besser als bisher zu erfassen, was es für mich und andere bedeutet, dass Jesus die der Welt zugewandte Seite Gottes ist.

Der Dialog muss in einer pluralen Gesellschaft zum Ort der Selbstfindung und Selbstvergewisserung werden, verstanden als Chance, zu einem vertieften Verständnis des eigenen Glaubens im Angesicht der anderen zu kommen. Dazu gehört, den Andersgläubigen in guter Nachbarschaft zu begegnen (Konvivenz), sie als Gesprächspartner zu hören (Dialog), und dabei auch Rechenschaft zu geben von der Hoffnung, die einen selbst beseelt (1. Petrus 3,15)

(Zeugnis). „Fehlformen des Religiösen in der fremden wie in der eigenen Religion mögen zu Protesten herausfordern (Apologetik)."[133] Alle diese Aspekte sind nach Reinhart Hummel nicht voneinander zu trennen und machen die Breite der interreligiösen Begegnung aus.

Wenn Gott für diese seine Welt eine Mission hat, so Hans-Jochen Margull, dann sind die Christen verwiesen auf die Welt und auf die Unabdingbarkeit eines solchen breit angelegten Dialoges. „Spirituelle Toleranz" erkennt geradezu in den anderen Religionen Bezugspunkte für Gottes Handeln und notwendige Dialogpartner, um überhaupt erst zu sehen, worin spezifisch die „missio Dei", die Mission Gottes, bestehe.[134] Ja, es mag für den einen oder die andere schon eine „Kränkung des christlichen Selbstbewusstseins" sein, wie es Margull nennt, nach so vielen Jahrhunderten erkennen zu müssen, dass das Christentum wie alle anderen Universalreligionen eine „partikulare Einheit" ist.[135] „In der Subjektivität christlichen Glaubens (…) verursacht die Partikularität selbst des Christus Jesus einen tiefen Schmerz. Eine Wunde ist geschlagen."[136] „Verwundbarkeit" ist nicht zu vermeiden – für alle Beteiligten.[137] Kommt es dann zu einer Begegnung, lebt sie von dem Vertrauen, dass diese Verwundbarkeit nicht missbraucht werden muss. Tiefster Ausdruck einer „spirituellen Toleranz" ist dabei eine innere Gelassenheit und eine frohe Zugewandheit zum Leben. Denn schließlich ist es ja Gott, der erlöst und in alle Wahrheit führt, so können wir uns gemeinsam vertrauensvoll auf einen Pilgerweg mit und zu Gott machen.

Anmerkungen

1 F. Rosenzweig, Der Stern der Erlösung, Heidelberg 1954, S. 192.
2 M. Buber / F. Rosenzweig, Die Schrift, Bd. 1. Die fünf Bücher der Weisung, Heidelberg 1976, S. 158.
3 Diese Formulierung verdanke ich J. Moltmann, Das Kommen Gottes. Christliche Eschatologie, Gütersloh 1995. Er betont mehrfach, dass es bei der Zukunft Gottes nicht nur um ein „futurum" geht, sondern um einen „adventus".
4 W. Pannenberg, Was ist Wahrheit?, in: ders., Grundfragen systematischer Theologie, Göttingen 1967, S. 202–222, 204.
5 Zum Folgenden vgl. V. Keding, „… in alle Wahrheit leiten …" – Wie offen ist Gottes Wahrheit?, in: H.-J. Tambour, Sr. Fr. I. Popp, Geschichten verändern Geschichte. Perspektiven der Unerschöpflichkeit des Biblischen Wortes. Festschrift für Friedrich Erich Dobberahn, Strukturen der Wirklichkeit, Bd. 5, Taufkirchen 2010, S. 88–111.

6 T. v. Aquin, summa theologica, I q. 2 a. 3.

7 M. Luther, Der Prophet Jona ausgelegt (1526), WA 19, 185–251, 206. Diesen Hinweis verdanke ich V. Keding.

8 M. Luther, Invokavitpredigt vom 15. März 1522, WA 10 III, 56.

9 I. Kant, Kritik der reinen Vernunft, B 620–631: „Der Begriff eines höchsten Wesens ist in mancher Hinsicht eine sehr nützlich Idee; sie ist aber eben darum, weil sie bloß eine Idee ist, ganz unfähig, um vermittelst Ihrer allein unserer Erkenntnis in Ansehung dessen, was existiert, zu erweisen".

10 Zum Folgenden vgl. A. Goetze, Was verstehen wir unter Wahrheit? Vom aramäischen und hellenistischen Denken, in: Aufschlüsse. Zeitschrift für spirituelle Impulse 31/2008, hg. von der „Gruppe 153", Gehrden 2008, S. 27–33. Siehe auch bei U. von Wilamowitz-Moellendorf, Der Glaube der Hellenen, Bd. 1, Darmstadt 1955, S. 17.

11 Zur Theologie und Geist-Christologie der „Kirche des Ostens", also der „Heiligen Apostolischen und Katholischen Assyrischen Kirche des Ostens", die wir in der Regel kirchengeschichtlich fälschlicherweise als „Nestorianer" einordnen und als „Arianer" abqualifizieren (heute fast nur noch im Irak beheimatet, bekannt als „Chaldäer") vgl. A. Goetze, Religion fällt nicht vom Himmel. Die ersten Jahrhunderte des Islam, Darmstadt 2013[3], S. 75–89.

12 Joh. 8,32: „Die Freiheit aber, zu der die Wahrheit befreit, ist nicht weniger als ungehemmte Lebensgemeinschaft mit Gott": E. Jüngel, Wertlose Wahrheit. Christliche Wahrheitserfahrung im Streit gegen die „Tyrannei der Werte", in: ders., Wertlose Wahrheit. Zur Identität und Relevanz des christlichen Glaubens. Theologische Erörterungen III, München 1990, S. 90–109, 105.

13 K. Kitamori, Theologie des Schmerzes Gottes, mit einer Einführung von C. H. Ratschow (ThÖ 11), Göttingen 1972 (englisch: Theology of the Pain of God, London 1966).

14 Zum Folgenden vgl. E. Jüngel, Gottes ursprüngliches Anfangen als schöpferische Selbstbegrenzung. Ein Beitrag zum Gespräch mit Hans Jonas über den „Gottesbegriff nach Auschwitz", in: ders., Wertlose Wahrheit. Zur Identität und Relevanz des christlichen Glaubens. Theologische Erörterungen III, München 1990, S. 151–162, Zitat S. 154.

15 A.a.O., S. 154.

16 Zur Menschlichkeit Gottes, der Liebe ist vgl. E. Jüngel, Gott als Geheimnis der Welt, Tübingen 1986, S. 409–454.

17 E. Jüngel entfaltet unter diesem Titel „Gottes Sein ist im Werden", Tübingen 1986 (1963) im Anschluss an Karl Barth Offenbarung als „Selbstinterpretation Gottes".

18 Aus diesem Grund ist nach evangelischem Verständnis die Bibel als Wort Gottes unerlässlicher Deutungsrahmen für die vielfältigen religiösen Erfahrungen. Sinnvoll ist nicht ein Streit um die von einem/einer erzählten spirituellen Erfahrung. Streit gibt es um den Deutehorizont: Hier stellt sich die Wahrheitsfrage.

19 So wird Jesus zum Ort der „Sche'china" Gottes: vgl. Joh. 1,38–41. Zur Entwicklung einer Geist- bzw. Repräsentanten-Christologie vgl. A. Goetze, Religion fällt nicht vom Himmel. Die ersten Jahrhunderte des Islam, Darmstadt 2013[3], S. 116–118, 155–157.

20 H. Zahrnt, Die Sache mit Gott. Die protestantische Theologie im 20. Jahrhundert, München 1966, S. 91. Zahrnt entfaltet im Anschluss an Emil Brunner die „Wahrheit als Begegnung gegen einen falschen Objektivismus", was Brunner das „intellek-

tuelle Missverständnis des christlichen Glaubens" nennt. E. Brunner, Wahrheit als Begegnung, Zürich 1936, S. 165.

21 Das bedeutet damit natürlich, dass zunächst einmal jede und jeder alles erzählen kann, auch den blanken Unsinn und sagen kann: „Das habe ich erfahren", „das ist mir offenbart worden". Eine religiöse Erfahrung ist für den/die andere/n nicht nachvollziehbar, es sei denn, er gehört zur selben Gemeinschaft. Und deshalb braucht es auch das Zweite: die theologische Lehre, d. h. die Möglichkeit, die unübersehbare Vielfalt von religiösen Erfahrungen zu systematisieren, eben das Denken zu schulen. Und damit stellt sich grundlegend und konstitutiv die Wahrheitsfrage.

22 H. Küng, Existiert Gott?, München 2001[5], S. 686.

23 P. Tillich, Das Christentum und die Begegnung der Weltreligionen, in: ders., Die Frage nach dem Unbedingten. Schriften zur Religionsphilosophie. Gesammelte Werke Bd. V, Stuttgart 1978[5], S. 51–98, 52f. Tillich hat dabei nicht nur die Weltreligionen im Blick, sondern auch die, wie er es nennt, „säkularen Quasi-Religionen", „die Gegenstände wie die Nation, die Wissenschaft, eine besondere Form oder ein bestimmtes Stadium der Gesellschaft zu letzten Anliegen" erheben und vergöttern (ebd.).

24 F. Schleiermacher, Über die Religion, Göttingen 1967, S. 118.

25 R. Bernhardt, Theozentrische Christologie im Kontext des jüdisch-christlichen Dialogs, in. Dt. Pfarrerblatt 4/1995, S. 229–233, 231.

26 Ebd.

27 R. Bernhardt, Theologische Grundlagen, in: Lobet und preiset ihr Völker! Religiöse Feiern mit Menschen muslimischen Glaubens, hg. vom Zentrum Ökumene der EKHN, Frankfurt a.M. 2011, S. 17.

28 M. Buber, Der Weg des Menschen nach der chassidischen Lehre, Heidelberg 1986 (9. Auflage), S. 17.

29 H. R. Niebuhr zit. bei J. Cobb, in: J. B. Bauer, Entwürfe der Theologie, Graz u.a. 1985, S. 39.

30 Es greift zu kurz, ein Dogma, ein Bekenntnis selbst als „spirituelle Erfahrung" zu deuten. Sätze über Jesus – also Dogmatik – werden nicht erfahren, sie sind selbst eine Deutungskategorie.

31 P. Stutz, Verwundet bin ich und aufgehoben. Für eine Spiritualität der Unvollkommenheit, München 2009, S. 15.

32 A.a.O., S. 10.

33 H.-J. Margull hat diesen Ausdruck in die ökumenische Debatte beim ÖRK zum Verhältnis Mission und Dialog eingebracht. Vgl. dazu u.a. H.-J. Margull, Verwundbarkeit. Bemerkungen zum Dialog (1974) in: ders., Zeugnis und Dialog. Ausgewählte Schriften mit Einführungen von T. Ahrens, L. Engel, E. Kamphausen, I. Lembke, W. Ustorf, W. Weiße und J. Wieske, Ammersbek bei Hamburg 1992, S. 330–342.

34 Die neue Basisbibel übersetzt 1. Kor. 10,23f. so nah wie möglich am griechischen Urtext: „‚Man darf alles!' – aber nicht alles ist gut für euch. ‚Man darf alles!' – aber nicht alles baut die Gemeinde auf. Denkt nicht nur an euch selbst, sondern auch an die anderen!"

35 K. Barth, Kirchliche Dogmatik (KD), Bd. I, Zürich 1932, S. 307.

36 G. Ebeling, Dogmatik des christlichen Glaubens, Bd. 1, Zürich 1932, S. 135f.

37 Vgl. zum Ganzen: K. Wengst, Bedrängte Gemeinde und verherrlichter Christus. Ein Versuch über das Johannesevangelium, München 1992[5], bes. S. 101f., 123ff.,

189ff. Es geht also nicht nur um Verunsicherung, sondern ums Überleben. Dabei wird schärfer abgrenzend formuliert, um sich selbst zu vergewissern und zu behaupten. Die Selbstvergewisserung ist eine bleibende Aufgabe, die schroffe Abgrenzung ist kontextbezogen zu verstehen.

38 Die „Ich-bin-Worte" Jesu im Johannesevangelium weisen auf Ex. 3,14 zurück. Im Johannesevangelium wird der griechische Text mit den gleichen Worten wiedergegeben wie Ex 3,14.

39 P. Schütz, Freiheit - Hoffnung - Prophetie. Von der Gegenwärtigkeit des Zukünftigen. GW 3, Hamburg 1963, S. 25–639, S. 85.

40 Helmut Aßmann, An Christus glauben – warum? Überlegungen am Rande des christlichen Abendlandes, in: Aufschlüsse. Zeitschrift für spirituelle Impulse 20/2003, hg. von der „Gruppe 153", Gehrden 2003, S. 28–39, 30.

41 Dorothee Sölle, Die Sowohl-als-auch-Falle, in: Kuno Füssel, Dorothee Sölle, Fulbert Steffensky, Die Sowohl-als-auch-Falle. Eine theologische Kritik des Postmodernismus, Luzern 1993, S. 11–34, 13.

42 Vgl. dazu Žižek, Gefährlicher Glaube. Die westliche Toleranz verfehlt das Wesen der Religion, in: „Die Zeit" vom 11.03.2004.

43 Man erinnere sich an die Empörung, als die Taliban die buddhistischen Statuen in Bamiyan in die Luft sprengten. Obwohl fast niemand von „aufgeklärten Westlern" an die buddhistischen Grundlagen glaubt, war die Empörung groß, weil die Taliban ihrem „kulturellen Erbe" den Respekt verweigerten. Aber weil die Taliban an ihre eigene Religion glaubten, waren sie nicht besonders empfänglich für den kulturellen Wert der Denkmale anderer Religionen. Für sie waren die Buddha-Statuen „Götzenbilder", keine „Kulturgüter". So werden vielfach religiöse Menschen, gleichwohl Religion selbst ein höchst plurales Phänomen ist, in dieser ausgrenzenden Weise grundsätzlich angesehen.

44 Was heute Religionen in unserer europäisch-westlichen Welt legitimiert (und nur auf diesen Lebenskontext beziehe ich mich), ist nicht ihr innerer Wahrheitsanspruch, sondern die Art, wie sie den Ausdruck innerster Gefühle erlauben. „Wirklich gläubig zu sein" ist gar nicht mehr so wichtig, solange es nur möglich ist, einige Rituale und Sitten zu befolgen. So unterscheidet die Studie „Religionen, Religiosität und christlicher Glaube", hg. im Auftrag des Vorstandes der Arnoldshainer Konferenz und der Kirchenleitung der VELKD, Gütersloh 1991, S. 29, deutlich zwischen Religiosität und Religion: „Nicht Shiva oder Amida Buddha werden verehrt, sondern Meditationsübungen oder okkulte Praktiken werden geübt. Nicht Religionen werden angenommen, sondern parapsychologisches Training oder Übungen des Unterbewussten werden zur Bewusstseinserweiterung gesucht. Es geht also nicht eigentlich um eine ‚Wiederkehr von Religion', sondern offenbar vielmehr um ein starkes Freisetzen von Religiosität (...). Diese Religiosität bestimmt die Bewegung, in die ‚ein Gott nicht eintritt'. Darum ihre Unruhe und Fluktuation. Sie bleiben unerfüllt, denn sie sind ‚bloße' Religiosität – anthropologische Form ohne erfüllenden Inhalt".

45 Zum Folgenden P. L. Berger, B. Berger, H. Kellner, Das Unbehagen in der Modernität, Frankfurt 1975.

46 A.a.O., S. 159.

47 P. L. Berger, Der Zwang zur Häresie, Frankfurt 1979, S. 33–41.

48 Vgl. dazu vor allem J. Habermas, Theorie des kommunikativen Handelns, 2 Bde, Frankfurt a.M. 1981.

49 Die Ausblendung von Handlungsalternativen, die grundsätzliche Beliebigkeit von Positionen verhindert eine notwendige Kritik an den Macht- und Wirtschaftsmechanismen. Die ausgeklammerte Wahrheitsfrage ist in diesem Sinn systemstabilisierend. Vgl. dazu D. Sölle, Die Sowohl-als-auch-Falle, in: Kuno Füssel, Dorothee Sölle, Fulbert Steffensky, Die Sowohl-als-auch-Falle. Eine theologische Kritik des Postmodernismus, Luzern 1993, S. 11–34, hier S. 23–25.

50 R. Hummel, Religiöser Pluralismus oder christliches Abendland? Herausforderung an Kirche und Gesellschaft, Darmstadt 1994, S. 101.

51 Die Zitate finden sich bei Ulrich Wickert, Das Buch der Tugenden. Große Texte der Menschheit – für uns heute ausgewählt, München 1995, S. 579.

52 J. W. Goethe, Maximen und Reflexionen, in: Werke, Bd. 6, Frankfurt a.M. 1981, S. 507.

53 Unterschiedliche Definitionen von Toleranz stellt vor: E. Stöve, Art. Toleranz I. Kirchengeschichtlich, in: TRE Bd. 33 (2002), S. 646–663.

54 B. Kötting, Religionsfreiheit und Toleranz im Altertum, Opladen 1977, S. 15.

55 K. Schreiner, „Tolerantia". Begriffs- und wirkungsgeschichtliche Studien zur Toleranzauffassung des Kirchenvaters Augustinus, in: A. Patschovsky, H. Zimmermann (Hg.), Toleranz im Mittelalter, Sigmaringen 1998, S. 335–389, 336f.

56 Dennoch hat diese lateinische Übertragung des griechischen Urtextes durch Augustinus entsprechend seine Wirkung entfaltet. „hypomeno" steht für Paulus als Korrelativ der ausbleibenden Wiederkunft Christi. Christi Leiden ist sein Trost, die ihm die Kraft der Geduld schenkt, weil der Glaubende in der Gegenwart angefochten ist (2. Kor. 1,6; Röm. 15,4). So ist Geduld – gegen alle Schwärmerei – der Hoffnung zugeordnet (1. Thess. 1,3, Röm. 8,25).

57 U. Luz, Das Evangelium nach Matthäus, (EKK I/2), Neukirchen-Vluyn 1990, S. 345–347. Das Gleichnis ist für den Evangelisten eine Mahnrede an die Gemeinde, an Wort und Lehre Jesu festzuhalten und glaubwürdige Zeugin in Wort und Tat zu bleiben. In Auseinandersetzung mit innerkirchlichen Gruppen, die schwärmerisch die „reine Kirche" zu verwirklichten suchten, wurde das Gleichnis in der Kirchengeschichte bedeutsam, Gott selbst das letzte Wort zu überlassen und zugleich dafür zu sorgen, selbst Weizen zu sein.

58 R. Forst, Toleranz im Konflikt. Geschichte, Gehalt und Gegenwart eines umstrittenen Begriffs, Frankfurt a.M. 2003, S. 65.

59 Zum Folgenden W. Speyer, Toleranz und Intoleranz in der alten Kirche, in: I. Broer / R. Schlüter (Hg.), Christentum und Toleranz, Fribourg/Stuttgart 2012, S. 83–106, bes. S. 85–90.

60 E. Stöve, Art. Toleranz I. Kirchengeschichtlich, in: TRE Bd. 33 (2002), S. 648.

61 Dieses Denken fand in der römisch-katholischen Kirche Widerhall. So formulierte der Bischof von Rom, Stefans I. (254–257): „nihil innovetur nisi quod traditum est" – ein Ausdruck, der zu einem Grundsatz werden sollte. Vgl. dazu F. J. Dölger, Antike und Christentum. Kultur und Religionsgeschichtliche Studien 1, Münster 1929, S. 79f.

62 Da die jüdische Religion durchaus als zugelassene Religion galt, bedeutete die Trennung von der Synagogengemeinde für die junge Christengemeinde eine erhöhte Gefährdung durch Verfolgung. Identitätsbildung durch Abgrenzung war die Folge. Von dieser extrem angespannten Situation geben die Texte gegenüber dem Judentum im Johannesevangelium Zeugnis. Vgl. dazu K. Wengst, Bedrängte Gemeinde und verherrlichter Christus. Ein Versuch über das Johannesevangelium, München 1992.

63 P. Tillich, Das Christentum und die Begegnung der Weltreligionen, in: ders., Die Frage nach dem Unbedingten. Schriften zur Religionsphilosophie. Gesammelte Werke Bd. V, Stuttgart 19785, S. 51–98, 53. Tillich zählt dazu u. a. den Faschismus, in dem das nationale Anliegen, und den Kommunismus, in dem das soziale Anliegen unbedingte Bedeutung erhalten hat. Auch gehört für ihn der liberale Humanismus, der die menschliche Vernunft als autonom deutet, zu den Quasi-Religionen" (S. 55).

64 W. Speyer, Toleranz und Intoleranz in der alten Kirche, in: I. Broer / R. Schlüter (Hg.), Christentum und Toleranz, Fribourg/Stuttgart 2012, S. 83–106, 87.

65 Zum Folgenden V. Leppin, Toleranz im Horizont protestantischer Selbstverständigung in der Frühen Neuzeit, in: I. Broer / R. Schlüter (Hg.), Christentum und Toleranz, Fribourg/Stuttgart 2012, S. 81–90, 81f.

66 Ebd. S. 82.

67 M. Luther, Daß weltlich Obrigkeit den Widertäufern mit leiblicher Strafe zu wehren schuldig sei, WA 50, 6–15, 13.

68 WA 50, 11f.

69 Der Genfer Reformator Calvin hat den Philosophen und Theologen Michael Servet „trost- und vergebungslos seinem Schicksal überlassen", konstatiert Uwe Birnstein in seiner Streitschrift: Toleranz und Scheiterhaufen. Das Leben des Michael Servet, Göttingen 2013. Auch Martin Bucer, Reformator in Straßbourg, urteilte, man solle Servet „die Eingeweide aus dem Leibe reißen". Nach ihrer Auffassung hatte Servet die Trinitätslehre infrage gestellt. Zu Martin Bucers abschätziger Haltung gegenüber den Juden vgl. Peter von der Osten-Sacken, Martin Luther und die Juden. Neu untersucht anhand von Anton Margarithas „Der gantz Jüdisch glaub" (1530/31), Stuttgart 2002, S. 248–253. Ebenso die katholische Position von Johannes Eck (Osten-Sacken), S. 259–263.

70 14. These der 3. Disputation: der Mensch solle sehen „auf die unvergleichliche Geduld und Weisheit Gottes, der das kleinere Übel erträgt, damit nicht alles durch ein größeres Übel umgestürzt wird", in: M. Luther, Tertia Disputatio, in: Lateinisch-Deutsche Studienausgabe, Bd. 2, Leipzig 2006, S. 424–429. Diesen Hinweis verdanke ich Christof Ziemer.

71 So W. Härle, Wahrheitsgewissheit als Bedingung von Toleranz, in: C. Schwöbel, D. v. Tippelskirch (Hg.), Die religiösen Wurzeln der Toleranz, Freiburg u. a. 2002, S. 77–97, 82f. Bereits Jahre zuvor hat G. Ebeling diese Disputation Luthers als eine Grundlage für den Glaubensdialog wiederentdeckt: G. Ebeling, Die Toleranz Gottes und die Toleranz der Vernunft, in: ZThK 78/1981, S. 442–464.

72 Eigentümlich fallen bei Luther die selbst geglaubte und anderen gegenüber gelebte Haltung auseinander. Zu Luthers Haltung zu den Juden vgl. insbesondere Peter von der Osten-Sacken, Martin Luther und die Juden. Neu untersucht anhand von Anton Margarithas „Der gantz Jüdisch glaub" (1530/31), Stuttgart 2002. Zu seiner Haltung zum Islam: „Vom Krieg wider die Türken" (1529), WA 30/II, S. 81–148; Heerpredigt wider die Türken (1529), WA 30/II, S. 149ff.; „Vermahnung zum Gebet wider die Türken (1541), WA 51, S. 577ff.; „Vor- und Nachwort zur Übersetzung der ‚Confutation Alcorani'" (1542), WA 53, S. 261ff. Darin führt Luther aus (WA 53, S. 388): „wo nu die Türcken (…) dem Alcoran mit ernst gleuben, so sind sie nicht wird, das sie Menschen heissen (…)".

73 Vgl. dazu A. Pangritz, Martin Luthers Stellung zu Judentum und Islam, in: Harry Noormann (Hg.), Arbeitsbuch Religion und Geschichte, Bd. 2, Stuttgart 2013: Es

wäre weiter zu erforschen, inwieweit die innere Verbindung von Christuszentrierung und Antijudaismus sowie Antiislamismus an einer „Geistvergessenheit" der Kirche liegt, d. h. an der Überbetonung der Christologie ohne zugleich den Heiligen Geist und sein freies Wirken (in Würdigung des 3. Artikels des Glaubensbekenntnisses) zu berücksichtigen.

74 V. Leppin, Toleranz im Horizont protestantischer Selbstverständigung in der Frühen Neuzeit, in: I. Broer / R. Schlüter (Hg.), Christentum und Toleranz, Fribourg/Stuttgart 2012, S. 81–90, 87–89. Entscheidend war für Castellio Calvins unbarmherzige Haltung gegenüber Servet 1554, die zu dessen Tode führte. Vgl. dazu H. R. Guggisberg, Sebastian Castellio. 1515–1563. Humanist und Verteidiger der religiösen Toleranz im konfessionellen Zeitalter, Göttingen 1997, S. 32–41.

75 E. Stöve, Art. Toleranz I. Kirchengeschichtlich, in: TRE Bd. 33 (2002), S. 655.

76 Vgl. bei Luther, der theologisch Gottes Toleranz gegenüber dem Zorn Gottes stark machen kann: These 26 der Disputatio zu Röm 3,28 (siehe Anm. 71).

77 HSTA Weimar, reg. M. pag 435 Nr. 12.

78 Vgl. dazu Balthasar Hubmaier, der sich später zum Täufertum bekennt: Er hat in seinen Schriften das Motiv des Leidens hervorgehoben und zugleich betont, dass es allein Christus vorbehalten sei, über Ketzerei zu richten. Hubmaier ist sich in seiner Schrift von 1524 „Von Ketzern und ihren Verbrennern" (B. Hubmaier, Schriften, hg. Von Gunnar Westin / Torsten Bergsten, Gütersloh 1962, S. 95–100) hier mit dem frühen Luther einig.

79 So V. Leppin, Toleranz im Horizont protestantischer Selbstverständigung in der Frühen Neuzeit, in: I. Broer / R. Schlüter (Hg.), Christentum und Toleranz, Fribourg/Stuttgart 2012, S. 81–90, 83–85.

80 H. G. Stobbe, Ehrfurcht und Achtsamkeit. Religiöse Grundlagen der Toleranz, in: I. Broer / R. Schlüter (Hg.), Christentum und Toleranz, Fribourg/Stuttgart 2012, S. 122–134, 128.

81 Der Augsburger Religionsfriede spricht dem Landesherrn das Recht zu, die Religion seines Landes zu bestimmen – und damit das Bekenntnis seiner Untertanen.

82 H. Lübbe, Religion nach der Aufklärung, Graz 1986, S. 76.

83 E. Stöve, Art. Toleranz I. Kirchengeschichtlich, in: TRE Bd. 33 (2002), S. 654.

84 G.E. Lessing, Gesammelte Werke, Bd. 1, hg. Von W. Stammler, München 1959.

85 Zum Folgenden H. G. Stobbe, Ehrfurcht und Achtsamkeit. Religiöse Grundlagen der Toleranz, in: I. Broer / R. Schlüter (Hg.), Christentum und Toleranz, Fribourg/Stuttgart 2012, S. 122–134, 122.

86 Pointiert stellt Peter L. Berger, Sehnsucht nach Sinn. Glauben in einer Zeit der Leichtgläubigkeit, Frankfurt a.M./New York 1994, S. 75, fest: Die Kinder aufrechter, durch und durch protestantischer amerikanischer Durchschnittsbürger werden zu libertären Bohemiens, die alles tolerieren außer Intoleranz: „Ach, Sie sind Kannibale? Wie interessant! Ich glaube, wir würden allesamt viel gewinnen, wenn wir Ihren Standpunkt besser verstünden." Deren Kinder neigen nun dazu, jeden religiösen, politischen oder ästhetischen Fanatismus, der ihnen begegnet, mitzumachen. Und was mit Individuen passieren kann, das kann auch mit größeren Gruppen, ja mit ganzen Gesellschaften passieren.

87 H. G. Stobbe, a.a.O., S. 122.

88 E. Jüngel, Wertlose Wahrheit, in: ders., Wertlose Wahrheit. Zur Identität und Relevanz des christlichen Glaubens. Theologische Erörterungen III (Beiträge zur evangelischen Theologie, Bd. 107), München 1990, S. 90–109, 90.

89 A.a.O., S. 92.
90 Ebd.
91 G. Ebeling, Dogmatik des christlichen Glaubens, Bd. 3, Tübingen 1979, S. 183.
92 Ebd.
93 A.a.O., S. 106f.
94 N. Hartmann, Ethik, S. 576, zit. bei E. Jüngel, Wahrheit, in: ders., Wertlose Wahrheit. Zur Identität und Relevanz des christlichen Glaubens. Theologische Erörterungen III (Beiträge zur evangelischen Theologie, Bd. 107), München 1990, S. 90–109, 97.
95 E. Jüngel (Anm. 77), S. 98.
96 A.a.O., S. 105.
97 H. Aßmann, An Christus glauben – warum? Überlegungen am Rande des Abendlandes, in: Aufschlüsse. Zeitschrift für spirituelle Impulse 20/2003, hg. von der „Gruppe 153", Gehrden 2003, S. 28–39, 33.
98 E. Wolff, Art. Toleranz, in: EStL 2, S. 2293–2296, 2295 (alle abgekürzten Worte wurden von mir ausgeschrieben).
99 E. Stöve, Art. Toleranz I. Kirchengeschichtlich, in: TRE Bd. 33 (2002), S. 649.
100 Vgl. W. Huber, Konflikt und Versöhnung, in: J. Assmann / D. Harth (Hg.), Kultur und Konflikt, Frankfurt a. M. 1990, S. 49–71.
101 So formuliert K. Popper das „Paradox der Toleranz": „Uneingeschränkte Toleranz führt mit Notwendigkeit zum Verschwinden der Toleranz. Denn wenn wir die unbeschränkte Toleranz sogar auf die Intoleranten ausdehnen, wenn wir nicht bereit sind, eine tolerante Gesellschaftsordnung gegen Angriffe der Intoleranz zu verteidigen, dann werden die Toleranten vernichtet werden und die Toleranz mit ihnen (…). Wir sollten daher im Namen der Toleranz das Recht für uns in Anspruch nehmen, die Unduldsamen nicht zu dulden." K. Popper, Die offene Gesellschaft und ihre Feinde, Bd. 1: Der Zauber Platons, Bern 1957 (1992, 7. Auflage), S. 147f., 332ff.
102 P. Ricoeur, Toleranz, Intoleranz und das Nicht-Tolerierbare, in: R. Forst (Hg.), Toleranz. Philosophische Grundlagen und gesellschaftliche Praxis einer umstrittenen Tugend, Frankfurt a. M./New York 2000, S. 26–44, S. 35f.
103 Ebd.
104 A.a.O., S. 37.
105 A.a.O., S. 29.
106 Das hat ja Luther in so klarer Weise theologisch in seinen Thesen zu Römer 3,28 zum Ausdruck gebracht: Gottes Toleranz bedeutet nicht seinen Verzicht auf Gerechtigkeit: M. Luther, Tertia Disputatio, in: Lateinisch-Deutsche Studienausgabe, Bd. 2, Leipzig 2006, S. 424–429.
107 Vgl. in diesem Zusammenhang die Ausführungen von R. Forst, Toleranz im Konflikt. Geschichte, Gehalt und Gegenwart eines umstrittenen Begriffs, Frankfurt a.M. 2003.
108 Es mag gerade sein, dass ein Mangel an spiritueller Erfahrung dazu führt, den Kernbestand religiösen Selbstverständnisses nicht (mehr) sehen zu können und eher harmonisierenden Tendenzen nachzugeben.
109 P. von der Osten-Sacken, Begegnung im Widerspruch. Text und Deutung des Zwiegesprächs zwischen Karl Ludwig Schmidt und Martin Buber im Jüdischen Lehrhaus in Stuttgart am 14. Januar 1933, in: ders., Leben als Begegnung. Ein Jahrhundert Martin Buber (1878–1978). Vorträge und Aufsätze, Berlin 1978 (Veröffentlichungen aus dem Institut Kirche un Judentum VIKJ, Bd. 8), S. 135.

110 Sünde ist biblisch keine moralische Kategorie, sondern eine Beziehungsaussage: Sie bringt zum Ausdruck, dass die Beziehung zu Gott nachhaltig und tiefgreifend zerstört ist: vgl. die Erzählung der Urgeschichte Gen. 2–4.

111 Für das Folgende vgl. C. H. Ratschow, Die Religionen. Handbuch Systematische Theologie (HAST) Bd. 16, Gütersloh 1979; R. Bernhardt, Der Absolutheitsanspruch des Christentums: von der Aufklärung bis zur pluralistischen Religionstheologie, Gütersloh 1990; K. Cracknell, Mission und Dialog. Für eine neue Beziehung zu Menschen anderen Glaubens, Frankfurt 1990 (engl. Originalausgabe: London 1986).

112 Ein Hinweis an dieser Stelle mag das noch verdeutlichen: Der neuzeitliche Toleranzbegriff steht in Beziehung zum sich entwickelnden Staatsabsolutismus. Friedrich der Große, der als einer der Repräsentanten der Toleranz gilt, war ein absoluter Monarch. Für ihn bedeutete der in seiner Person verkörperte Staat *das* Einheitsband, das für ihn stärker war als alle anderen kulturellen Kräfte – die Religion eingeschlossen. Die Staatsidee war höchst rigoristisch konzipiert und in ihrem Geltungsanspruch höchst intolerant.

113 P. Ricoeur, Toleranz, Intoleranz und das Nicht-Tolerierbare, in: R. Forst (Hg.), Toleranz. Philosophische Grundlagen und gesellschaftliche Praxis einer umstrittenen Tugend, Frankfurt a.M./New York 2000, S. 26–44, S. 37.

114 Zur „Kränkung des christlichen Selbstbewusstseins“, die H.-J. Margull beschrieben hat, siehe weiter unten.

115 R. Forst, Die Ambivalenz der Toleranz. Vom schwierigen Balanceakt zwischen Gleichheit und Differenz, in: Forschung Frankfurt 1/2008, S. 14–21, 18f.

116 Vgl. dazu auch M. Walzer, Politik der Differenz. Staatsordnung und Toleranz in der multikulturellen Welt, in: R. Forst (Hg.), Toleranz. Philosophische Grundlagen und gesellschaftliche Praxis einer umstrittenen Tugend, Frankfurt a.M./New York 2000, S. 214–230.

117 So Sebastian Painadath, Jesuit und indischer Theologe, in einem Interview mit „publik forum“, Nr. 20/2000, S. 31.

118 Vgl. dazu M. Buber, Ich und Du, in: Das dialogische Prinzip, Heidelberg 1965, S. 76: „Die verlängerten Linien der Beziehungen schneiden sich im ewigen Du. Jedes geeinzelte Du ist ein Durchblick zu ihm. Durch jedes geeinzelte Du spricht das Grundwort, das Ewige an“.

119 G. Ebeling, Dogmatik des christlichen Glaubens, Bd. 1, Tübingen 1979, S. 291f.

120 G. Ebeling, Dogmatik des christlichen Glaubens, Bd. 2, Tübingen 1979, S. 76: „Wird dem Menschen zugesagt, er sei Gottes Kind, so steht er mit Gott und Gott mit ihm in einem Lebenszusammenhang. Er darf sich von Gott als seinem Vater angenommen, bejaht, geliebt wissen (…)“.

121 H. Aßmann, Differenzierung als Versuchung. Oder warum anders sein so schnell, „böse sein“ bedeutet, in: studium credo Nr. 213 (Rundbrief der „Gruppe 153“), Hermannsburg 1997, S. 15–20, 20.

122 Zum Folgenden: M. Luther, WA Br. 2, 454–457 (Nr. 455). Ähnlich äußerte sich Luther schon in ein Jahr zuvor: WA 15, 210–221.

123 Zum Folgenden: R. Bernhardt, Konzepte zur theologischen Deutung der Religionsvielfalt, in: M. Delgado, V. Leppin, D. Neuhold (Hg.), Schwierige Toleranz. Der Umgang mit Andersdenkenden und Andersgläubigen in der Christentumsgeschichte, Fribourg/Stuttgart 2012, S. 237–260, 256.

124 So J. Moltmann schon wegweisend 1989 in der Auseinandersetzung mit dem pluralistischen Ansatz von J. Knitter (Ein Gott – viele Religionen. Gegen den Absolutheitsanspruch des Christentums, München 1988). Vgl. dazu auch: J. Moltmann, Dient die ‚pluralistische Theologie' dem Dialog der Weltreligionen?, in: Ev. Theologie (EvTh), Bd. 49/1989, S. 528–536, Zitat S. 536.

125 Ebd. unter Aufnahme eines zentralen Gedanken Martin Bubers.

126 H. G. Stobbe, Ehrfurcht und Achtsamkeit. Religiöse Grundlagen der Toleranz, in: I. Broer / R. Schlüter (Hg.), Christentum und Toleranz, S. 122–134, 123f.

127 Zum Folgenden W. Härle, Aus dem Heiligen Geist. Positioneller Pluralismus als christliche Konsequenz, in: Zeichen der Zeit, Lutherische Monatshefte (LuM) 7/1998, S. 21–24. Ähnlich C. Schwöbel, Religiöser Pluralismus im 21. Jahrhundert. Herausforderung für die Freiheit, in: M. Mühling (Hg.), Gezwungene Freiheit? Personale Freiheit im pluralistischen Europa, Göttingen 2009.

128 G. Ebeling spricht in diesem Zusammenhang von der „Nichtobjektivierbarkeit Gottes": G. Ebeling, Dogmatik des christlichen Glaubens, Bd. 1, Tübingen 1979, S. 199–206. Ebeling entfaltet die gesamte Gottesrede aus der Haltung des Gebets.

129 A. Goetze, Religion fällt nicht vom Himmel. Die ersten Jahrhunderte des Islam, Darmstadt 2013[3], S. 378f. Zahlreiche Fragestellungen sind sich so ähnlich, dass sie zum Dialog drängen.

130 G. Ebeling, Dogmatik des christlichen Glaubens, Bd. 1, Tübingen 1979, S. 209 (nach WA 7; 337,30–35; 252,8–10).

131 P. Tillich, Das Christentum und die Begegnung der Weltreligionen, in: ders., Die Frage nach dem Unbedingten. Schriften zur Religionsphilosophie. Gesammelte Werke Bd. V, Stuttgart 19785, S. 51–98, 60. In diesem Sinn ist jede Form von Orthodoxie gefährdet, den Glauben unbotmäßig zu formalisieren.

132 A. J. Heschel, Keine Religion ist ein Eiland (1965), in: F. A. Rothschild (Hg.), Christentum aus jüdischer Sicht. Fünf jüdische Denker des 20. Jahrhunderts über das Christentum und sein Verhältnis zum Judentum, Berlin/Düsseldorf 1998 (Veröffentlichungen aus dem Institut Kirche und Judentum VIKJ, Bd. 25), S. 324–341.

133 R. Hummel, Religiöser Pluralismus oder christliches Abendland? Herausforderung an Kirche und Gesellschaft, Darmstadt 1994, S. 191. Ohne „agape" wird Mission zur Proselytenmacherei, Dialog zum unverbindlichen Gespräch, Konvivenz zur bloßen Mitmenschlichkeit (S. 183).

134 H.-J. Margull, Verwundbarkeit. Bemerkungen zum Dialog (1974) in: ders., Zeugnis und Dialog. Ausgewählte Schriften mit Einführungen von T. Ahrens, L. Engel, E. Kamphausen, I. Lembke, W. Ustorf, W. Weiße und J. Wieske, Ammersbek bei Hamburg 1992, S. 330–342.

135 H.-J. Margull, Zu einem christlichen Verständnis des Dialogs zwischen Menschen verschiedener religiöser Traditionen, in: ders., Zeugnis und Dialog. Ausgewählte Schriften mit Einführungen von T. Ahrens, L. Engel, E. Kamphausen, I. Lembke, W. Ustorf, W. Weiße und J. Wieske, Ammersbek bei Hamburg 1992, S. 309–329, 321.

136 Ebd., S. 325.

137 H.-J. Margull, Gemeinde für andere (1965), in: ders., Zeugnis und Dialog. Ausgewählte Schriften mit Einführungen von T. Ahrens, L. Engel, E. Kamphausen, I. Lembke, W. Ustorf, W. Weiße und J. Wieske, Ammersbek bei Hamburg 1992, S. 125–134, 127. Im gemeinsamen Dialog, in meinen Worten: in „spiritueller Toleranz", könnte dieser jeweilige Schmerz ausgehalten werden.

Walter Homolka

Toleranz statt Wahrheit?

Eine jüdische Perspektive

Wir alle halten uns für recht tolerant, oder? In dem Moment jedoch, wenn wir auf den „Anderen" treffen, den „Fremden", den „Andersartigen", können wir spüren, dass es oft doch ziemlich mühsam ist, zu der Einstellung „leben und leben lassen" zu finden.

Heutzutage begegnen wir einer Vielfalt von Gesinnungen und Lebensentwürfen in allen gesellschaftlichen Bereichen. Kulturelle, ideologische und religiöse Vielfalt existieren nicht mehr primär außerhalb der Grenzen unserer europäischen Gesellschaften, sondern sind mitten unter uns konkret erlebbar und alltäglich geworden. Der Fremde ist heute unser Nachbar und eine Übereinstimmung in grundsätzlichen Werten ist nicht länger selbstverständlich. Im Gegenteil: Glaubens-, Werte- und Gesinnungsfragen müssen je neu erörtert werden. Es führt zu Zweifeln an der eigenen Identität, wenn man mit Überzeugungen fremder Glaubensrichtungen konfrontiert wird oder mehr noch mit alternativen Auslegungen des eigenen Glaubens, die die eigene Überzeugung infrage stellen.

Im Grunde ist die Geschichte der Toleranz die Geschichte der Entwicklung von Religions- und Meinungsfreiheit. Es war Rabbiner Samuel Wolk, der – in der *Universal Jewish Encyclopedia* von 1941 – Toleranz für ein grundlegendes Identitätsmerkmal des Judentums hielt. „Geschichte, wenn von Hegelschen Launen befreit, sei Geschichte der Freiheit – dieser Ausspruch findet konkrete Bestätigung in der Geschichte des Juden und seiner Religion. Denn das Judentum ist so umfassend tolerant, dass es in sich ein enormes Meinungsspektrum zugelassen hat."

Wolk erklärte auch, warum das so ist: Er fand den Grund dafür in den grundsätzlich demokratischen Fundamenten und Strukturen jüdischen Lebens. Und er fährt fort, dass eine der charakteristischen Eigenschaften der jüdischen Denkweise in allen Jahrhunderten die Aufgeschlossenheit neuen Ideen gegenüber war. Vielleicht hat das auch damit zu tun, dass es im Judentum seit dem 4. Jahrhundert keine zentrale Autorität gibt, die verbindliche Entscheidungen treffen könnte. 358 n.d.Z. traf das Sanhedrin, ein Rat mit 71 Repräsentanten, die letzte solcher Festlegungen: zum Jüdischen Kalender. Unter dem Druck der römischen Verfolgung bricht diese Institution zusammen. Seitdem gibt es keinen Mechanismus innerhalb des Judentums mehr, zwischen unterschiedlichen Positionen zu entscheiden. Seitdem müssen wir Juden unsere Meinungsunterschiede argumentativ austragen, müssen Allianzen bilden für unsere Sicht der Wahrheit oder einen Dissens auch einmal stehen lassen, ohne dass die eine Position gegenüber der anderen für verbindlich erklärt werden könnte.

Von einer solchen Wertschätzung von Religionsfreiheit und Toleranz konnte einer leider nicht profitieren: Rabbiner Abraham Kohn hatte 1844 das Rabbinat von Lemberg übernommen. Dort wirkte er als Rektor einer gut ausgestatteten Schule mit säkularen wie religiösen Schulfächern, eröffnete eine neue liberale Synagoge, beseitigte viele alte Missstände und erwirkte, dass die entwürdigende Steuer auf koscheres Fleisch und Schabbatkerzen abgeschafft wurde, die der Staat der Jüdischen Gemeinde auferlegt hatte.

Trotz seiner vielen Erfolge gab es seitens der Traditionalisten innerhalb der Gemeinde erbitterte Proteste angesichts der religiösen Veränderungen, und 1848 beauftragte eine fanatische Gruppe jemanden, Kohn und seine ganze Familie mit Arsen zu vergiften. Andere Familienmitglieder überlebten zwar, aber der Rabbiner und seine jüngste Tochter starben am darauffolgenden Tag. Man kann die beiden als jüdische Märtyrer für Toleranz und Religionsfreiheit bezeichnen.

Heutzutage wächst die Zahl solcher jüdischen Märtyrer. Ultraorthodoxe Juden wollen heute die gesamte israelische Gesellschaft vereinnahmen und große Teile des öffentlichen Lebens bestimmen. Orthodoxe Dominanz über Familien- und Eherecht in Israel und der jüdischen Diaspora, Beschränkung von Frauenrechten und das Postulat eines Auslegungsmonopols gefährden derzeit die Religionsfreiheit innerhalb des Judentums.

Europa, wie wir es heute kennen, ist das Ergebnis einer langen Entwicklung von Pluralisierung, die mit der Reformation begann. In der Reformation wurde die eine allumfassende christliche Kirche durch zwei Kirchen ersetzt, ja durch zwei „Religionen", wie man es im 16. Jahrhundert ausdrückte. Auf die Aufhebung des Edikts von Nantes 1685 durch Ludwig XIV. folgte ein Exodus von rund 500.000 Hugenotten aus Frankreich, der in ganz Europa hitzige Debatten über religiöse Toleranz und Religionsfreiheit auslöste.

So argumentierte John Locke 1689 in seinem *Brief über die Toleranz*, weder Staat noch Kirche dürften Menschen ob ihrer Seelen nötigen, und bestand auf Toleranz für alle Religionen. Die Niederlande, die Glaubensflüchtlinge aus verschiedenen Kulturen aufgenommen hatten, wurden der erste Staat, der das Prinzip der religiösen Toleranz zur Staatsräson machte. England folgte mit der „Glorious Revolution" 1688/89, als auch den Nonkonformisten Toleranz zugesagt wurde. Voraussetzung waren Treue zur Krone und die Weigerung, den Supremat des Papstes anzuerkennen. Aus Europa kam der Toleranzgedanke in die Vereinigten Staaten und prägte die *Bill of Rights*. Später wurde davon wiederum die Französische Revolution beeinflusst.

Ein langer Lernprozess brachte uns Europäer also dazu, Toleranz und Religionsfreiheit zum prägenden Merkmal unserer Gesellschaft zu machen. So wirkt es auch gegen das zerstörerische Potenzial von Religion, wenn sie für nationale Interessen instrumentalisiert wird. Toleranz wurde zur Existenzfrage in Europa: Religiöser Dissens kann toleriert werden, solange er sich auf den Bereich persönlicher Religionsausübung beschränkt und das gesellschaftliche Zusammenleben nicht beeinträchtigt. Die Aufklärung ist dabei die Grundlage für diesen allgemeinen Konsens.

Letztlich ermöglichte dies dem Judentum zu Beginn des 19. Jahrhunderts, seinen Platz in der Gesamtgesellschaft einzunehmen. Grundlage waren die napoleonischen Reformen, die die rechtlichen und sozialen Rahmenbedingungen für Juden als Individuen und für das Judentum insgesamt veränderten.

Unter napoleonischer Herrschaft, im Königreich Westphalen, war es Israel Jacobson, der mit der Gründung einer Simultanschule in Seesen und der Errichtung der ersten Reformsynagoge 1810 die erste systematische Reform jüdischer Glaubensanschauungen und jüdischer Liturgie vollzog. Dies war der Beginn der jüdischen Reformbewegung als einer anti-assimilatorischen Strömung. Das Preußische Emanzipationsedikt von 1812 trug dazu bei, dieser neuen Entwicklung zum Durchbruch zu verhelfen.

Die Ausgrenzung des Judentums sollte noch gute weitere einhundert Jahre andauern, dem Ruf nach Emanzipation zum Trotz. Für ambitionierte Juden, die es innerhalb des „Christlichen Staates" zu etwas bringen und trotzdem jüdisch bleiben wollten, blieben etliche Nachteile bestehen. Laufbahnen im Staatsdienst, an der Universität und im Militär blieben ihnen verschlossen. Letztendlich führte erst die Trennung von Kirche und Staat in der Weimarer Republik zur ideologischen Neutralität des Staates und zur Gleichstellung aller Religionen.

Man kann also sagen, dass wir Juden in Europa in erheblichem Maße von der Relativierung religiöser Wahrheit profitiert haben. Das galt in der Vergangenheit. Das gilt gegenwärtig und es wird weiterhin gelten, wenn wir uns die Perspektiven für die Zukunft ansehen.

Schwächt der Ruf nach Toleranz die religiöse Identität? Moses Mendelssohn (1729–1786) beweist uns das Gegenteil. Er beruft sich auf die noachidischen Gebote, als er 1769 von dem Zürcher Prediger Johann Caspar Lavater zu einem Religionsdisput aufgefordert wird, der das Ziel hat, Mendelssohn zum Christentum Calvins zu bekehren.

Im Dezember 1769 entgegnet Moses Mendelssohn mit dem Verweis auf die tolerante Haltung des Judentums, die jegliche Missionierung ablehnt: „Nach den Grundsätzen meiner Religion soll ich niemand, der nicht nach unserm Gesetz geboren ist, zu bekehren suchen. Dieser Geist der Bekehrung, dessen Ursprung einige so gern der jüdischen Religion aufbürden möchten, ist derselben gleichwohl schnurstracks zuwider. Alle unsere Rabbinen lehren einmütig, dass die schriftlichen und mündlichen Gesetze, in welchen unsere geoffenbarte Religion besteht, nur für unsere Nation verbindlich seien. Mose hat uns das Gesetz geboten, es ist ein Erbteil der Gemeinde Jacob. Alle übrigen Völker der Erde, glauben wir, seien von Gott angewiesen worden, sich an das Gesetz der Natur und an die Religion der Patriarchen zu halten [Anm. Mendelssohns: ‚Die sieben Hauptgebote der Noachiden']. Die ihren Lebenswandel nach den Gesetzen dieser Religion der Natur und der Vernunft einrichten, werden tugendhafte Männer von anderen Nationen genannt, und diese sind Kinder der ewigen Seligkeit.“

Mit dieser Aussage über die Anerkennung anderer Überzeugungen von jüdischer Seite weist Mendelssohn die Konversionsforderung Lavaters zurück. Dabei setzt er die noachidischen Gebote mit dem Naturrecht gleich. Und als Naturrecht stehen sie auch der vernunftmäßigen Einsicht Lavaters offen.

Nach jüdischer Tradition wurden mit den noachidischen Regeln also in Bezug auf Gott (Verbot des Götzendienstes und der Gotteslästerung), den Mitmenschen (Verbot des Mordes, des Diebstahls und der sexuellen Promiskuität) und die Natur (Verbot der Tierquälerei) sowie die Gesellschaft (Gebot einer gerechten Gesellschaft mit gerechten Gesetzen) grundlegende Handlungsanweisungen für alle Menschen gesetzt. Jeder Nichtjude, der diese Ge- und Verbote einhält, so die jüdischen Quellen vom Talmud über Maimonides bis hin zu Moses Mendelssohn und Hermann Cohen, sei als ein Gerechter unter den Völkern anzusehen. Damit könne von Nichtjuden die gleiche geistige und moralische Stufe erreicht werden wie vom Hohepriester im Tempel.

Zurück zu Samuel Wolk, der so überzeugt war vom prägenden Charakter des Dissens im Judentum. Ein Blick in rabbinische Primärquellen soll uns zeigen, ob er recht hat. In der folgenden Geschichte wird das jüdische Verständnis von „Wahrheit“ sehr anschaulich: „Rabbi Abba sagte im Namen Schmuels: Drei Jahre stritten die Schule Schammais und die Schule Hillels: eine sagte, die Halacha sei nach ihr zu entscheiden. Da ertönte eine Hallstimme und sprach: [Die Worte] der einen und der anderen sind Worte des lebendigen Gottes; jedoch ist die Halacha nach der Schule Hillels zu entscheiden. – Wenn aber [die Worte] der einen und der anderen Worte des lebendigen Gottes sind, weshalb war es der Schule Hillels beschieden, dass die Halacha nach ihr entschieden wurde? – Weil sie verträglich und bescheiden war und sowohl ihre eigene Ansicht als auch die der Schule Schammais studierte; noch mehr, sie setzte sogar die Worte der Schule Schammais vor ihre eigenen.“

In seinem Kommentar zu Erubin 13b schreibt der im 14. Jahrhundert wirkende Rabbi Jom Tow ben Avraham Ishbili aus Sevilla,

„Ritba" genannt, Folgendes: „Die Rabbinen Frankreichs haben die Frage aufgeworfen: ‚Wie ist es möglich, dass die Meinungen dieser wie jener die Worte des lebendigen Gottes sein können, da doch diese verbieten, was jene erlauben?' Auf diese Frage antworteten sie: Als Mose auf die Höhe stieg, um die Thora in Empfang zu nehmen, wurden ihm im Zusammenhang mit einer jeden Sache 49 Gründe gezeigt, warum es erlaubt sein sollte. Als Mose den Heiligen – gepriesen sei er! – um endgültige Entscheidungen bat, wurde ihm gesagt, dass derartige Entscheidungen den Weisen Israels in jeder einzelnen Generation vorbehalten seien und dass die Entscheidungen, die sie dann jeweils träfen, die gültigen Entscheidungen seien."

In beiden Texten wird sehr deutlich, wie wichtig es den Rabbinen ist, im Diskurs die Position des anderen zu respektieren und die eigene Meinung nicht absolut zu setzen: Das sind die Schlüssel zur Wahrheit in einem pluralen Sinn.

Der Offenbarungsinhalt ist beiden Lehrhäusern – Hillel und Schammai – seit dem Offenbarungsereignis am Sinai überliefert. Beide Texte vertreten die Ansicht, dass die Offenbarung interpretiert werden muss, dass man sich damit auseinandersetzen, sie von allen Seiten betrachten, erforschen und deuten muss.

Asher Maoz von der Universität Tel Aviv hat sich die Frage gestellt, wie das Judentum es mit der Religionsfreiheit hält. Das Judentum bejaht die Religionsfreiheit, so Maoz, wenn sie sich auf die Toleranz der Koexistenz mit anderen Religionen bezieht, und verneint sie, wenn es um das Recht eines Juden geht, eine andere Religion anzunehmen. Allerdings betont der Rechtswissenschaftler, dass das Judentum absolute Freiheit innerhalb der Religion erlaube.

Deshalb liegt es an uns Juden heute, die alte Einsicht zu verinnerlichen, dass innerhalb des Judentums und außerhalb des Judentums mehr als eine Wahrheit existiert. Was wir als die Wahrheit erachten, kann also ebenso wie das genaue Gegenteil vor Gottes Augen Zustimmung finden.

Chris T.R. Hewer

Islam verstehen, wie er sich selbst versteht

Zugänge zu einem spirituellen Verständnis des Islam

Die Zeit der Polemik ist vorbei. Polemik richtet dreifachen Schaden an: bei den Menschen, über die gesprochen wird, bei den Menschen, deren Aussagen polemisch sind und in der Beziehung zwischen diesen beiden. Der Weg, der nun eingeschlagen werden sollte, muss zum gegenseitigen Verstehen führen – im Kopf und auch im Herzen. Ich nenne es empathisches Verständnis. Ich mag nicht mit allem einverstanden sein, was der Islam lehrt, aber ich muss ihn verstehen, um eine Beziehung zu meinem Nächsten aufbauen zu können.

Will man eine Religion verstehen, muss man lernen, sie durch die Augen derer zu sehen, die nach ihr leben. Als Christ werde ich von der Lehre meines Herrn, Jesus Christus, geleitet: „Behandle andere so, wie du von ihnen behandelt werden willst." Daher sage ich: „Versuche den Islam so zu verstehen, wie du dir von einem Muslimen wünscht, dass er dein Christentum versteht."

Sowohl das Christentum als auch der Islam zeichnen sich durch „wunderbare Ideale" und einige „schreckliche Wirklichkeiten" aus. Wir müssen den Gegensatz sehen. Dann müssen wir uns vergewissern, dass wir Gleiches mit Gleichem, Ideale mit Idealen und Wirklichkeiten mit Wirklichkeiten vergleichen. „Meine Ideale" darf man nicht mit „deinen Wirklichkeiten" vergleichen.

Wir müssen die Wahrheit so sehen, wie sie Muslime auffassen, auch wenn sie von dem abweicht, was wir glauben und wertschätzen. Wir müssen das Wesen des Islam erforschen, wie es von überzeugten Muslimen empfunden wird. Und mit den Ohren und dem Herzen hören, was sie sagen. Vielleicht werden wir die Stimme Gottes hören, wie sie zu uns durch unsere Nächsten spricht, auf dass wir noch gewissenhafter dem Weg Jesu folgen.

1. Auf der Suche nach einem Anfang

Man ist meist versucht, die Geschichte des Islam mit Muhammad zu beginnen. Er wurde 570 n. Chr. im arabischen Mekka geboren. Er sagt über sich, dass er 610 eine erste Offenbarung Gottes erlebt habe. Darüber berichtet das Buch: der Koran. In den darauffolgenden zwölf Jahren lebte er in Mekka. Die von ihm gegründete Gemeinschaft wuchs auf einige hundert Mitglieder an. Anfangs mochten die meisten Menschen die kleine Gemeinschaft nicht, denn Muhammad lehrte, dass es nur einen einzigen Gott gebe, wogegen die dortigen Bewohner viele Götzen verehrten. 622 verlegte er seinen Wohnsitz von Mekka nach Medina, das 300 Kilometer weiter nördlich liegt. Medina wurde allmählich eine muslimische Stadt. Muhammad entwickelte sich dort zum geistigen, politischen, rechtmäßigen und militärischen Führer. Zum Zeitpunkt seines Todes im Jahr 632 dominierte der Islam bereits den größten Teil Arabiens.

Das Problem mit den Anfängen des Islam liegt in der Tatsache begründet, dass Muslime niemals behaupten würden, es gebe nur einen einzigen von Gott gesandten Propheten. Vielmehr ist er der letzte Prophet. Zugleich ist der Koran das letzte Buch. Wenn jemand als „der Letzte“ bezeichnet wird, dann muss er Vorgänger gehabt haben. Fängt man mit 570 n. Chr. an, so ist es, als würde man einen Kriminalroman mit dem letzten Kapitel beginnen. Man würde dann das Ende kennen, nicht aber den Handlungsverlauf! Wir müssen uns also um einen besseren Ausgangspunkt bemühen.

Wir können bis zur Bibel zurückgehen und dort beginnen. Abraham war mit Sara verheiratet, doch hatten sie keine Kinder. Sara schlug Abraham vor, sich eine zweite Frau zu nehmen – Hagar, eine Ägypterin. Hagar gebar Abraham einen Sohn, den sie Ismael nannten. Dann sandte Gott eine Botschaft an Sara, dass auch sie mit einem Sohn gesegnet werden sollte – Isaak. Juden und Christen sind mit der Familie um Abraham, Sara und Hagar vertraut. Mit ihnen entsteht das Volk der Hebräer. Später nannten wir sie Juden. Mose war ihr großer Gesetzgeber. Jesus war von Geburt her Jude, stammt also vom gleichen Volk ab. Unser Christentum geht von Jesus aus.

Meist vergessen wir den anderen Zweig von Abrahams Familie. Von Abraham, Hagar und Ismael stammen die Ismailiten ab, wie sie die Bibel nennt. Sie holten Joseph vom Brunnen und brachten ihn nach Ägypten. Heute kennen wir sie vor allem als das arabische Volk. Die Bibel berichtet uns, dass Gott Abraham auftrug, Hagar und Ismael in das Land zwischen dem Roten Meer und den großen Flüssen des Irak ziehen zu lassen. Gott sagte ihnen seinen Schutz zu. Auch werde er, von Ismael ausgehend, ein großes Volk schaffen. Es sind die Araber. Muhammad wurde in dieses Volk hineingeboren. So wird uns deutlich, dass er mit der Familie Abrahams verwandt sein muss. Damit sind das Judentum, das Christentum und der Islam Bruderreligionen. Manchmal sagen wir deshalb auch, dass Juden, Christen und Muslime „Brüder und Schwestern im Glauben an Abraham sind". Es ist der Glaube an den einen und einzigen Gott.

Dies ist der bessere Ausgangspunkt, denn seine Wirkung greift noch weiter in die Geschichte hinein. Muslime glauben, dass Muhammad der letzte der Propheten war, und dass Abraham, Ismael, Isaak, Mose und Jesus in gleichem Maße Propheten Gottes waren, nur zu einem früheren Zeitpunkt. Muhammad erhielt eine Schrift, die Koran hieß. Abraham, Mose und Jesus hatten ebenfalls Schriften von Gott erhalten. Problematisch ist dieser Ausgangspunkt, weil er nur über eine kleine Gruppe von Menschen auf der Erde berichtet – die Menschen des Nahen Ostens. Er sagt uns nichts über die Menschen Afrikas, Asiens, Amerikas oder Europas. Wir müssen noch weiter zurückgehen, um den idealen Ausgangspunkt zu finden.

Beginnen wir mit dem Anfang

Wenn Muslime die Geschichte beginnen würden, wäre Gott der Ausgangspunkt. Gott ist das einzige ewige Wesen. Gott hat keinen Anfang – Gott hat schon immer existiert. Übertragen wir das Wort Gott in das Arabische, so lautet es Allah. Und das bedeutet „der eine und einzige Gott". Das ist vergleichbar, wenn in der englischen Sprache aus „god" „God" wird, dann ist eine Mehrzahlbildung nicht mehr möglich. „God" bedeutet: „der eine und einzige Gott". Auch in der arabischen Sprache gibt es keine Mehrzahlform zu Allah. Allah bedeutet: „der eine und einzige Gott". Das Wort Allah wird von arabischsprachigen Muslimen, Juden und Christen verwendet, sobald sie von Gott sprechen.

Was sagen Muslime über Gott? Gott ist der Eine. Gott kann nicht aufgeteilt werden. Gott ist einzigartig. Es gibt nichts, was Gott gleicht. Gott hat keine Teilhaber. Gott teilt seine Göttlichkeit mit keinem anderen Wesen, sei es erschaffen oder unerschaffen. Gott hatte keinen Anfang und wird kein Ende haben. Gott ist jenseits des Raumes – es gibt keinen Platz, den wir Gott zuordnen können, und es gibt keinen Platz, von dem wir sagen könnten, dort sei Gott nicht. Gott ist allmächtig und allwissend. Wir können das Wesen Gottes nicht verstehen. Es liegt außerhalb unserer Verstandeskraft. Gott ist vollständig transzendent.

Was sagen Muslime noch über Gott? Wir können erst etwas über Gott sagen, wenn er etwas tut. Gott ist der Schöpfer aller Dinge, die existieren. Nichts entstand ohne Gottes Gebot. Gott ist der Schöpfer und wir sind Teil seiner Schöpfung. Wir müssen uns fragen: „Welcher Art ist die Beziehung zwischen Gott und der Schöpfung?"

Gott ist vollkommen, und wenn Gott etwas erschafft, so erschafft er eine vollkommene Welt. Unsere Welt kann niemals so vollkommen sein wie diejenige Gottes, denn wir sind gefangen in Raum und Zeit. Wir werden älter und schließlich müssen wir sterben. Gott wird niemals älter und nutzt sich nicht ab wie wir. Als Gott die Schöpfung begann, entsprach sie seinem Plan. Gott brachte alles in die rechte Ordnung. Sie war ein Zustand des Gleichklangs, der Ausgewogenheit, der Geborgenheit und der Sicherheit. Es herrschte ein Zustand der Gerechtigkeit und des Friedens. Dies konnte nur so sein, weil alles Gottes Geboten folgte. Das war der natürliche, gottgegebene Zustand der Schöpfung.

Was ist Islam?

Übertragen wir diese Vorstellung in das Arabische, können wir sie in einem einzigen Wortstamm zusammenfassen: slm. Das Arabische ist eine Sprache, die auf Wortstämmen beruht. Der Stamm überträgt die Bedeutung in alle Worte, die von ihm ausgehen. Durch Hinzufügen von Selbstlauten können wir eine Wortfamilie bilden. Das geht so:

slm
Islam
Muslim
Salam

Wir können den Wortstamm *slm* in allen drei Wörtern erkennen. Sie tragen die Bedeutung des Stammes in sich: Gerechtigkeit, Frieden, Geborgenheit, Sicherheit, Gleichklang, gegebene Ordnung und Gehorsam. Jetzt können wir fragen: Was ist *Islam*? Und man wird uns antworten: *Islam* ist der Naturzustand der ganzen Schöpfung, wenn diese sich nach dem Plan des göttlichen Gestalters richtet. Man kann sagen, dass Gott die ganze Schöpfung im Zustand von *Islam* hervorbringt. Alles, was sich im Zustand von *Islam* befindet, ist *muslimisch*. Man kann also sagen: Gott bringt eine *muslimische* Schöpfung hervor.[1]

Alles, was Gott hervorbringt, ist demnach *muslimisch* – nicht nur der Mensch. Die natürliche Welt um den Menschen herum folgt dem Plan des Schöpfers. Die Planeten folgen ihren festen Umlaufbahnen. Flüsse fließen bergab. Die Blüten von Sonnenblumen und Narzissen richten sich nach der Sonne aus. Fische schwimmen im Wasser, und so fort. Der Mensch lebt in einem *muslimischen* Universum – zumindest war dies so, als Gott es erschuf. Doch manchmal bewirken die Zeit und menschliche Eingriffe Änderungen, die das natürliche Gleichgewicht und die natürliche Ordnung stören.

Wie ist es mit dem Menschen?

Der Mensch ist Teil der Schöpfung. Unseres Wissens nach bildet er die Spitze der natürlichen Pyramide. Was unterscheidet uns von den anderen Geschöpfen? Gott gab uns das Geschenk der Freiheit. Die Planeten haben sich ihre Umlaufbahn nicht ausgesucht. Sie folgen ihr einfach. Sie sind von Gott programmiert worden – falls wir es so ausdrücken wollen. Wir haben die Freiheit erhalten, so zu leben, wie es Gott für uns bestimmt hat, oder uns aufzulehnen. Lehnen wir uns auf, so wählen wir etwas, das weniger ist als vollständig menschlich oder vollständig *muslimisch.* Vollständig menschlich zu sein, heißt, so zu leben, wie Gott es gebietet.

Wir können jetzt besser verstehen, warum jedes Neugeborene *muslimisch* erschaffen wird, das heißt im Gleichklang mit Gott und der übrigen Schöpfung. Aus diesem Grund nennen sich Menschen, die als Erwachsene Muslime werden, mitunter „Rückkehrer": Sie kehren zu ihrem natürlichen Zustand zurück. Die Zeit oder bestimmte Einflüsse können uns von Gott wegführen – zu Auflehnung und Sünde. Nun versuchen wir, das dritte Wort aus dem Stamm besser zu verstehen: Salam. Wir wissen, dass Muslime sich meist mit *Salem aleikum* begrüßen. Unsere Übersetzung lautet normalerweise „Friede sei mit dir". Folgendes ist gemeint: „Mögest du immer stärker und vollständiger zu dem vollkommenen Frieden (*Salam*) gelangen, der dir nur dann zuteil wird, wenn du und jedes andere Wesen nach dem Plan des großen Gestalters leben."

Warum soll man das Risiko eingehen?

Die Problematik bei der Entfaltung freier Wesen ist diese: Sie nutzen ihre Freiheit unter Umständen so, dass es uns missfällt. Ein Beispiel: Ich gebe meinem Sohn etwas Geld und sage ihm dabei, er könne frei entscheiden, wie er es verwendet. Möglicherweise wird er sich gegen seine Erziehung auflehnen und das Geld anders verwenden, als mir lieb ist. Gott hat uns sowohl Freiheit als auch Führung angeboten. Wir können uns auch gegen Gottes Führung auflehnen – das allerdings wäre Sünde. Warum soll man also das Risiko eingehen?

Noch ein Beispiel dazu. Ich habe eine Waschmaschine im Haus. Ich fülle sie mit Wäsche und schalte sie an. Alles Weitere läuft automatisch ab. Die Maschine entscheidet sich nicht zwischen Gehorsam und Verweigerung. Sie tut nur das, wozu sie programmiert wurde. Ich fühle mich nicht verpflichtet, ihr zu danken. Eines Tages ist sie defekt. Die Wäsche beginnt sich zu stapeln. Sonnabendmorgens stehe ich früher als alle anderen auf und trage den Wäscheberg allmählich ab, indem ich die Stücke per Hand wasche. Ich erinnere mich daran, dass meine Frau eine harte Arbeitswoche hinter sich hat, und möchte ihr Zeit- und Kraftaufwand ersparen. Meine Tat ist freiwillig und beruht auf Liebe und Mitgefühl gegenüber einem anderen Menschen. Ich tue, was keine Maschine vollbringen kann. Es handelt sich um einen freien Willensakt. Gott hat so viele Engel im Himmel, wie er beständige Gottesverehrung verlangt. Sie haben keine Wahl, keinen freien Willen. Sie sind sozusagen auf diese Handlung programmiert. Was Gott verlangt, ist die Verehrung durch ein freies Wesen, das von Liebe geleitet wird.

Zwei hohe Würden

Gott hat jedem Menschen zwei hohe Würden verliehen, aber auch Pflichten aufgetragen. Sie sind in zwei arabischen Wörtern zusammengefasst: *Abd* und *Khalifa. Abd* zu sein, bedeutet, ein liebender Diener Gottes zu sein. Dienst ohne Liebe ist erzwungene Knechtschaft. Liebe ohne die Disziplin des Dienens führt ins Chaos. Vier Dinge fallen im islamischen Denken zusammen: Verehrung, Gehorsam, Dienst und Liebe.

Dem Koran entnehmen wir, dass Gott den Menschen zu keinem anderen Zweck erschuf, als dass dieser Gott verehren soll (Q. 51:56). Will er Gott verehren, so muss er alle Gebote Gottes befolgen und sich von allem fernhalten, was Gott verbietet. Das führt ihn zu einem vom Dienen bestimmten Leben – dem Dienst an Gott und den Mitmenschen. Muhammad sagt, dass „du deinen Fuß noch nicht einmal auf die erste Sprosse der Glaubensleiter gestellt hast, bis du deinem Nächsten all das Wohl wünschst, das auch du dir wünschst“. Der Mensch muss lernen, seiner Familie zu dienen und sich um seinen Nächsten zu bemühen. Ebenso muss er sich selbst dienen, indem er nichts tut, was ihm schaden könnte. Der Selbstmord ist im Islam verboten, denn mit diesem Schritt maßt sich der Mensch das Recht Gottes zur Entscheidung an, wann er sterben soll. Alkohol und Drogen sind verboten, denn sie verderben den Körper und den Geist. Jedes einzelne Leben hat vor Gott den höchsten Wert. So steht im Koran (Q. 5:32): Ein Leben unrechtmäßig zu vernichten, das ist, als ob man die ganze Menschheit vernichten würde

– ein Leben zu retten, das ist, als ob man die ganze Menschheit retten würde.

Der Beweggrund allen Handelns soll die Liebe sein. Es gibt einen Spruch, der sowohl Ali, dem Vetter und Schwiegersohn Muhammads, als auch der Rabia von Basra, einer Mystikerin des 8. Jahrhunderts, zugeschrieben wird:

> O Gott, wenn ich Dir nur aus Furcht vor der Hölle gehorche, schicke mich dorthin, denn ich bin Deiner unwürdig.
>
> O Gott, wenn ich Dir nur aus Hoffnung auf Belohnung im Himmel gehorche, verwehre mir den Eintritt, denn ich bin Deiner unwürdig.
>
> Doch, o Gott, wenn ich Dir aus reinster Liebe für Dich allein gehorche, dann verbirg mir dein Antlitz nicht, denn Du bist ein liebender Gott.

Khalifa zu sein, bedeutet, Regent zu sein, Mittler oder Vertreter Gottes auf Erden. *Khalifa* ist derjenige, der gesandt ist und umfassende Vollmacht besitzt, die Erde nach der Führung Gottes zu gestalten. Sind Menschen im Begriff, die Erde in irgendeiner Weise zu beflecken oder zu verderben, dann müssen wir versuchen, dies aufzuhalten und den Schaden auszugleichen. Wir müssen die ganze Schönheit und die Möglichkeiten der Schöpfung zur Blüte bringen. Denken Sie an die Rosen in unseren Gärten. Sie sind nicht natürlichen Ursprungs. Sie sind das Werk menschlicher Rosenzüchter, die über viele Jahre hinweg verschiedene Rosenstöcke miteinander kreuzen, um schließlich eine Pflanze von größter Schönheit hervorzubringen.

Der *Khalifa* muss sich auch in der Gesellschaft betätigen. Der Mensch ist damit betraut, eine gerechte Gesellschaft aufzubauen. Wir müssen die Herrschaft des Rechts begründen, Bedürftigen Geld zukommen lassen und eine Lebensgestaltung finden, die zu Frieden und Tugend führt.

Diese zwei Würden sind jedem Mann und jeder Frau verliehen, die jemals lebten und jemals leben werden. Wir müssen Gott verehren, gehorchen, dienen und lieben. Wir müssen die Repräsentanten Gottes auf Erden sein. Männer muslimischen Glaubens werden durch ihre Namen daran erinnert. Vielleicht sind Sie schon einmal einem Mann begegnet, dessen Name mit den Buchstaben *Abd* beginnt, denen einer der anmutigen Begriffe für Gott folgt? Denken

Sie an Abdullah (Diener Gottes) oder Abd al-Rahman (Diener des Allergnädigsten). Schon die Namen sind Erinnerung an die allen gemeinsame Menschenwürde.

Verantwortlich gemacht

Gott hat dem Menschen diese beiden Verantwortungen verliehen und ihn frei geschaffen, damit er seinen Gehorsam ihnen gegenüber frei wählen kann. Es ist nur vernünftig, dass Gott ihn für sein eigenes Leben verantwortlich machen wird. Jeder einzelne Mensch wird dem Jüngsten Tag entgegensehen müssen. Er wird befragt und beurteilt werden, je nachdem, wie er sein Leben gestaltet hat. Man kann nicht jemandes Repräsentant sein, ohne zuvor erfahren zu haben, wie eine bestimmte Aufgabe erfüllt werden soll. Es wäre ja ungerecht, beurteilt zu werden, ohne Anleitung zu einer richtigen Lebensart erhalten zu haben. Es wäre etwa so, als ob jemand wegen einer Geschwindigkeitsübertretung bestraft würde, ohne zuerst über die erlaubte Höchstgeschwindigkeit informiert worden zu sein!

Die Notwendigkeit einer Führung

Alle Menschen bedürfen einer Führung Gottes, die ihnen sagt, wie der menschliche Lebensentwurf aussehen soll. Die ersten Menschen, denen die Führung Gottes zuteil wurde, waren Adam und Eva (Q. 2:37–39). Der Koran sagt uns, dass kein Volk und keine Nation auf Erden ohne Führung auskommen muss. Gott ist der Eine und alle Menschen sind gleich. Gott kennt keine Günstlinge. Wir alle gehören zur Menschheit. Somit bleibt sich das Prinzip der durch Gott gewährten Führung immer gleich. Es wäre ja ungerecht, die eine Gruppe von Menschen zum menschlichen Lebensentwurf hinzuführen, die zweite Gruppe aber in eine ganz andere Richtung zu leiten.

Die durch Gott gewährte Führung nennt sich Offenbarung. Der Koran sagt, dass sich die Offenbarung dem Menschen in zwei Formen erschließt: in den Schriften und in der umgebenden Welt, dem

„Buch der Natur“. Seit Anbeginn der Zeit hat Gott Schriften zur Erde gesandt. Die erste Schrift ließ er Adam und Eva zukommen. Wir sollten nicht glauben, dass „Schrift“ unbedingt etwas schriftlich Fixiertes sein muss. Es kann auch Führung durch Gottes eigene Worte sein. Wir wissen nicht, wie viele Schriften Gott bisher auf die Erde kommen ließ. Es können Hunderte sein. Alle Völker der Erde haben zumindest eine Schrift erhalten. Wir wissen mit Sicherheit von fünf Schriften. Sie werden namentlich im Koran genannt. Jeweils eine davon erhielten Abraham, Mose, David, Jesus und Muhammad. Alle fünf empfingen im Prinzip die gleiche Führung von Gott. Sie bestimmte, wie das menschliche Leben aussehen soll.

Man kann die Zeichen Gottes auch in der Natur lesen (Q. 3:190–191). Durch die Gaben der Beobachtung, den Forscherdrang und die Vernunft kann der Mensch Führung aus der Natur ableiten (Q. 91:1–10). Das kann beispielsweise durch Beobachtung der verschiedenen tierlichen Lebensweisen geschehen oder durch Erforschung der pflanzlichen Heilkräfte. Indem der Mensch bestimmte Dinge tut, zum Beispiel, wenn er seine natürliche Umgebung zerstört, ruft er für jedermann sichtbar und unbestreitbar bestimmte Auswirkungen hervor.

Bücher sind nicht alles!

Durch das Lesen von Kochbüchern allein werden wir das Kochen wohl nicht erlernen. Wir benötigen jemanden, der es uns mit Beispielen erklärt. Wie setzt der Mensch die Führung Gottes in die Tat um? Er braucht Vorbilder, die ihm den Weg weisen und ihn leiten. Das sind die Propheten. Sie erhalten Führung von Gott und setzen sie in die Tat um, so dass sich der Mensch ihnen anschließen kann. Ihrerseits lenken sie die menschliche Gemeinschaft auf den Weg, der zum Paradies führt.

Wenn wir über Vorbilder für den Menschen nachdenken, liegen zwei Dinge nahe. Erstens müssen sie in jeder Hinsicht sein wie wir. Wir können unser Leben nicht nach einem Engel oder einem Tier ausrichten, sondern nur nach jemandem, der ganz Mensch ist wie wir. Propheten sind zu 100 Prozent Mensch, nicht mehr und nicht weniger (Q. 14:11). In keinem Propheten liegt Göttlichkeit. Zweitens jedoch müssen sie immer das Richtige tun, sie müssen ohne Sünde sein. Würden sie manchmal sündigen und manchmal das Richtige tun, dann wüssten wir nie, wann wir ihnen glauben könnten. Gott schützt die Propheten vor der Sünde, damit sie uns vollkommene Vorbilder sein können.

Der Koran sagt, dass man nicht weiß, wie viele Propheten bisher auf die Erde gesandt worden sind. Es gibt einen Ausspruch Muhammads, der die Zahl 124.000 nennt. Das ist eine stattliche Zahl. Wir werden weiterhin davon unterrichtet, dass mindestens ein Prophet zu jedem Volk oder jeder Nation der Erde gesandt wurde (Q. 10:47). Dem Koran entnehmen wir Namen von 25 Propheten. 21 von ihnen werden ebenfalls in der Bibel genannt. Darunter sind Adam, Noah, Abraham, Mose, David, Salomo, Elia, Jona, Johannes (der Täufer) und Jesus. Die vier, die in der Bibel namentlich nicht erwähnt werden, sind Hud, Salih und Shu'ayb (in der Frühzeit zu den Arabern gesandte Propheten) sowie Muhammad. Der Koran berichtet davon, dass Jesus vom Kommen Muhammads sprach. Seitdem haben Muslime immer wieder nach Hinweisen zu Muhammad in der Bibel gesucht.

2. Ein geschichtlicher Wendepunkt

Nach muslimischer Darstellung wurde der Koran ab 610 n. Chr. zu Muhammad hinuntergesandt. Der Koran sagt über sich selbst, dass er die letzte Schrift ist, die zur Erde gesandt wurde, und dass Gott ihn für alle Zeiten vor Irrtümern schützen wird (Q. 15:9). Als letztes Buch der Offenbarung wurde der Koran gesandt, um von da an allen Männer und Frauen Führung zu geben. Ebenso sagt der Koran, dass Muhammad der letzte Prophet ist (Q. 33:40). Seine Sendung ist allumfassend, sie erstreckt sich auf die ganze Menschheit (Q. 21:107). Das bezeichnete einen geschichtlichen Wendepunkt. Vor dieser Zeit hatte es viele Gemeinschaften auf der Erde gegeben, die früheren Schriften und Propheten gefolgt waren. Seither sind alle Männer und Frauen dazu aufgerufen, der letzten Schrift und dem letzten Propheten nachzufolgen.

Bis zu diesem Wendepunkt konnte man davon sprechen, dass alles *muslimisch* gewesen sei, doch seither ist jeder Mensch dazu aufgerufen, ein *Muslim* zu sein. Das bezeichnet einen Anhänger der Lehre von der Führung durch den Koran und Muhammad. Bis dahin konnte man davon sprechen, dass Gott die Welt im *islamischen* Zustand erschaffen habe, doch danach kann man von der endgültigen Lebensweise von Männern und Frauen reden – die *Islam* genannt wird.

Wer war Muhammad?

Muhammad wurde 570 n. Chr. in Mekka, einer Stadt in Arabien, geboren.[2] Sein Vater, Abdullah, stammte aus einer Kaufmannsfamilie. Er verstarb, bevor Muhammad geboren wurde. Muhammads Mutter hieß Amina. Sie verstarb, als er noch ein kleiner Junge war. Seine Erziehung übernahm vor allem sein Onkel Abu Talib. Er führte Muhammad in das Familienunternehmen ein: den Handel, der auf dem Warentransport durch Dromedare beruhte. Die Reisen führten nach Süden, in den Jemen, wo Waren aus Indien und Ostafrika aufgekauft wurden. Ein Teil dieser Waren wurde bis hinauf zu den Märkten Syriens transportiert. Mekka war bereits eine bedeutende Handelsstadt.

Im Zentrum Mekkas stand ein jahrhundertealtes, einfaches und würfelförmiges Gebäude, die Kaaba. Muslime glauben, dass die Kaaba von Abraham und seinem Sohn Ismael wiedererrichtet wurde. Sie stand nämlich dort, wo das erste Gebäude auf Erden von Adam zur Verehrung Gottes errichtet worden war. Gott wirkte am Bau der Kaaba mit, indem er einen rein weißen Stein aus dem Paradies sandte. Dieser wurde in einer der Ecken eingebaut. Während der Jahrhunderte, die zwischen Ismael und Muhammad lagen, hörten die Araber auf, Gott anzubeten, und begannen, selbstgeschaffene Götzen zu verehren. Mittlerweile wurde der weiße Stein schwarz.

Zu der Zeit, als Muhammad jung war, gab es schätzungsweise 360 Götzen in der Kaaba, auf ihr und um sie herum. Sie wurde zu einem bedeutenden Wallfahrtszentrum. Die Beduinen aus der umliegenden Wüstenregion brachten dort regelmäßig ein Stück ihres Besitzes dar und kamen jedes Jahr mehrmals auf Wallfahrt dorthin, um die Götzen anzubeten. Die Kaufleute aus Mekka förderten diesen Brauch, denn auf diese Weise kauften die Beduinen dort jene Waren, die sie bei ihren Wanderungen durch die Wüste benötigten. Die Mitglieder von Muhammads Familie waren keine Götzenanbeter, sondern beteten den einen Gott an, auch wenn sie damals nur wenig über Gott wussten. Wir nennen sie die *Hanif*.

In den Nachbarländern Arabiens gab es mehrere christliche Gemeinschaften: so in Ägypten, im Irak, in Äthiopien, in Syrien und in Palästina. Aus muslimischen Quellen ist uns eine südlich von Mekka gelegene christliche Siedlung bekannt. Der Ort heißt Nadschran. Nördlich von Mekka lebten auch einige jüdische Stammesgruppen – in einer Stadt, die Yathrib hieß, später aber Medina genannt wurde.

Auf einer ihrer Handelsreisen durchquerten Muhammad – der damals noch ein Junge von etwa zwölf Jahren war – und sein Onkel Abu Talib die syrische Wüste. Ein gelehrter christlicher Mönch, der Bahira hieß und dort lebte, hatte zuvor eine Eingebung Gottes, nach der er die Karawane anhalten und eine bestimmte Person suchen sollte. Nachdem er sich alle Mitglieder der Gruppe genau angesehen hatte, kam er schließlich zu Muhammad. Bahira und Muhammad setzten sich bald zusammen und sprachen lange über geistliche Themen. Bahira sagte zu Abu Talib: „Achte gut auf den Jungen; ich erkenne in ihm das Kennzeichen des Propheten." Für Muslime ist dies bedeutend, da hier der Vertreter des vorangegangenen Propheten, Jesus, den letzten Propheten, Muhammad, erkannte.

Heirat und Leben des erwachsenen Muhammad

Als Muhammad zum Mann gereift war, erwarb er sich den Ruf, weise und wahrheitsliebend zu sein. Er war als ehrlicher Kaufmann bekannt, der sich gegenüber Käufern und Verkäufern immer anständig verhielt. Eines Tages, als die Mauern der Kaaba ausgebessert wurden, geschah etwas Besonderes. Während der Arbeiten war der schwarze Stein entfernt worden. Die Frage entstand, wer ihn zurückbringen dürfe. Da die jeweils Ältesten aller Stammesgruppen in Mekka diese Ehre für sich beanspruchten, wäre es bald zum Kampf zwischen ihnen gekommen. Sie einigten sich darauf, Muhammads Hilfe bei der Entscheidungsfindung zu erbitten. Er legte ein Tuch auf die Erde und hob den Stein darauf. Dann bat er jeweils ein Mitglied von jeder Stammesgruppe, das Tuch anzufassen. Zusammen trugen sie den Stein zurück zur Kaaba und Muhammad setzte ihn an seinen Platz. Die Uneinigkeit wurde so beendet und alle waren zufrieden, ihren Teil zur Lösung des Problems beigetragen zu haben.

In Mekka lebte eine Witwe namens Khadija. Ihr Ehemann hatte ihr ein Handelsgeschäft hinterlassen. Im Jemen wurden Waren gekauft und durch Dromedarkarawanen zu den Märkten Syriens transportiert. Das Geschäft konnte sie führen, doch fehlte ihr ein verlässlicher Teilhaber, der den Warentransport begleitete. Sie erkundigte sich danach, ob jemand einen wirklich zuverlässigen jungen Kaufmann wüsste. Die Leute nannten ihr Muhammad. Sie machte ihn zu ihrem Teilhaber. Nach einiger Zeit hatten seine Eigenschaften sie so sehr angesprochen, dass sie ihm die Ehe vorschlug. 25 Jahre lang waren sie verheiratet, als Khadija im Jahr 619 verstarb. Eine ihrer Töchter hieß Fatima; sie sollte später noch eine große Bedeutung erhalten. Ihre beiden Söhne verstarben bereits im Kindesalter.

Der Koran wird herabgesandt

Muhammad suchte sein Leben lang nach Erkenntnis und spiritueller Weisheit. Er hatte keinen Sinn für die Götzenverehrung der Araber. Er wollte sich von ihren Geistesströmungen fernhalten und sich in das Verständnis des einen und einzigen Gottes vertiefen. Regelmäßig verließ er Mekka und ging in die umliegenden Berge. Auf dem Berg Hira gab es eine Höhle, die er immer wieder zur spirituellen Einkehr aufsuchte. Manchmal nahm er Proviant und Wasser mit sich und blieb für mehrere Tage.

In eben dieser Höhle, wahrscheinlich in der 27. Nacht des Monats Ramadan im Jahr 610,[3] fand ein bemerkenswertes Ereignis statt. Es war eine sehr dunkle Nacht. Der Mond hatte seinen Zyklus fast durchlaufen. Ein helles Licht erstrahlte am fernen Horizont und näherte sich ihm dann allmählich. Schon bald nahm das Licht die Gestalt des Erzengels Gabriel – auf Arabisch Djibril – an.

Djibril hielt in einiger Entfernung von Muhammad an; etwa doppelt so weit, wie ein Pfeil geschossen werden kann. Er sprach das arabische Wort „*Iqra*" aus. Es leitet sich aus dem Verb „wiedergeben" ab und ist dessen Befehlsform: „Sprich!" Muhammad wusste nicht, was er sagen sollte. Der Engel kam näher und sagte nochmals „*Iqra*". Wiederum wusste Muhammad nicht, was er sagen sollte. Er sagte dem Engel, er sei *ummi*, was bedeutete, dass er nie eine Schule besucht hatte und nicht wusste, was er sagen sollte. Djibril erschien direkt vor Muhammad und nahm ihn in die Arme. Es war eine Umarmung von Herz zu Herz. Das Herz wurde als Sitz der Weisheit und des Verstandes angesehen. Muslime glauben, dass Muhammads Herz durch das Hinuntersenden des Koran veredelt worden ist, denn er wurde ihm damals direkt auf das Herz geschrieben. Als sich dann der Engel ein Stück von ihm entfernte und abermals „*Iqra*" sagte, drangen die ersten Verse des Koran ganz unmittelbar aus seinem Herzen und erschienen auf seinen Lippen. Sie sind in Kapitel (*Sure*) 96, Vers (*Aya*, Mehrzahl *Ajat*) 1–5, aufgezeichnet.

> „Gebe es im Namen deines Herren wieder, der erschaffen hat; den Menschen erschaffen hat aus einer klebrigen Masse. Gebe es wieder! Und dein Herr ist der Großmütigste, der das Schreiben lehrte, der den Menschen lehrte, was er und sie nicht wussten."

Der Vorgang der Offenbarung

Es ist von äußerster Wichtigkeit, dass wir uns den Vorgang der Offenbarung vergegenwärtigen. Muhammad ist nicht der Verfasser des Korans. Als er die Worte sprach, wusste er, dass er nicht Herr über sich war. Gott fügte es so, indem er den Koran hinuntersandte und diesen in der arabischen Sprache verfasste. Gott lenkte das Geschehen bis zu dem Zeitpunkt, an dem die Worte Muhammad von den Lippen kamen. Das arabische Wort, das wir hier als Offenbarung übersetzt haben, meint in wörtlichem Sinne „herabsenden" (*tanzil*). Muhammad ist der Sprecher und Übermittler des Korans. Er ist in keiner Weise der Verfasser. Die Urheberschaft gebührt allein Gott.

Muslimische Gelehrte haben über die Jahrhunderte hinweg Modelle geschaffen, um uns eine Hilfestellung beim Verständnis dieses Vorganges zu geben. Zwei Gesichtspunkte helfen uns dabei, ein deutlicheres Bild zu gewinnen. Der Koran wurde zum *Herzen* Muhammads herabgesandt, nicht aber zu seinen *Ohren* oder seinen *Augen*. Es handelt sich hierbei um einen tiefgehenden, inwendigen Vorgang, der sich vom reinen Hören oder Lesen abhebt. Muhammad musste sich den Koran nicht in der Art einprägen, wie wir es müssten; er kannte ihn bereits in dem Augenblick, als er herabgesandt wurde. In unseren Zeiten könnte man dies anhand der Computersprache veranschaulichen. Wir müssten dann sagen, dass der Koran „zur Festplatte von Muhammads Herz heruntergeladen" wurde.

Muhammad in Mekka

Muhammad berichtete seiner Frau Khadija von dem Geschehen, worauf sie seine erste Anhängerin wurde. Nach und nach berichtete er anderen Familienmitgliedern und engen Freunden davon. Später gebot ihm ein Vers des Korans, in der Öffentlichkeit von der Offenbarung zu sprechen. Dies bewog einige Menschen, sich ihm anzuschließen und Muslime zu werden. Sie waren anfangs eine kleine Gruppe von nur wenigen hundert Menschen. Einerseits wurden sie verfolgt, andererseits machten sich die Leute über sie lustig, denn die Muslime glaubten an Dinge, die dem damaligen arabischen Denken fremd waren, so beispielsweise an das Leben nach dem Tod. Die Verse des Korans, die in jenen Jahren offenbar wurden, beinhalteten drei Grundthemen. Zum Ersten: Es gibt nur den einen Gott – die Menschen sollen sich vom Götzendienst lossagen. Zweitens: Die Menschen sollen ein maßvolles und sittliches Leben führen; alle ihre Handlungen sollen von Anstand geprägt sein. Endlich: Dieses Leben ist nicht alles, was existiert; Belohnung und Bestrafung folgen auf den Tod.

Die Verfolgung der jungen muslimischen Gemeinschaft wurde heftiger. Schließlich schickte Muhammad einen Teil seiner Anhänger von Mekka weg. Sie setzten nach Äthiopien (Abessinien) über, da dort ein christlicher König regierte. Sie sagten dem König, dass sie vom Gesandten Gottes geschickt seien, und baten ihn um Schutz. Er wiederum bat sie, Verse des Korans wiederzugeben, so dass er die Botschaft hören könne. Nachdem sie dies getan hatten, beriet sich der König mit seinen Bischöfen und Rechtsgelehrten. Dann erhob er sich, wobei er seinen Herrscherstab in der Hand hielt. Er zog eine Linie im Sand. Er sagte, der Unterschied zwischen dem, was er gehört hätte, und dem, was er unter seinem eigenen Christentum verstünde, entspräche der Stärke jener Linie. Er wolle sie als Flüchtlinge so lange aufnehmen, bis ihre sichere Rückkehr gewährleistet wäre.

Eines Nachts wurde Muhammad von einem Engel geweckt. Zusammen ritten sie auf einem geheimnisvollen Fels die ganze Strecke bis Jerusalem (*die nächtliche Reise*). Jerusalem wird im Koran die Heilige Stadt genannt. Sie stiegen von diesem Fels. Über ihm wurde später der Felsendom errichtet. Dort traf Muhammad mit allen früheren Propheten zusammen und führte für sie das Gebet an. Danach wurde er in den Himmel emporgehoben, wo er auf Gott traf (*die Himmelfahrt Muhammads*). Gott lehrte ihn Dinge, die nur Gott wissen kann. Zu jener Stunde empfing er die Anweisung, dass Muslime jeden Tag fünfmal beten sollten. Er kehrte in Jerusalem auf die Erde zurück. Anschließend brachte ihn der Engel nach Mekka zurück. Es war eine geheimnisvolle, „jenseits der Zeit stattfindende" Reise, die in einem einzigen Moment erfolgte. Jerusalem, die Heimat der hebräischen Propheten, ist für Muslime seit dieser Zeit von großer Bedeutung. Muslime pilgern seit vielen Jahrhunderten dorthin.

619 trafen Muhammad zwei Schicksalsschläge. Seine Frau Khadija verstarb. Sie war eine große Stütze sowohl für ihn als auch für die heranwachsende muslimische Gemeinschaft gewesen. Auch sein Onkel Abu Talib verstarb. Er hatte sich zum Anführer ihrer Stammesgruppe entwickelt und war dadurch in der Lage gewesen, Muhammad Schutz zu bieten. Nun fiel dieser Schutz weg. Der Druck auf die

Gruppe wurde größer. Tatsächlich gab es Pläne, Muhammad zu töten. Er versuchte nun, seine Botschaft in einer nahen Stadt namens Taif zu verkünden. Dort wies man ihn ab. Steine und Unrat wurden nach ihm geworfen. Kinder vertrieben ihn schließlich aus ihrer Stadt. Muhammad, der zerschlagen und schmutzig war, ruhte sich in einem Weingarten außerhalb von Taif aus. Der Erzengel Gabriel kam zu ihm. Er sagte, dass Gott ihm Erlaubnis gewährt hätte, die Stadt zu zerstören, falls Muhammad einverstanden gewesen wäre. Muhammad sagte Nein dazu. Wären all diese Menschen gestorben, so hätten sie niemals die Möglichkeit zur Buße und zur Hinwendung zum Islam gehabt. Dann betete Muhammad. Er sagte, dass er sich nicht darüber beschweren wolle, was er erlitten habe, sondern bedauere nur sein eigenes Scheitern, die Botschaft nicht in der richtigen Weise verkündet zu haben. Solange zwischen Muhammad und Gott Einvernehmen herrschte, würde er alles klaglos hinnehmen.

Eine große Veränderung – nach Medina

Etwa 300 Kilometer nördlich von Mekka lag eine Stadt. Dort lebten viele unterschiedliche Stammesgruppen zusammen. Es herrschte Unfrieden und Ratlosigkeit. Sie beschlossen, dass ein einziger Anführer notwendig wäre, sie zu einigen. Einige Gruppen aus der Stadt gingen nach Mekka, um sich Muhammads Lehren anzuhören und zu Hause darüber berichten zu können. Schließlich machten ihm die Bewohner der Stadt im Norden das feierliche Angebot, dass er bei ihnen leben und ihr gemeinsamer Führer werden könne. In der Stadt gab es arabische Götzenanbeter und Juden sowie eine Gruppe, die bereits muslimisch geworden war. Muhammad nahm das Angebot an und ging mit seiner muslimischen Gemeinschaft dorthin. Dieses Ereignis nennt sich Hidschra oder Auswanderung. Während des Jahres 622 zogen sie in mehreren Gruppen zu der neuen Stadt. Muhammad und sein Begleiter Abu Bakr waren unter den Letzten, die auswanderten. Sein Vetter und Schwiegersohn, Ali, blieb vorerst noch in Mekka, um letzte Aufträge auszuführen. Von diesem Zeitpunkt an nannte man die Stadt im Norden Medina. Es sollte das „Jahr Eins“ des islamischen Kalenders werden: 1 AH – „im Jahr der Hidschra“.

Die muslimische Gemeinde veränderte sich in den folgenden zehn Jahren beträchtlich. Die Muslime aus Mekka waren Händler. Diejenigen in Medina waren Bauern. Muhammad brachte jeweils einen von jeder Gemeinschaft zusammen, damit diese ihren Boden und ihre Gaben teilen konnten. Dreimal wurden sie von Armeen aus Mekka angegriffen. Die Machthaber von Mekka wollten Muhammad töten und den Aufstieg Medinas aufhalten. Muhammad musste seine Männer in die Schlacht gegen den Feind aus Mekka führen. Schließlich gab sich Mekka geschlagen. Es wurde Friede geschlossen, Mekka wurde eine muslimische Stadt. Sie entwickelte sich zum geistlichen Zentrum des Islam, während Medina Verwaltungssitz wurde. Muhammad unternahm die Pilgerfahrt nach Mekka, den Hadsch, nur einmal in seinem Leben, wenige Monate vor seinem Tod.

Die Zahl der Muslime wuchs in den ersten Jahren stark an. Medina wurde ein bedeutender Ort. Die Beduinen der Wüstenregion und Menschen aus anderen Teilen Arabiens – dazu gehörten auch jüdische und christliche Stammesgruppen – schlossen Abkommen mit Muhammad. Bis zum Zeitpunkt seines Todes im Jahr 632 war der größte Teil Arabiens unter seine Herrschaft gefallen. Die muslimische Gemeinschaft hatte sich von einer verfolgten Minderheit zur einflussreichsten Macht in der Region entwickelt. Nie zuvor waren die arabischen Stammesgruppen so geeint gewesen. Muhammad war in jeder Hinsicht ihr Führer. Er war nicht nur der spirituelle Lenker, sondern auch das politische, gesetzliche und militärische Oberhaupt der Gemeinschaft.

Herrschaft nach Muhammad

Als Muhammad im Jahr 632 verstarb, herrschte ein Durcheinander bei den Muslimen. Eine Gruppe von Ältesten glaubte, dass eine sofortige starke Führung nötig wäre. Sie entschieden, dass das erste Oberhaupt der Gemeinschaft nach Muhammad sein angesehener Weggefährte Abu Bakr sein sollte. Die Mehrzahl der Gläubigen schloss sich den Ältesten an und gewährte Abu Bakr ihre Unterstützung. Dagegen hielt eine Minderzahl diese Entscheidung für falsch.

Die Mehrzahl wurde später Sunniten genannt. Nach ihrem Glauben haben weder der Koran noch Muhammad festgelegt, wer der Führer der Gemeinschaft sein sollte. Ihrer Meinung nach musste der Führer der strenggläubigste und weiseste Muslim sein – unabhängig von familiärer Herkunft, Stammesgruppe oder Nationalität. Sie nannten ihren Führer Kalif. Von 632 bis 661 gab es vier „rechtgeleitete Kalifen", bis dann das erste Herrscherhaus an die Macht gelangte. Das waren die Umayyaden. Sie werden allgemein für korrupte Machthaber gehalten.

Diejenigen, die mit der Deutung der Ältesten nicht einverstanden waren, werden heute Schiiten genannt, ihre Konfession heißt Schia. Das bedeutet „Anhängerschaft". Sie waren und sind Anhänger von Ali und entwickelten damit ein anderes Verständnis von den Dingen. Sie legen bestimmte Verse des Koran (Q. 33:33) so aus, dass Gott die Familie des Propheten (Ahl al-bait) erwählte und weihte. Dies war für sie ein deutliches Zeichen, dass die Führerschaft nur aus den Reihen von Muhammads Familie kommen sollte. Die Familienmitglieder waren: Muhammad, Fatima (seine Tochter aus der Ehe mit Khadija), deren Mann Ali (der Vetter von Muhammad) und ihre zwei Söhne, Hasan und Husayn. Die Schiiten verstehen einen weiteren Vers des Koran so, dass Gott Ali als den Einen erwählte, der die Gemeinschaft nach Muhammads Tod leiten sollte (Q. 5:55). Außerdem legen sie bestimmte Ereignisse aus dem Leben Muhammads so aus, dass er Ali als seinen Nachfolger bestimmte (Q. 5:67). Insbesondere weisen sie auf ein Ereignis hin, das bald nach der Pilgerfahrt Muhammads und weiterer Muslime nach Mekka und kurz vor seinem Tod stattgefunden habe. Bei dieser Gelegenheit, so war ihre Ansicht, erklärte Muhammad öffentlich, Ali sei der Eine, der ihn als Führer ablösen solle; dann wurde der letzte Vers des Korans offenbar (Q. 5:3). Die Sunniten halten an einer anderen Auslegung dieser Verse und Ereignisse fest.

Was ist das Besondere an der Schia?

Die Anhänger der Schia berufen sich auf einen Ausspruch Muhammads: Er werde zwei kostbare Dinge zurücklassen, um die Gemeinschaft weiter zu leiten: den Koran und seine Familie. Die beiden Vermächtnisse sollen nach heutigem Verständnis sein wie die zwei Schienen einer Bahnstrecke. Wird ein Schienenstück entfernt oder der Parallelabstand der Gleise an einer Stelle geändert, versagt das ganze System. Demnach wurde die Familie geweiht und frei von Sünde gemacht, damit sie die Gemeinschaft ohne Irrtum leiten konnte. In den Augen der Schiiten hat Muhammad – der unter Gottes Führung sprach – Ali als den Einen ausgewählt, der ihm als Führer nachfolgen sollte. Gott hat Ali das Licht zuteil werden lassen, das auch Muhammad erweckt hatte. Somit war Ali der erste von Gott eingesetzte Führer oder Imam. Alle Imame hatten diese Weihe und dieses Licht gemeinsam. Sie waren als Gottes Auserwählte dazu bestimmt, die Gemeinschaft anzuführen (Q. 4:59). Jeder Imam nannte unfehlbar den Namen des Mannes, den Gott für dessen Nachfolge erwählt hat.

Da sie frei von Sünde und Irrtum waren, konnten die Imame den Koran durch ihre Erleuchtung in rechter Weise auslegen (*Ilham*). Sie konnten die Gemeinschaft auf den richtigen Weg führen (Q. 4:54). Sie schufen ein ausführliches Regelwerk, wie dem Weg zu folgen ist, den der Koran und Muhammad angelegt haben. Die Mehrheit der Schiiten ist der Überzeugung, dass es zwölf durch Gott eingesetzte Imame gab. Die Zahl war symbolischer Natur, wie auch im Fall der zwölf Stämme Israels und der zwölf Apostel Jesu. Der zwölfte Imam verstarb nicht, sondern befindet sich an einem verhüllten Ort (*Verborgenheit*) und steht seit 941 nicht mehr in Verbindung mit der Menschheit. Gott würde die Erde niemals ohne einen Führer lassen. Auch wenn der Imam nicht sichtbar ist oder erreicht werden kann, so lebt er doch. Er ist der lebendige Imam. Die der Schia anhängenden Muslime erbitten seine Führung und Fürsprache. In der Endzeit der Menschheit wird er als Imam al-Mahdi (der erwartete Imam) wiederkehren, um die Herrschaft der Gerechtigkeit auf Erden zu begründen. Überdies werden die Imame am Tag des Jüngsten Gerichts eine besondere Bedeutung bei der Fürsprache erlangen.

Es gibt auch Minderheiten unter den Schiiten. Sie unterscheiden sich von der Mehrheit, was die genaue Reihenfolge der Imame betrifft. Darunter sind die Zaiditen, die vor allem im Jemen leben und darin abweichen, wer als fünfter Imam gelten soll. Weitaus zahlreicher sind die Ismailiten, die heutzutage in Zentralasien, Ostafrika, Indien, Pakistan, Nordamerika und Europa leben und darin von der Mehrheit abweichen, welche Person dem siebenten Imam zugeordnet werden muss. Die größte Gemeinschaft dieses Zweigs der Ismailiten ist diejenige, deren Oberhaupt Karim Aga Khan ist. Auch die Bohras bilden in Ostafrika und Indien eine bedeutende Gruppierung.

Die Schiiten konzentrieren sich in ganz bestimmten Regionen der Erde. Eine Mehrheit bilden sie im Iran, im Irak und in Bahrain. Eine bedeutende Minderheit bilden sie in Ostafrika, in Indien, im Libanon, in Pakistan und in Syrien.

Der Koran im größeren Zusammenhang

Wir erfuhren, dass Muhammads aktives prophetisches Auftreten 22 Jahre andauerte. Es begann im Jahr 610 mit der ersten Offenbarung und endete mit seinem Tod im Jahr 632. Der Koran wurde in dieser Zeitspanne offenbart. Das geschah meist in kleinen Versgruppen. Der Koran setzt sich aus 114 Kapiteln (Suren) zusammen. Diese weichen in ihrer Länge beträchtlich voneinander ab: So können nur drei oder aber bis zu 286 Verse (*Ayat*, Einzahl *Aya*) eine Sure bilden. Vermutlich 86 der Suren wurden in Mekka offenbart (610–622). Die verbleibenden 28 wurden in Medina offenbart (622–632). Es scheint, dass jede Versgruppe in einem ganz bestimmten Zusammenhang offenbart wurde. Um ihre Bedeutung zu verstehen, müssen wir die Verse im Zusammenhang betrachten und uns fragen, wie Muhammad und die junge muslimische Gemeinschaft sie auffassten. Und wie setzen sie die Verse in die Tat um?

Lesen wir Verse des Korans, ohne den Zusammenhang zu berücksichtigen, laufen wir Gefahr, sie falsch zu deuten. Lassen Sie uns das Thema Alkohol betrachten. Was lehrt der Koran? Es gibt drei Verse, die auf Alkohol Bezug nehmen. Sie wurden mit zeitlichem Abstand offenbart, es lagen also jeweils einige Jahre zwischen ihnen. Das gibt uns einen Eindruck, wie Gott allmählich das Leben der Gemeinschaft umgestaltet hat. Der erste Vers lautet so: „Kommt nicht zum Gebet, wenn ihr betrunken seid“ (Q. 4:43). Der zweite lautet so: „Es ist etwas Gutes am Alkohol und etwas Schlechtes. [Wenn du es nur wüsstest,] das Schlechte überwiegt das Gute, darum solltest du dich ihm fernhalten“ (Q. 2:219). Der dritte lautet: „Jeglicher Alkohol ist verboten“ (Q. 5:90). Was ist also die Lehre des Korans bezüglich des Alkohols?

Um die Frage beantworten zu können, müssen wir den Zusammenhang jedes Verses kennenlernen. Der erste wurde als Warnung offenbart, damit Muslime nicht den Götzenverehrern glichen, die den Alkohol gezielt bei ihren religiösen Ritualen einsetzten. Der zweite Vers richtet sich an die Vernunft der Muslime, den Alkohol zu meiden. Der dritte Vers wurde einige Zeit danach offenbart und verbietet den Alkoholgenuss gänzlich. Wie aber haben Muhammad und die muslimische Gemeinschaft die Verse aufgefasst? Sie vernichteten ihre sämtlichen Vorräte an Alkohol in Medina. Somit ist klar, dass die Lehre des Koran seit dieser Zeit lautet: Alkohol ist verboten.

Auslegung des Korans

Um zu verstehen, was der Koran über ein bestimmtes Thema lehrt, müssen wir jeden Vers zu diesem Thema hinzuziehen, der dort zu finden ist. Nur selten sagt der Koran alles zu einem Thema an einer einzigen Textstelle. Der arabische Stil jedes Verses muss sorgfältig betrachtet werden, um die genaue Bedeutung der Wörter zu klären. Jeder Vers muss aus seinem eigenen Zusammenhang heraus ausgelegt werden. Als nächstes muss man den verschiedenen Versen des Korans gewissermaßen ermöglichen, sich gegenseitig auszulegen. Demnach ist der Koran auch sein eigener Kommentar. Dabei muss die Anleitung, die er den Menschen gibt, im Verhältnis zu den allgemeingültigen Grundsätzen der Lehre des Korans verstanden werden.

Jetzt müssen wir betrachten, wie Muhammad die Lehre verstand und wie er sie verwirklichte. Seine Art, den muslimischen Weg zu leben, wird *Sunna* genannt. Er ist der beste Deuter des Korans. Er wurde durch Gott erleuchtet und war ohne Sünde. Er konnte bei der Auslegung der Handlungsempfehlungen nicht irren. Wir finden diese Mitteilung, wenn wir uns Werke der Prophetenbiografie (*Sira*) ansehen. Einzelheiten sind uns durch die frühen Kommentare und Geschichten überliefert worden. Die wichtigste Quelle zum Verständnis seiner Lehre sind die Hadithe (*Überlieferungen*). Die Hadithe enthalten Dinge, die Muhammad sagte, lehrte, tat oder bejahte. Die Überlieferungen wurden mit großer Sorgfalt zusammengestellt. Sie wurden geprüft, um sicherzugehen, dass sie sich mit dem Koran vereinbaren. Nach muslimischem Selbstverständnis wurden sie mündlich innerhalb der Gemeinschaft weitergegeben, so dass die Kette derjenigen, die sie weitergaben, bis ins Kleinste beachtet wird. Die Schia verlangt, dass sie gemäß den besonderen Regeln ihrer Lehrtradition zurückverfolgt werden, was auch die Überlieferung eines der unfehlbaren, göttlich eingesetzten Imame beinhaltet.

So kann es nicht überraschen, dass in 1.400 Jahren viele verschiedene Kommentare zum Koran verfasst worden sind. Sie stammen aus jeder größeren Sprachgruppe und aus vielen verschiedenen Kulturen und Geschichtsepochen. Sie gehen aus unterschiedlichen Blickwinkeln an die Aufgabe heran: Sprache, Geschichte, Recht, Mystik, Philosophie und die Traditionen Muhammads dienen dazu. Auch heute noch werden Kommentare verfasst. Es verwundert nicht, dass sie oft ungleiche Meinungen vertreten. Auch wenn es für alle Muslime nur den einen Text des Korans gibt, weichen die Textauslegungen beträchtlich voneinander ab. Diese Vielfalt wird innerhalb der muslimischen Gemeinschaft toleriert und zugelassen. Natürlich wird es immer Menschen geben, die ihre Auslegung für die einzig richtige halten.

Eine Lebensordnung wird geschaffen

Aufgabe der Propheten, denen eine neue Schrift offenbart wurde, war es, eine Lebensweise oder Lebensordnung zu begründen, mit der die Führung in die Tat umgesetzt werden konnte. Dieser „befestigte Weg" heißt im Arabischen Scharia. Das Wort bedeutet, „bewährter Pfad, der direkt zum Ziel führt". Die Scharia ist wie der Pfad von einem Dorf zu einer Quelle, der die Menschen ihr Wasser entnehmen. Gemeint ist der direkteste, schnellste Pfad, der sich so gut von seiner Umgebung abhebt, dass man ihn im Dunkeln finden kann. Das Ziel eines muslimischen Lebens ist es, diesem Pfad gehorsam zu folgen und Gott näherzukommen.

Die Quellen der Scharia sind einmal der Koran und dann die *Sunna*, also die Lebensweise Muhammads. Der Koran ist kein Rechtsbuch, sondern ein Buch der ethischen Orientierung. Die *Sunna* dient als Wegweiser, indem sie ausführlich berichtet, was Muhammad in bestimmten Situationen tat. Gestützt auf diese Quellen haben die Gelehrten des Islam einen Schlüssel zum Leben geschaffen, der die Menschen auf den Weg ins Paradies leiten soll.

Einst wollte Muhammad einen Mann als Statthalter in den Jemen entsenden. Er rief den von ihm gewählten Mann zu sich und fragte ihn, wie dieser den dort lebenden Menschen Auskunft über die islamische Lebensordnung geben wolle. Der Mann antwortete, dass er dafür zuerst den Koran und dann die *Sunna* gebrauchen würde. „Und dann?", fragte Muhammad. „Ich werde meinen eigenen Verstand gebrauchen", war die Antwort. Dem Mann wurde die Aufgabe übertragen. Der Gebrauch des menschlichen Verstandes ist der Weg, durch den die Orientierung zur Tat wird.

Die Sunniten suchen Anleitung, indem sie nach einer ähnlichen Situation suchen, die bereits zuvor behandelt worden war. Eines der ersten Beispiele in der Geschichte behandelt den Wein. Die Verse im Koran, mit denen wir uns bereits befasst haben, sprachen genauer genommen von Traubenwein. Die Araber machen auch aus Datteln Wein. War das ebenfalls verboten? Wie ist es mit Alkohol im Allgemeinen? Die Gelehrten befassten sich eingehend mit Traubenwein, da er ja bewirkt, dass Menschen die Selbstkontrolle und das seelische Gleichgewicht verlieren. Beim Menschen zeigen Traubenwein und Dattelwein ähnliche Wirkung. Die Vorschrift wurde also auf alle Arten von Alkohol ausgeweitet. Die Substanzen, die wir allgemein als „Drogen" bezeichnen, wirken ähnlich wie Alkohol und sind daher ebenfalls verboten.

Die Schiiten bevorzugen eine andere Methode zur Handlungsorientierung. Sie legen Wert darauf, Dinge von allgemein anerkannten Grundsätzen abzuleiten. Der Koran untersagt den Verzehr aller Tiere, die sich von Aas ernähren. Hyänen ernähren sich von Aas – wodurch deren Verzehr für Muslime verboten ist.

Rechtsschulen

In den ersten Jahrhunderten nach der Begründung des Islam entstanden in den verschiedenen Teilen des islamischen Reichs mehrere Methoden, um eine ausführliche Anleitung zur Verwirklichung der islamischen Scharia zu schaffen. Im Laufe der Zeit wurden fünf große Rechtsschulen innerhalb der muslimischen Gemeinschaft anerkannt. Die große Mehrheit der Muslime richtet sich nach einer dieser Rechtsschulen; nur eine Minderheit orientiert sich direkt am Koran und an der *Sunna*, womit sie sich auf die ersten muslimischen Gemeinschaften beruft und spätere Lehrgebäude außer Acht lässt. Die Rechtsschulen sind sich zwar in wesentlichen Punkten einig, bieten aber dennoch Raum für unterschiedliche Auffassungen. Diese Unterschiede werden als Segen, nicht als Makel betrachtet. Die Scharia begrüßt legitime Vielfalt als Bereicherung.

Die Schiiten, die zwölf Imame anerkennen, richten sich nach der dschafaritischen Rechtsschule, die nach dem sechsten Imam benannt ist. Sie werden daher als Dschafariten bezeichnet. Die vier sunnitischen Schulen sind nach den jeweils wichtigsten Gelehrten der Anfangsjahre benannt. Es sind die Rechtsschulen der Hanafiten, der Malikiten, der Schafiiten und der Hanbaliten. Sie sind von jeher in verschiedenen Regionen der Erde verwurzelt. Ein Beispiel: Ist ein Muslim in Nord- oder Westafrika geboren, wird er sich voraussichtlich nach der Rechtsschule der Malikiten richten. Durch die heutigen Verkehrsverbindungen und die Mobilität der Menschen hat sich auch die Vermischung verstärkt. Muslimen ist es gestattet, aus triftigem Grund von einer sunnitischen Rechtsschule in die andere zu wechseln.

Eine umfassende Lebensordnung

Der Islam bietet Anleitung für jeden Bereich des menschlichen Lebens: für den persönlichen, familiären, gemeinschaftlichen, gesellschaftlichen, politischen, wirtschaftlichen, geschäftlichen und den geistlichen Bereich. Das islamische Recht kennt das Persönlichkeitsrecht, das Privatrecht, das Handelsrecht und das geistliche Recht.

Das zentrale islamische Ethos ist Gerechtigkeit. Muslime sind gehalten, die Gerechtigkeit auf Erden zu fördern. Die Gerechtigkeit muss hergestellt werden, auch wenn der Einzelne darunter zu leiden hat (Q. 4:135). Es kann keine Vergünstigungen im Angesicht der Gerechtigkeit geben. Einst empfahl jemand Muhammad, dass er ein mildes Urteil sprechen solle, da der Beschuldigte aus einer hochgestellten Familie käme. Muhammad erwiderte Folgendes: „Selbst wenn es meine eigene Tochter Fatima wäre, so sollte doch Gerechtigkeit walten." Gerechtigkeit trägt kein Siegel. Eine „muslimische Gerechtigkeit" gibt es nicht. Gerechtigkeit beruht auf Vernunft und Beweis. Wo auch immer Gerechtigkeit herrscht, dort ist die Scharia.

Strafrecht

Von den insgesamt 6.235 Versen des Korans besitzen 350 rechtlichen Charakter. Von diesen 350 Versen behandeln nur 30 das Strafrecht. Einige der schwerwiegendsten Straftaten, die das Gleichgewicht der Gesellschaft bedrohen, werden zusammen mit ihrem jeweiligen Strafmaß erwähnt. Im Arabien des siebenten Jahrhunderts gab es keine Gefängnisse, weswegen nur körperliche oder finanzielle Strafen vollzogen wurden. Züchtigungen und auch Hinrichtungen sollten in der Öffentlichkeit stattfinden, denn die Menschen der Gemeinschaft sollten aus der Demütigung und den Leiden des Schuldigen lernen.

Muhammad lehrte, dass das schwerste Strafmaß vermieden werden soll, wenn es auch nur den geringsten Zweifel gibt. Ein absolut stichhaltiger Nachweis ist unabdingbar. Lassen Sie uns den Ehebruch als Beispiel nehmen, der gemäß des Hadith unter bestimmten Umständen die Todesstrafe nach sich ziehen kann. Um jemanden schuldig sprechen zu können, müssen vier erwachsene Augenzeugen ihre Aussagen machen. Sie müssen die Tat ganz genau gesehen haben. Alle ihre Aussagen müssen übereinstimmen sowie Ermittlungen und Kreuzverhören standhalten können. Sie müssen bei ihren Aussagen bleiben, bis sie der Bestrafung beiwohnen. Melden sich weniger als vier Zeugen, so muss die Klage aus Mangel an Beweisen abgewiesen werden. Den Zeugen droht bei Falschaussage die Körperstrafe, denn sie würden dadurch die Ehre eines Menschen verletzen. Ändern Zeugen ihre Aussage, so verfallen sie ebenfalls der Körperstrafe und werden künftig nicht mehr als Zeugen anerkannt. Allerdings muss man sich fragen, was das für Menschen wären, die nur dabeigestanden und der Tat zugesehen hätten, und warum sie diese nicht verhindert hätten. Gegebenenfalls kann jemand auch auf Grund seines eigenen Geständnisses verurteilt werden, wenn er dies über längere Zeit aufrechterhält. In diesem Fall hätte der Richter zu fragen, ob diese Person zurechnungsfähig und frei von jeglicher Beeinflussung ist, um ein solches Geständnis zu machen. Recht und Gesetz gelten gleichermaßen für Mann und Frau.

3. Was ist der Zweck der Religion?

Nun kommen wir zu einer Frage, die jeder religiös eingestellte Mensch überdenken sollte: Wozu dient das alles? Was ist der Zweck der Religion? Wohin führt das alles? Eine muslimische Antwort darauf wäre, dass Religion ein Übungsplatz für die *Taqwa* ist. *Taqwa* bedeutet Gottesbewusstsein: dass man sich in jeder Hinsicht seines Lebens, seiner Worte, Handlungen und Gedanken bewusst ist; dass man ein Geschöpf Gottes ist; dass Gott den Menschen gnädig berufen hat, ihm zu dienen, ihn zu lieben, ihm zu gehorchen und ihn zu verehren; dass er Gott Rechenschaft schuldig ist; und dass Gott, obwohl der Mensch ihn nicht sehen kann, den Menschen die ganze Zeit sieht.

Das heutige arabische Wort für Impfung leitet sich aus demselben Wortstamm wie *Taqwa* ab. Wir sehen, dass die Bedeutung unter anderem Bewahrung (vor etwas) beinhaltet. Lebten wir ohne Unterlass ganz und gar gottesbewusst, dann wären wir vor Sünde bewahrt. Es gäbe keine Stelle, durch die der Teufel hindurch käme. Ganz und gar gottesbewusst zu leben, das ist *Ihsan* – „zu leben, als würdest du Gott sehen, obgleich du Gott jetzt noch nicht sehen kannst, Gott sieht dich".

Alle Formen der religiösen Ausübung dienen dazu, den Grad der *Taqwa* zu erhöhen und in diesem Zustand zu bleiben. Die Gebete, die Geschäfte, das Fasten, das soziale Miteinander, das Pilgern, der Gehorsam gegenüber den Gesetzen, das Studium des Koran, das Familienleben, der Wunsch, es Muhammad in allem gleichzutun, das alles soll sich günstig auf den Grad der *Taqwa* auswirken. Wird der Mensch vor Probleme gestellt, verstärkt dies sein *Sabr* – seine Geduld. Das sind die zwei Grundtugenden des Islam.

Verehrt allein Gott!

Die wichtigste Pflicht muslimischer Männer und Frauen besteht darin, ihre Verehrung allein auf Gott zu richten (Q. 112). Nichts anderem gebührt die Verehrung als nur Gott; nichts kann zu Gott dazukommen und nichts kann sich Gott anschließen, was verehrenswert wäre. Dies schließt ganz eindeutig aus: die Verehrung von Götzen, von Nebengöttern oder lokalen Göttern, von Halbgöttern und von Gegenständen, die von den Ahnen angebetet wurden. Ebenso ausgeschlossen sind moderne Götzen, wie zum Beispiel das Geld, die Macht, die Weltanschauung, die rassische Überlegenheit und die militärische Stärke. Dies ist aber keine einmalige und abgeschlossene Erklärung. Muslime müssen immer wieder prüfen, ob ihre Tätigkeit Gott oder etwa einem anderen Gegenstand dient. Dient das finanzielle oder politische Handeln der Menschen Gott? Dient man Gott innerhalb der Familienverbindungen oder sind andere Werte wichtiger? Durch tägliches Vergegenwärtigen, dass es allein Gott ist, den der Gläubige verehrt, wird der Sinn für die *Taqwa* geschärft.

Das wichtigste Glaubensbekenntnis der Muslime heißt *Shahada*. Die *Shahada* lautet: „Ich bekunde, dass es keine Gottheit (das heißt, nichts, was Verehrung verdient) außer Gott gibt, und dass Muhammad der Gesandte (Prophet) Gottes ist." Die *Shahada* ist Bestandteil jedes Rufes zum Gebet von der Moschee aus (*Adhan*). Sie wird in jedem rituellen Gebet (*Salât*) vorgetragen. Sie wird häufig auf Mauern in Moscheen, an öffentlichen Plätzen und in Wohnhäusern geschrieben. Ein Muslim hat die Mahnung stets vor Augen: Verehrt er augenblicklich allein Gott oder gerät er in Gefahr, dass sein Dienst unzureichend ist und seine Verehrung stattdessen etwas anderem gilt?

Drei Arten des Gebets

Der Islam kennt drei Arten des Gebets. Sie tragen die arabischen Namen *Salât*, *Dua* und *Dhikr*.

Die *Salât* ist ein rituelles Gebet. Sie wird jeden Tag fünfmal verrichtet. Sie bildet den Rahmen des Tages, von dem alles andere abhängt. Die Festlegung der Zeiten entspricht dem Sonnenlauf:

- vor Sonnenaufgang (*Fadschr*)
- nachdem die Sonne ihren höchsten Punkt am Himmel überschritten hat (*Zuhr*)
- am späten Nachmittag, wenn die Schatten länger werden (*Asr*)
- kurz nach Sonnenuntergang (*Maghrib*)
- nachts (*Ischa*)

Die *Dua* ist ein formloses Gebet. Hierbei spricht der Gläubige zu Gott oder erbittet etwas. Dies kann in jeder Sprache, zu jeder Zeit und an jedem Ort stattfinden. *Dua* können dem Koran oder den Aussprüchen Muhammads entnommen werden. Die Heiligen vergangener Epochen hinterließen Sammlungen ihrer *Dua*. Muslime können aber auch ihre eigenen Worte an Gott richten. *Dua* decken jeden Aspekt des Lebens ab: So gibt es Gebete des Lobpreises, die Verherrlichung Gottes, Danksagungen, Bitten um Vergebung und Fürbitten. Man muss es sich so vorstellen, dass sie den Geist während des Tagesverlaufs zu Gott erheben, damit jede einzelne Handlung der Verehrung Gottes gewidmet werden kann. Die gebräuchlichste *Dua* besteht aus nur einem Wort: *Bismillah* – „im Namen Gottes". Sind jeder Gedanke, jedes Wort und jede Handlung im Tagesverlauf ganz und gar *Bismillah*, dann erhöht dies den Grad der *Taqwa* und der Mensch wird vor der Sünde bewahrt.

Dhikr ist die Schulung des Herzens zur stetigen Vergegenwärtigung Gottes. Es ist die Erhebung des Herzens zu Gott. Während Körper und Geist den Alltag bewältigen, können die Herzen dennoch den Lobpreis Gottes singen. Dies ist eine Besonderheit der Anhänger des Sufismus (Sufis) und der Mystiker, aber auch andere Muslime schulen ihr *Dhikr*. Einfache Gebetsformen, wie die Nennung des arabischen Wortes für Gott – Allah – werden gesprochen. Zuerst von den Lippen. Dann greift der Atem das Gebet auf. Dann dringt es tiefer in den Menschen ein, bis zum Herzen. Schließlich kann das ganze Sein eines Menschen Gott preisen. Dies erhöht den Grad der *Taqwa*, auch wenn sich der Mensch dieser innigen „Erinnerung" an Gott nicht bewusst ist.

Beten ist ein Umwandlungsprozess. Er erhöht den Grad der *Taqwa*, bis, so Gott will, der Mensch den dauerhaften Zustand erlangt, „so zu leben, als sähe er Gott" (*Ishan*). In den Jahrhunderten seit Muhammads Wirken haben die Sufis Methoden entwickelt, das Herz zu schulen, um sich Gottes zu erinnern und den Prozess der Umformung zu fördern. Durch diese Umwandlung steigt der Gläubige in die Nähe Gottes auf, so wie auch Muhammad bei seiner *nächtlichen Reise* und *Himmelfahrt*. Gott hat mehr Namen, als wir kennen könnten, doch gibt es eine bekannte Zusammenstellung mit 99 wundervollen Namen Gottes, die im Koran und im Hadith vorkommen. Jeder Name bezeugt eine Eigenschaft Gottes. Indem ein Mensch die Namen Gottes tief in sein Herz aufnimmt, können die Eigenschaften Gottes durch eben diesen Menschen leuchten. Einige dieser Namen sind: Barmherzigster, Alles-Verzeihender, Frieden-Gebender, Gnadenreichster, Allwissender, die Wahrheit, treuer Freund.

Ein Leben aus dem Gebet

Die *Salât* ist die Gebetsform, die uns am häufigsten begegnet. Es ist das rituelle Gebet, bei dem sich die Menschen in geraden Reihen aufstellen und wie ein Körper bewegen. Diese Vorstellung vom Beten in einer einzigen Versammlung ist bedeutsam, da sie die Einheit und Gleichheit der Gläubigen und ihre Anteilnahme gegenüber den anderen betont. Wollen zwei oder mehr Menschen zusammen beten, muss einer die Leitung übernehmen, während ihm die übrigen folgen. Der Vorbeter wird *Imam* genannt, denn er soll der strenggläubigste und kundigste Muslim unter den Anwesenden sein. Kommen Männer und Frauen zum gemeinsamen Beten zusammen, beten sie als eine einzige Versammlung, jedoch in zwei getrennten Blöcken. Dies geschieht aus Gründen des Anstands. Besteht die Versammlung nur aus Frauen oder aber aus Frauen und Kindern, muss der *Imam* eine Frau sein. Besteht die Versammlung nur aus Männern oder aber aus Männern und Frauen, muss der *Imam* ein Mann sein. Es gibt keine Priesterschaft im Islam. Jeder Muslim kann als Vorbeter fungieren, vorausgesetzt, er oder sie führt ein anständiges Leben, besitzt ausreichende Kenntnis des Korans und weiß, wie gebetet wird.

Die *Salât* kann an jedem reinen Ort stattfinden – zu Hause, bei der Arbeit, unter freiem Himmel oder in einer Moschee. Die Moschee ist ein Ort, der religiösen Handlungen, wie dem Beten, der Unterweisung im Glauben und der Zusammenkunft der Gemeinschaft, vorbehalten ist. Eine neu erbaute Moschee soll separate Räume für Männer und Frauen bieten. Das können zwei nebeneinanderliegende Räume sein, ein ebenerdiger Raum für Männer, über dem eine Galerie für Frauen liegt, oder ein großer Raum, in dem die Männer vorne beten und die Frauen hinten – so, wie es bei der Prophetenmoschee in Medina ausgeführt wurde.

Vereint mit allen anderen Muslimen

Die *Salât* wird in Richtung der Kaaba in Mekka abgehalten. Viele Muslime betrachten die Stadt als Mittelpunkt der ursprünglichen Landmasse der Erde. Richtung heißt auf Arabisch *Qibla*. Die *Qibla* in einer Moschee wird oftmals durch eine Nische in einer der Mauern angezeigt, die sich *Mihrab* nennt. Zu Hause oder an jedem anderen Platz finden Muslime die *Qibla* mithilfe des Kompasses und markieren sie dann für die künftige Orientierung. Überall auf der Welt wenden sich Muslime zum Gebet in Richtung der Kaaba. Das bedeutet, dass die Kaaba wie die Nabe im Mittelpunkt eines Rades ist. Die Gebetszeiten richten sich nach dem Sonnenlauf. Jede Minute geht die Sonne irgendwo auf der Erde auf oder unter. Das bedeutet, dass es an keinem Tag einen Moment gibt, an dem sich nicht Muslime irgendwo auf der Erde beim Gebet in Richtung der Kaaba wenden. Nicht nur heute, sondern auch in geschichtlicher Vergangenheit und weiterhin in der Zukunft. Jedes Mal, wenn sich Muslime in Richtung der Kaaba neigen, sind sie mit allen anderen Muslimen auf der Erde und durch die Zeitalter hinweg vereint. Diese vereinte Gemeinschaft von Gläubigen wird die muslimische *Umma* genannt. Die

Salât steigert das Bewusstsein der *Umma* und erinnert jedermann an seine Verantwortung gegenüber den Mitmenschen.

Bevor die *Salât* verrichtet wird, müssen sich Muslime einer rituellen Reinigung unterziehen. Dabei wird die rituelle Waschung oder *Wudu* ausgeführt. Sie besteht aus dem Waschen der Hände, der Arme, des Gesichts (Mund, Nase, Ohren) und der Füße. Dies muss als ein Lösen von der gewöhnlichen Arbeit verstanden werden, das die Vorbereitung auf den „Dienst an Gott“ im Gebet erlaubt. Es ist ein Vorgang, der dem Menschen seine Sünden in Erinnerung ruft, so dass er um Vergebung bitten kann. Der bestimmte Platz für das Gebet muss ebenfalls rein sein. Die meisten Muslime verfügen aus diesem Grund über einen Teppich. Sie ziehen immer die Schuhe aus, bevor sie ihn betreten. An anderen Orten benutzen Muslime eine Gebetsmatte. Die letzte Vorbereitung betrifft die Lauterkeit der Absicht. Muslime erklären ihre Absicht (*Niyya*), Gott näher zu kommen, bevor jede *Salât* beginnt.

Schließt die Reihen! Seid ein einziger Körper

Wenn sich Muslime zur *Salât* aufstellen, erleben wir die Verdeutlichung der Gleichheit aller Menschen im Islam. Es gibt keine reservierten Plätze. Die Gläubigen begeben sich in die erste Reihe, bis sie voll ist und sich von einer zur anderen Mauer erstreckt. Dann wird die zweite Reihe gebildet, bis sie voll ist, und so weiter. Die Muslime stehen so, dass sie sich in Höhe des Oberarms berühren. Innerhalb einiger Schulen des Islam sollen sich auch die Seiten der Füße berühren. Alle Menschen sind gleich, unabhängig von Hautfarbe, gesellschaftlicher Stellung, Wohlstand oder Bildung. Alle stellen sich in geraden Reihen auf, abhängig davon, wer dort als Erster stand. Jetzt wird uns auch der Grund klar, warum Männer und Frauen in der einen Gemeinschaft, aber in geteilten Blöcken beten. Ein Mann, der spürt, wie ihn eine Frau an den Armen und an den Seiten der Füße berührt, kann leichthin vom Gebet abgelenkt werden. Frauen, die beim Beten Männer berühren, können in gleichem Maße abgelenkt werden. Männer, die eine Reihe betender Frauen vor sich haben, können leichthin in ihrer Konzentration auf das Gebet beeinträchtigt werden. Wenn Männer und Frauen im gleichen Raum beten, halten die Frauen einen bestimmten Abstand zur hintersten Reihe der Männer ein. Anscheinend haben Frauen die bessere Selbstbeherrschung! Alle richten ihre Augen auf den davorliegenden Boden, um ihre Aufmerksamkeit auf das Gebet zu lenken.

Bei jeder *Salât* gibt es einen Toleranzspielraum hinsichtlich des genauen Zeitpunktes. Das erlaubt den Gläubigen, ihr Leben so zu gestalten, dass die Gebete einen passenden Platz finden. Im islamischen Recht herrscht der Grundsatz, dass Gott den Menschen das Leben nicht unnötig schwer machen will (Q. 2:185). Die verschiedenen Schulen des Islam haben Regeln aufgestellt, wie die Gebete zusammengefasst oder bei einer Auslassung nachgeholt werden können, wobei die jeweiligen Umstände zu berücksichtigen sind. Wollen sich die Gläubigen der Gemeinschaft in einer Moschee anschließen, dann muss es einen anerkannten Zeitplan geben, damit sie ihre Anwesenheit darauf abstimmen können. Diese Gebetszeiten werden den Gläubigen durch den Aufruf zum Gebet oder *Adhan* kundgetan. Der Ruf erklingt von einem Turm oder *Minarett*, der Rufer wird *Muezzin* genannt. Heutzutage kann dies auch über Lautsprecher geschehen, in einigen Moscheen werden sogar passende Musikaufnahmen abgespielt. Auch dann, wenn Menschen ihre augenblickliche Tätigkeit nicht für das Gebet unterbrechen, dient der *Adhan* als Erinnerung an die Pflicht zum Gebet. Beispielsweise enthält der *Adhan* für das Morgengebet die Zeile „Das Gebet ist besser als der Schlaf".

Der Aufbau der Salât

Jede *Salât* setzt sich aus Gebetseinheiten zusammen, die *Rakat* genannt werden. Jedes *Rakat* verlangt bestimmte Körperhaltungen, die Wiedergabe von Worten des Korans und kurze Gebete, die laut oder leise aufgesagt werden. Die Gläubigen geben Worte des Korans im Stehen wieder. Darauf folgt die tiefe Verbeugung aller anwesenden Gläubigen von der Hüfte abwärts. Die intensivste Stufe des Betens ist erreicht, wenn Muslime niederknien, sich nach vorn beugen und dann vor Gott verneigen, indem sie in Anbetung Gottes mit

Stirn und Händen den Boden berühren. Männliche und weibliche Schiiten verneigen sich so, dass ihre Stirn auf einem trockenen, ungebrannten Stückchen Lehm zu liegen kommt, das *Turba* genannt wird. Dies ist ein Augenblick höchster Ergebenheit und Unterordnung gegenüber dem alleinigen Gott.

Der Koran wird in arabischer Sprache und aus dem Gedächtnis wiedergegeben. Jeder Muslim – oder beim gemeinschaftlichen Gebet der *Imam* – kann die Textstelle wählen, die wiedergegeben wird. Sie kann kurz oder lang sein. Das hängt von der Zeit ab, die jemand zur Verfügung hat. Beim gemeinschaftlichen Gebet fällt sie eher kurz aus, was es Gläubigen erlaubt, sich wieder ihren Tätigkeiten zuwenden zu können, falls dies nötig ist. Die Körperbewegungen werden durch kurze Gebete wie „Aller Lobpreis gebührt nur Dir, o Gott" begleitet.

Jeder *Salât* ist eine feste Anzahl von Gebetseinheiten zugeordnet – zwei, drei oder vier. Nachdem die Gebetseinheiten beendet sind, gibt es einen Moment, in dem die Muslime an ihrem Platz bleiben und ihre Treue zum alleinigen Gott und zur Priesterschaft Muhammads bekunden. Dann erflehen sie den Segen Gottes für Muhammad und dessen Familie sowie für Abraham und dessen Familie. Darauf folgt ein Moment der Fürbitte und des Gebets für alle Bedürftigen. Das Ende der rituellen *Salât* wird durch den Austausch von Friedensgrüßen – Salem Aleikum – an die Nachbarn zu beiden Seiten, an die Engel und an die ganze Menschheit und Schöpfung eingeleitet.

Die wichtigste gemeinschaftliche *Salât* der Woche wird am Freitag während der Tagesmitte gesprochen. Männer sind dazu verpflichtet, an einer religiösen Versammlung teilzunehmen, wenn es ihnen möglich ist. Auch die Frauen sollen zu dieser Zeit beten. Es ist ihnen freigestellt, an einer religiösen Versammlung in der Moschee teilzunehmen. Im Allgemeinen werden sie aber darin bestärkt. Dies trägt der Tatsache Rechnung, dass Frauen innerhalb einer traditionsgebundenen Gesellschaft für Kinder und ältere Menschen verantwortlich sind, die nicht alleine gelassen werden können. Das Gebet ist wie jede andere *Salât* aufgebaut, die Besonderheit besteht allerdings darin, dass es sich auf zwei *Rakat* beschränkt. Eine Predigt oder *Chutba* wird durch den *Imam* oder eine andere gelehrte Person gehalten. Der Prediger in einer Moschee steht auf einer Kanzel, die *Minbar* genannt wird. Zu ihr führen mehrere Stufen hinauf. Die *Chutba* enthält meist geistliche Anleitung und kann auch Themen berühren, die das gemeinschaftliche Leben oder die Gesellschaft im Ganzen betreffen.

Fasten für den Körper, den Geist und die Seele

Das Fasten während des Monats Ramadan ist als ein Akt des Gehorsams und der Verehrung von Gott befohlen worden. Warum aber? Ebenso wie das Beten wurde auch das Fasten in den älteren Offenbarungen deutlich erwähnt. Offensichtlich ist es ein wichtiger Bestandteil der religiösen Ausübung. Warum hat Gott das Fasten als Forderung an den Menschen gestellt?

Während des Ramadan sind Speise und Trank sowie geschlechtliche Beziehungen während der Tagesstunden verboten (Q. 2:185). Nicht etwa, weil diese Dinge schlecht wären. Ganz im Gegenteil. Sie gehören zu den stärksten Trieben, denen wir Menschen unterworfen sind. Wenn wir erlernen, diese Triebe zu beherrschen, werden wir unsere allgemeine Selbstbeherrschung stärken und auf alle Aspekte des Lebens übertragen können. Das Fasten hat nichts mit Qual zu tun; es hat mit Stärkung der Selbstdisziplin und Schärfung des Sinns für die *Taqwa* zu tun (Q. 2:183).

Das Fasten erhöht unser Bewusstsein für den Hunger und den Durst, dem Millionen von Menschen täglich ausgesetzt sind. Sie entscheiden sich ja nicht freiwillig für den Hunger; es ist einfach eine Tatsache, die zum Leben dazu gehört. Es zählt zur Ungerechtigkeit in unserer Welt, dass einige hungern müssen und andere wiederum zu viel zu Essen haben und davon krank werden. Das Fasten lässt uns erkennen, wie abhängig wir von Dingen sind, die außerhalb unserer Kontrolle liegen. Beispielsweise vom Sonnenschein oder vom Regen. Alle erwachsenen Muslime sind aufgefordert, im Monat Ramadan zu fasten. Das stärkt den Gemeinschaftsgeist. Die Gläubigen unterstützen sich beim Fasten gegenseitig. Das Fasten beginnt vor Tagesanbruch und endet bei Sonnenuntergang. Daran schließt sich häufig eine gemeinsame Mahlzeit an, die *Iftar* genannt wird.

Wann nicht gefastet wird

Manche Menschen fasten nicht, weil sie um ihre Gesundheit fürchten. Diejenigen, die zu jung oder zu alt dazu sind, diejenigen, die krank oder auf Reisen sind, können davon ausgenommen werden. Frauen brauchen nicht zu fasten, wenn sie ihre Tage haben, und sind auch während der Schwangerschaft und der Stillzeit entschuldigt.
Das Fasten setzt eine geistige Entscheidung voraus. Diejenigen, denen der freie Wille zur Entscheidung nicht gegeben ist, sind vom Fasten befreit. Ältere Menschen entscheiden selbst, ob sie sich zu alt zum Fasten fühlen. Das Fasten wird auch nicht von Kindern vor der Pubertät verlangt. Dennoch möchten viele Kinder zumindest einige Pflichten des Fastenmonats Ramadan erfüllen. Sie wollen einfach nur daran teilhaben. Diejenigen, die auf Grund vorübergehender Verhinderung – zum Beispiel wegen einer Reise oder einer Krankheit – Tage des Fastenmonats versäumen, können dies später nachholen. Diejenigen, die dauerhaft darauf verzichten müssen, etwa wegen einer Krankheit, die regelmäßige Nahrungsaufnahme verlangt, können dennoch, beispielsweise durch die Versorgung Bedürftiger mit Lebensmitteln, am Geist des Fastens Anteil haben.

Ramadan hat nicht nur mit Fasten zu tun. Er bietet ebenso die Möglichkeit einer Rückschau auf das bisherige Leben des Einzelnen. Es ist eine Zeit der jährlichen Bestandsaufnahme: Erfülle ich meine familiären Pflichten gewissenhaft? Entspreche ich meiner Aufgabe im Leben der Gemeinschaft? Wie verdiene ich mein Geld und wie gebe ich es aus? Verwende ich genug Zeit auf das Beten und das Lesen im Koran? Achte ich darauf, was ich lese und was ich mir ansehe? Spreche ich unbedacht über andere oder lüge ich? Spende ich einen angemessenen Betrag meines überschüssigen Geldes an Bedürftige? Ramadan ist die Zeit des Jahres, in der viele Muslime ihren jährlichen Beitrag zum Wohlergehen der Mitmenschen (*Zakat* oder *Khums*) überdenken.

Der Monat des Korans

Es war während des Ramadan, als der Koran erstmals an Muhammad hinuntergesandt wurde. Es war die Zeit von Gottes größtem Gnadenerweis gegenüber der Menschheit: Er bestand in der Übersendung des abschließenden Buches der Weisung und Ermahnung mit der Absicht, die Menschen in das Paradies zu führen. Viele Muslime nehmen sich vor, während dieses Monats den ganzen Koran zu lesen oder seiner vollständigen Lesung zuzuhören. Sunnitische Muslime halten während des Ramadan besondere Gebetstreffen (*Tarawih*) ab, wobei jede Nacht ein Dreißigstel der Textmenge des Korans wiedergegeben wird. Schiitische Muslime treffen sich ebenso zur Wiedergabe des Korans. Sie verbringen aber einen Teil der Nacht für sich allein betend. Die ungeradzahlige Nacht am Ende des Ramadan (weitgehend ist der 27. des Monats anerkannt), als die erstmalige Offenbarung erfolgte, wird Lailat al-Qadr, Nacht der Allmacht oder der Bestimmung, genannt. Viele strenggläubige Muslime nehmen sich vor, alle Stunden dieser besonderen Nacht beim Gebet zu verbringen und für jede Botschaft Gottes empfänglich zu sein, die zu ihrem Herzen vordringen könnte. Ramadan ist „der Monat Gottes", wenn Gott der Gastgeber ist und die Menschen seine Gäste, die sich in Gottes Gegenwart versammeln. Muhammad sagte, dass die Tore des Himmels während dieses Monats weit offen für die Gebete der Gläubigen seien, so dass sie aufsteigen und Gottes Botschaften zu ihnen hinuntergelangen könnten. Zu dieser Zeit sind die Tore der Hölle geschlossen und der Schaitan (Satan) bleibt angekettet, so dass die Menschen vor seinen Versuchungen bewahrt werden.

Jeder Monat des muslimischen Kalenders beginnt mit der Sichtung des Neumonds. Ein Mondmonat ist wissenschaftlich gesehen 29,5 Tage lang, in Wirklichkeit dauert er jedoch 29 oder 30 Tage. Am Ende des 29. Tages verlassen die Menschen ihre Häuser und versuchen, den Neumond zu entdecken. Ist er sichtbar, dann ist der nächste Tag der erste des nächsten Monats. Ist er noch nicht sichtbar, dann ist der nächste Tag der 30. des augenblicklichen Monats, während der Tag darauf der Anfang des neuen Monats ist.

Das Fest zur Beendigung des Ramadan

Der erste Tag des auf den Ramadan folgenden Monats ist ein ganz besonderer Feiertag. Er wird *Id al-Fitr* (Ramadanfest oder Fest des Fastenbrechens) genannt. Er beginnt mit dem Frühstück nach Tagesanbruch. Danach versammelt sich die ganze Gemeinschaft zu den Festgebeten. Die Gläubigen tragen ihre besten Kleider und Geschenke werden überreicht, besonders an die Kinder. Die Familien finden sich zu einem Festmahl zusammen und das Essen wird mit den Nachbarn geteilt. Vor diesem Festtag jedoch müssen milde Gaben an Bedürftige verteilt werden (*Zakat al-Fitr*), damit auch sie genug haben, um feiern zu können. Wie könnte jemand feiern, wenn er wüsste, dass einer seiner Nachbarn nicht genug Geld hat, um sich Nahrungsmittel zu kaufen oder seine Kinder zu beschenken? Es gibt reichlich Besuch von Freunden und Verwandten und auch die Gräber der verstorbenen Angehörigen werden aufgesucht. Häufig wird mit den Kindern herumgetobt und gespielt. Ramadan ist nun für ein weiteres Jahr vorbei; die Menschen werden wieder einmal diese besondere Zeit vermissen und seiner Wiederkunft im nächsten Jahr freudig entgegensehen.

Pilgerschaft: die Einheit der Menschheit

Der Islam ist keine private Religion. Es geht ihm um die beste Lebensweise für die ganze menschliche Gemeinschaft. Die Menschen werden darin bestärkt, in Gemeinsamkeit zu beten, wann immer dies möglich ist. Deshalb stehen Moscheen an den Straßenecken und an verschiedenen Plätzen der Dörfer. Einmal pro Woche versammeln sich die Muslime mittags zum Freitagsgebet in den großen Moscheen. Bei den bedeutenden jährlichen Festen versuchen alle Gläubigen der Gemeinschaft zusammenzukommen, auch wenn auf Grund von Platzmangel im Freien gebetet werden muss. Der irdische Bezugspunkt dieser Gebete ist die Kaaba in Mekka. Einmal im Jahr gestatten die Muslime ihrem Leib, der jeweiligen Richtung zu diesem Bezugspunkt zu folgen, um im Rahmen der alljährlichen Pilgerfahrt (Hadsch) persönlich an der Kaaba zu erscheinen. Dort finden wir die weltweit größte jährliche Versammlung von Menschen. Die ganze Menschheit soll dort vertreten werden.

Der Hadsch verbindet nicht nur die augenblicklich lebenden Menschen. Er soll auch eine Bindung unterstreichen, die bis vor die Zeit Muhammads zurückreicht. Alle wichtigen Stationen des Hadsch gehen über Muhammad auf Abraham, Ismael und Hagar zurück. Dem muslimischen Verständnis nach siedelten Hagar und Ismael in Mekka. Hagar war auf der Suche nach Wasser und kam dabei zu einem Ort zwischen den beiden Hügeln Al-Safa und Al-Marwah. Schließlich veranlasste Gott Ismael, seine Fersen in die Erde zu stemmen, worauf die Quelle Zamzam zum Vorschein kam. Sie fließt bis zum heutigen Tag. Zusammen errichteten Abraham und Ismael die Kaaba und umrundeten sie dann, wobei sie Gott lobpreisten. Außerhalb von Mekka wurde Abraham befohlen, seinen Sohn zu opfern. Sie wurden vom Teufel versucht; die drei Orte, wo dies geschah, werden durch Steinsäulen bezeichnet.

Der Hadsch findet nur ein einziges Mal im Jahr statt und dauert fünf Tage. Es ist dann eine Pflicht für jeden muslimischen Mann und jede muslimische Frau, den Hadsch einmal in ihrem Leben durchzuführen, wenn es ihnen finanziell möglich ist und ihre Gesundheit dies erlaubt. Vor dem Eintritt in die heilige Stadt Mekka legen die Männer und Frauen ihre Pilgerkleidung an (dies ist Teil des *Ihram* oder Weihezustandes). Beim Mann sind es zwei Stücke weißen, nicht vernähten Tuches. Das eine wird um den Unterkörper geschlungen und dann befestigt. Das zweite wird um den Oberkörper getragen. Frauen lassen sich aus dem gleichen Stoff ein einfaches Kleid machen. Auf Verzierungen oder Schmuck wird verzichtet. Durch das Anlegen dieser Kleidung betonen die Pilger die Gleichheit aller Menschen. Alle sonstigen Unterschiede durch Hautfarbe, Vermögen, Stellung, Bildung und Sprache sind nun aufgehoben. Jedem wird die gleiche Menschenwürde zugestanden.

Tag Eins

Die Pilger umrunden die Kaaba siebenmal wie Abraham und Ismael. Dabei verkünden sie den Lobpreis Gottes. Danach gehen sie schnellen Schrittes siebenmal zwischen den beiden Hügeln hindurch wie Hagar. Dabei suchen sie die Vorsehung Gottes. Alsdann können sie vom Wasser der Quelle Zamzam trinken. Zu anderen Zeiten des Jahres können Gläubige beim Besuch von Mekka lediglich diese zwei Stationen absolvieren. Diese kleine Pilgerfahrt wird *Umra* genannt. Bei der großen Pilgerfahrt können diese zwei Stationen in den vorhergehenden Tagen absolviert werden, manche Pilger tun dies allerdings am ersten Tag des Hadsch.

Tag Zwei

Am zweiten Tag des Hadsch begeben sich alle Pilger gemeinsam zur Arafat-Ebene. Die meisten Pilger kommen zu Fuß dorthin, einige nehmen den Bus. Hier werden sie den Nachmittag beim Gebet verbringen: Sie beten zu Gott um Nachsicht und Vergebung. Dieser Ort wird mit Adam und Eva in Verbindung gebracht; genau hier wurden sie mit Gott versöhnt. Das Gewand der männlichen Pilger während ihres Hadsch wird dereinst auch ihr Grabtuch sein. Während des Nachmittags verdeutlichen sich die Pilger den Jüngsten Tag, an dem alle Menschen vor Gott erscheinen werden, um Rechenschaft über ihr Leben und ihre Handlungen abzulegen. Das Thema ist Vergebung – wir müssen also versuchen, die Vergebung aus Gottes Sicht und aus der Sicht des Menschen zu beleuchten.

Sünde, Buße, Friede und Vergebung

Das islamische Recht unterscheidet zwischen gegen Gott gerichteten Verfehlungen, Verfehlungen gegen die eigene Person und Verfehlungen, die sowohl das Verhältnis zu Gott als auch zu den Mitmenschen beeinträchtigen. Das Versäumnis, die *Salât* zu beten, ist eine Verfehlung gegen Gott, für die jeder Einzelne am Jüngsten Tag Gott Rechenschaft schuldig sein wird. Die Einnahme verbotener Substanzen ist eine Verfehlung gegen sich selbst. Diebstahl ist nicht nur eine Verfehlung gegen Gott, sondern auch gegen die Menschen, denen die Dinge nun fehlen. Der Mensch muss seine Verfehlungen gegenüber den Mitmenschen wiedergutmachen, bevor er der vollständigen Vergebung Gottes teilhaftig werden kann. Dies geschieht, indem die Pilger die Monate vor dem Hadsch damit verbringen, ihr Fehlverhalten gegenüber anderen Menschen wiedergutzumachen. Sie werden die Vergebung durch die Menschen und die Wiedergutmachung des Schadens gegenüber anderen angestrebt haben, bevor sie sich zur Arafat-Ebene begeben.

Versuchen wir, die Vergebung aus Gottes Sicht zu betrachten, helfen uns dabei zwei Aussprüche Gottes, die er an Muhammad richtete, damit dieser sie mit den Menschen teilt (*Hadith qudsi*). In dem einen Ausspruch sagt Gott: „Meine Gnade überwindet meinen Zorn." In dem anderen sagt Gott: „Habt ihr so gesündigt, dass eure Sünden zum Himmel reichen, und ihr dann um Vergebung bittet, so würde ich euch vergeben." Wir sehen nun, wie Gott verkündet hat, dass Gnade und Vergebung dem reuigen Sünder immer zuteil werden können. Das Einzige, was einer Vergebung im Wege stehen kann, ist der Mensch selbst (Q. 39:53).

Vier Dinge muss der Sünder erledigen, um sich für die Gnade Gottes öffnen zu können. Erstens muss die Sünde eingestanden und Verantwortung dafür übernommen werden. „Ich tat es, es war falsch, und es war mein Verschulden." Zweitens muss er sein sündhaftes Handeln einstellen. Wenn jemand seinen Lebensunterhalt bestreitet, indem er andere Menschen ausbeutet, kann er nicht erwarten, dass Gott ihm vergibt, solange er dies auch in Zukunft weiterführt. Drittens soll der Mensch die Umstände ändern, die ihn zur Sünde geführt haben. „Das Unternehmen, für das ich arbeite, verlangt ständig Dinge von mir, die meiner Meinung nach falsch sind." Dann ist es geboten, den Arbeitsplatz zu wechseln. Viertens soll der Mensch das Leid wiedergutmachen, das durch sein Handeln entstanden ist. Er soll zurückgeben, was er gestohlen hat. Er soll den Schaden durch freiwillige Arbeit zum Nutzen der Gesellschaft ausgleichen.

Wer aber kann wissen, ob der Sünder diese vier Dinge erledigt hat? Nur Gott und der Betreffende. Und Gott kann man nicht beschwindeln! Das ist einer der Kernpunkte beim Verständnis des Islam; es gibt keine Priesterschaft mit besonderen Befugnissen, keine Sakramente und niemanden, der den Menschen die Vergebung zusagt. Das Verhältnis zu Gott ist direkter und persönlicher Art. Jeder Mensch muss in seinem Herzen glauben.

Das Verweilen auf der Arafat-Ebene

Die Versammlung auf der Arafat-Ebene, zwölf Kilometer von Mekka entfernt, findet nur einmal im Jahr während des Hadsch statt. Es ist sicherlich traurig, dass die meisten derzeit auf der Erde lebenden Muslime niemals einen Hadsch werden unternehmen können, da sie dafür zu arm sind. Gott lässt allerdings nicht nur diesen einen Weg zu, wie jemand seine Gnade und Vergebung erlangen kann. Vielmehr kann Gottes Gnade in jeder Sekunde und an jedem Ort erlangt werden. Der Muslim, der sich einer Sünde bewusst wird, kann dies sogleich Gott bekennen, sich um sofortige Wiedergutmachung bemühen und um Vergebung bitten. Was nur einmal im Leben auf der Arafat-Ebene erlebt wird, versinnbildlicht ganz deutlich, was jedem Menschen jederzeit erreichbar ist, der sich Gott zuwendet und um Vergebung bittet. Die Arafat-Ebene hat noch aus einem anderen Grund Bedeutung, denn eben hier hat Muhammad während des Hadsch seine „Abschiedspredigt" gehalten, wenige Monate vor seinem Tode. Die Pilger fühlen sich bei dieser Gelegenheit Muhammad auf ganz besondere Weise verbunden.

Tag Drei

Das Erlebnis auf der Arafat-Ebene wird von vielen Pilgern als eine seelische und körperliche Erschütterung empfunden. Sie legen nur ein kleines Stück in Richtung Mekka zurück und verbringen dann die Nacht im Freien. Hier sammeln sie kleine Steine auf, um diese nach einem Wegemarsch am dritten Tag gegen die Säulen zu werfen, die an den Ort erinnern, wo der Teufel Abraham und Ismael versuchte. Symbolisch „vertreiben" sie Satan und alle seine Versuchungen aus ihrem Leben. Dazu heißt es: „Wenn wir nur immer im Zustand der *Taqwa* bleiben könnten."

Erinnerung an Abraham und sein Opfer

Über die Prüfung des Abraham berichtet der Koran (Q. 37:102–107). Ihm wurde von Gott befohlen, seinen Sohn zu opfern. Der Koran nennt den Sohn nicht, doch die islamische Tradition sieht Ismael in ihm, denn er war als erstgeborener Sohn des Abraham „der Sohn", bevor Isaak geboren wurde. Das Ungewöhnliche an dieser Geschichte aus dem Koran ist, dass Abraham Ismael erzählte, was ihm aufgetragen wurde, und er ihn nach seiner Meinung fragte. Ismael stimmte bereitwillig zu, alles zu tun, was Gott befahl. Die Aufforderung zum Opfern sollte eine Prüfung des Gehorsams für beide sein. Da Ismael von der Opferung wusste und sie annahm, erkennen wir, dass er weder gebunden war noch gezwungen wurde. Er lag ausgestreckt auf der Erde und wartete darauf, dass Abraham ihn töten würde. Da befahl Gott Abraham innezuhalten. Beide haben ihren Gehorsam bewiesen. Gott sandte ihnen stattdessen ein Tier, das sie opfern sollten.

Der dritte Tag des Hadsch ist auch Idu l-Adha, das Opferfest, bei dem an das Opfer Abrahams und Ismaels erinnert wird. Diejenigen, die den Hadsch durchführen, opfern ein Tier. Heutzutage gibt es moderne Schlachthäuser, in denen ein Heer von erfahrenen Männern bereitsteht, damit die Handlung sachgerecht durchgeführt wird, wodurch die Tiere so wenig wie möglich zu leiden haben. Ein Teil des Fleisches wird in Büchsen eingelegt oder aber eingefroren, so dass es später an Arme verteilt werden kann.

Es ist das einzige Ritual des Hadsch, das von allen Muslimen der Erde zelebriert wird. Ein Tier wird geschlachtet und sein Fleisch in drei Teile aufgeteilt: einer für die Familie, einer für die Nachbarn und ein dritter für die Armen. Festgebete werden bei Versammlungen unter freiem Himmel gesprochen oder in den wichtigsten Moscheen der Städte. Ein gemeinsames Festmahl wird eingenommen. Danach gibt es Geschenke, Sport und Spiel, so wie bei allen Feierlichkeiten. In Ländern, in denen kein Mangel an Nahrungsmitteln herrscht, wird Geld in Regionen der Erde geschickt, wo Menschen Hunger leiden. Es wird dazu verwendet werden, ein Tier zu kaufen und schlachten zu lassen. Dessen Fleisch wird dann an Bedürftige verteilt. Das Wort *Qurban*, das Opfer bedeutet, bezeichnet oftmals dieses Fleisch.

Die Tage Vier und Fünf

Am vierten und fünften Tag des Hadsch kehren die Pilger zu den Säulen zurück, die den Teufel darstellen, und bewerfen sie wiederum mit Steinen. Anschließend lassen sich die Männer den Kopf rasieren oder die Haare kurz schneiden. Die Pilger kehren nach Mekka zurück, um erneut die Kaaba zu umrunden und dabei Gott zu preisen. Nun können sie wieder ihre Alltagskleidung anlegen. Üblich ist eine „Abschieds-Umrundung" der Kaaba, womit die Pilgerfahrt als abgeschlossen gilt. Der Hadsch ist vorbei, aber der Eindruck bleibt bei den Teilnehmern haften. Deshalb versuchen viele von ihnen, zu einem späteren Zeitpunkt einen zweiten Hadsch durchzuführen.

Besuch des Grabes von Muhammad

Nahezu alle Pilger, die sich für den Hadsch entschieden haben, wollen auch die Grabstätte des Propheten Muhammad in Medina besuchen und dort zu Gott beten. Einige tun dies vor dem Hadsch, einige danach. Es gibt eine Tradition, nach der dort acht Tage verbracht werden, um die 40 *Salât* zu verrichten, die mit der Moschee des Propheten in Verbindung stehen. Muslime suchen häufig auch die historischen Friedhöfe in Medina auf, denn dort sind viele der frühen Wegbegleiter und Familienangehörigen Muhammads beigesetzt. Der Tradition gemäß planen viele Pilger auf ihrer Heimreise einen Aufenthalt in Hebron ein, um die Orte zu besuchen, die mit Abraham und anderen biblischen Propheten verbunden werden. Viele Schiiten besuchen gleichzeitig Damaskus und den Irak, um die dortigen Heiligtümer zu sehen.

4. Aufbau einer gerechten Gesellschaft

Wir haben bereits gesehen, dass Muslime auch bei der innigsten Verehrung Gottes, wie bei der Verbeugung im Gebet oder bei der Bitte um Nachsicht und Vergebung, nicht alleine sind. Der Islam ist eine

Religion, bei der sich der Einzelne inmitten einer Gemeinschaft befindet. Wiederholt gebietet der Koran den Muslimen, „das Gebet zu verrichten und die *Zakat* zu entrichten" (Q. 2:277). Was aber bedeutet: „die *Zakat* zu entrichten"? Um diese Frage zu beantworten, müssen wir etwas weiter ausholen.

Jedem Menschen ist die hohe Würde verliehen, *Khalifa* (Kalif) und *Abd* Gottes zu sein: Regent und liebender Diener. Regent zu sein, bedeutet Verwalter der guten Dinge Gottes zu sein. Diener zu sein, bedeutet den Geboten Gottes zu gehorchen. Alles, was wir besitzen, muss nach Gottes Anleitung zum Wohl der Menschheit und im Dienst an Gott genutzt werden. So, wie Gott keine Günstlinge kennt – schließlich werden alle Menschen mitgetragen und geleitet –, so muss sich der Regent Gottes in der *Sadaqa* üben, das man als „einer trage des anderen Last" übersetzen könnte.

Die *Sadaqa* umschreibt Menschen in Not, nicht aber Angehörige der Familien, der Völker, der Nationen oder der Religionen. Muslime haben diesen vier Gemeinschaftsformen gegenüber Pflichten, aber das Bemühen um den Mitmenschen darf hier nicht enden. Das drückt sich darin aus, dass muslimische Hilfsorganisationen jedem Hilfe anbieten, der bedürftig ist, ohne auf Rasse, Hautfarbe, Staatsangehörigkeit und Religion zu sehen. Der Islam ist keine begrenzte Wohlfahrtsgesellschaft, die sich nur um ihre Mitglieder kümmert. Muhammad sagt: Jemand, der mit vollem Bauch zu Bett geht und weiß, dass sein Nächster hungrig zu Bett geht, soll nicht länger Muslim heißen.

Ein Wohlfahrtssystem

Wie wird der Grundsatz, anderen zu helfen, in den Rahmen einer muslimischen Gesellschaft eingefügt? Wie in anderen Gesellschaften auch, kümmert man sich um das Wohl der Menschen durch eine mildtätige Einrichtung, die in arabischer Sprache *Waqf* (fromme Stiftung) heißt. In muslimischen Gesellschaften wird eine *Waqf* gegründet, um ein Waisenhaus, eine Bücherei, ein Krankenhaus oder eine Lehranstalt zu fördern. Wenn eine Familie eine *Waqf* gründet, wird dies als Teil einer gesamtfamiliären Pflicht angesehen: eine Wohlfahrtseinrichtung mit Geldmitteln zu versehen, so dass ihre Tätigkeit langfristig gesichert ist.

Jedem Menschen sind zwei Engel beigeordnet, die während seiner Lebensspanne die guten und die schlechten Taten aufzeichnen (Q. 82:10–12). Die Aufzeichnungen werden am Jüngsten Tag hervorgeholt. Ist ein Mensch verstorben, kann er an den Aufzeichnungen über seine guten und seine schlechten Taten eigentlich nichts mehr ändern – wenn es nicht drei Ausnahmen gäbe. Rechtschaffene, von der *Taqwa* erfüllte Kinder können für den Menschen auch nach seinem Ableben zugutekommen. Bemüht sich ein Mensch um Erziehung und Bildung, etwa als Lehrer oder indem er ein Buch schreibt, wirkt das vermittelte Wissen weiter, nachdem er verstorben ist. Schließlich kann der Mensch eine mildtätige Einrichtung ins Leben rufen, die auch künftigen Nutzen bringt. Denken wir nur an den Bau einer Wasserversorgungsanlage für ein Dorf oder den Bau von Wohnungen für ältere Menschen; die Nutzer künftiger Generationen werden den Namen des Spenders, der die *Waqf* gründete, mit Hochachtung nennen.

Ein Wirtschaftssystem

Muslime werden sich immer Gedanken über Geld machen; wie es verdient, gespart oder ausgegeben werden kann. Geld muss im von Gott vorgeschriebenen Rahmen verdient werden. Wenn etwas verboten ist, dann können Muslime davon nicht profitieren. Der Genuss von Alkohol ist Muslimen verboten; daher ist es auch verboten, aus dem Verkauf von Alkohol Gewinn zu ziehen oder Geld in dessen Herstellung oder Vertrieb zu investieren. Geld wirkt als moralische Erweiterung unseres Wesens. Es spricht nichts dagegen, sich um des Profits willen geschäftlich zu betätigen, denn das schafft Arbeit, stellt Dienstleistungen bereit und mehrt die Geldmenge, die nun nach der Anleitung Gottes weise verwendet werden kann. Doch muss der Handel auf dem Grundsatz der Fairness und Gerechtigkeit beruhen. Einerseits ist es Muslimen verboten, Waren zurückzuhalten und dadurch eine Verknappung zu verursachen, die wiederum zu Wucherpreisen führen würde. Andererseits muss der Käufer bereit sein, einen angemessenen Warenpreis zu zahlen; er darf nicht versuchen, den Verkäufer zu einer ungerechtfertigten Preisreduzierung zu zwingen. Muhammad sagte, dass man Arbeitenden den Lohn auszahlen sollte, bevor der Schweiß auf ihrer Stirn trocknet. Steht eine Berufswahl an, werden Muslime darin bestärkt, sich diesbezüglich für den Dienst an der Gemeinschaft und somit für die Förderung des Allgemeinwohls zu entscheiden.

Das Prinzip der *Sadaqa* gleicht dem Gewähren und dem Aufnehmen eines Darlehens. Muss sich jemand Geld leihen, dann sind diejenigen, die mehr als genug davon besitzen, aufgefordert, es zu verleihen, ohne aus dem Bedarf des anderen finanziellen Gewinn zu ziehen. Zinslose Kredite sind eine Möglichkeit, Bedürftigen zu helfen, ohne sie auszubeuten. Der Kreditnehmer ist hierbei verpflichtet, den gesamten Leihbetrag am vereinbarten Datum zurückzuzahlen.

Kein Gewinn ohne Risiko

Der geschäftliche Profit an sich ist gut, doch Profit soll nur gemacht werden, wenn das finanzielle Risiko gerecht verteilt ist. Eine islamische Bank oder eine wohlhabende Einzelperson kann in ein Geschäft investieren, um Geld anzulegen. Die Geldanlage kann Profit, aber auch Verlust mit sich bringen. Entwickelt sich das Geschäft gut, dann profitieren sowohl der Kreditnehmer als auch der Kreditgeber. Entwickelt sich das Geschäft schlecht, dann müssen sowohl der Kreditnehmer als auch der Kreditgeber einen anteiligen Verlust hinnehmen. Ein gegen Sicherheiten gewährter Kredit, der dem Kreditgeber einen vereinbarten Fixbetrag ohne Verlustrisiko zusichert, ist nicht zulässig.

Geld gegen Zinsen zu verleihen, ohne Kreditrisiko, zählt ebenfalls zu den verbotenen Handlungen. Nimmt jemand ein verzinstes Hypothekendarlehen zum Bau eines Hauses auf, bei der die Kreditsumme dem Wert des Hauses entspricht, bedeutet dies, dass der Kreditgeber nicht am Risiko beteiligt ist. Selbst wenn der Wert des Hauses sinkt, hat der Kreditnehmer die ursprüngliche Kreditsumme zurückzuerstatten. Besitzt der Kreditgeber Anteile an dem Haus und sinkt dieses im Wert, dann sinken demgemäß auch die Anteile des Kreditgebers. Dies soll zu einer deutlich größeren Verantwortung innerhalb des Kreditsystems führen. Demnach hat niemand Interesse daran, dass die Hauspreise erheblich sinken oder ansteigen.

Ein Beispiel dazu: Nimmt jemand ein verzinstes oder aktives Hypothekendarlehen von 220.000 auf, um ein Haus im Wert von 250.000 zu kaufen, und der Hauswert sinkt später auf 200.000, dann schuldet er der Bank immer noch 220.000. Investiert die Bank 220.000 in den Kauf eines Hauses, das mit 250.000 bewertet ist, dann besitzt die Bank 88 Prozent des Hauses, während der Käufer der Bank eine Abgabe zahlen muss, da er deren Anteil in Anspruch nimmt. Sinkt der Wert des Hause auf 200.000, dann besitzt die Bank auch weiterhin einen Anteil von 88 Prozent an diesem Haus, ihr Anteil hat aber nur noch einen Wert von 176.000. Die Bank ist also genauso am Verlust beteiligt wie der Käufer! Bei einer Hypothek nach islamischen Grundsätzen spart der Käufer, der weiterhin die Abgabe entrichtet, und erwirbt mit jedem Jahr einen größeren Anteil am Haus, während der Anteil der Bank und die von ihr erhobene Abgabe sinken. Auf diese Weise wird der Käufer Schritt für Schritt Eigentümer des ganzen Hauses, da sein Anteil wächst, während der Anteil der Bank und die ihr zustehende Abgabe sinkt.

Wie kann Geld gespart werden?

Wenn es um Geldersparnis geht, gilt das Gleiche. Geld soll in Vorhaben investiert werden, die der Gesellschaft zugutekommen – so, wie es Gottes Gebote verlangen. Die Geldanleger müssen sich für einen Teil des Risikos verantwortlich zeichnen, damit ein angemessener Profit erzielt werden kann. In der Praxis kann dies über ethisch bestimmte Investmentfonds geschehen. Hierbei wird Geld in der Erwartung eines Gewinns in bewährte Geschäfte investiert, auch wenn das Geld einem anteiligen Risiko ausgesetzt ist. Auf diese Art können Muslime für die Rente sparen, die Ausbildung ihrer Kinder finanzieren oder größere Anschaffungen tätigen.

Leben Muslime in Gesellschaftssystemen, die nicht von islamischen Wirtschaftsprinzipien bestimmt sind, erschwert dies ihre Entscheidungen. Wie sollen sie mit Banken umgehen, deren Geschäftsgrundlage Zinsen sind? Kann man auch ohne die von den Banken ausgegebenen Zahlungskarten aus Kunststoff leben? Das Alltagsleben in einem solchen Gesellschaftssystem führt zu einem inneren Ringen, das unweigerlich Kompromisse verlangt. Allein dieses innere Ringen erinnert den Muslim stetig daran, nach einer Lebensweise zu streben, die sich – den Umständen entsprechend – soweit wie möglich nach den Geboten Gottes richtet. Das wirtschaftliche Ringen fördert das Bewusstsein, vor Gott zu stehen und ihm Rechenschaft zu schulden. Es schärft also den Sinn für die *Taqwa*.

Die Veredelung des Wohlstands eines Menschen – Zakat

Überschüssiges Geld muss allein deswegen verdient werden, damit Bedürftigen geholfen werden kann. Der Mensch ist der Verwalter dessen, was er erarbeitet und besitzt. Ein sunnitischer Muslim berechnet jedes Jahr den Geldbetrag, der über das hinausgeht, was für die Lebenshaltungskosten seiner Familie nötig ist. Nachdem das Ergebnis feststeht, steht ihm ein Vierzigstel – 2,5 Prozent – dieser überschüssigen Geldsumme nicht mehr zu und wird als *Zakat* verteilt. Diese Gelder müssen an acht Gruppen von Menschen weitergereicht werden: Arme; Bedürftige; Menschen, die sich nicht aus ihrer Verschuldung befreien können; Reisende in Not; Sklaven, die freizukaufen sind; Konvertiten, die durch den Übertritt zum Islam in finanzielle Schwierigkeiten geraten würden; Verkünder der Botschaft des Islam; Personal, das die Gelder verwaltet.

Die schiitischen Muslime handeln nach einem ähnlichen Verfahren: Es beruht auf überschüssigem Einkommen und überzähligen Geldsummen (dazu kommen besondere Gelder oder ungenutzte Posten), abzüglich der Aufwendungen für die Grundbedürfnisse der Familie und der Geschäftsausgaben. Es nennt sich *Khums*. Der *Khums* legt einen Satz von 20 Prozent zugrunde; die Gelder müssen an einen Großajatollah weitergereicht werden, der sie zum gesellschaftlichen Wohl einsetzt. Sowohl Sunniten als auch Schiiten zahlen die *Zakat* auf landwirtschaftliche Produkte sowie auf Gold und Silber.

Das Wort *Zakat* enthält unter anderem die Bedeutung „Veredelung, Reinheit". Durch das Weiterreichen des Anteils, der ihnen auch rechtlich nicht mehr gehört, wird der verbliebene Wohlstand der Muslime veredelt, so dass er Gottes Geboten gemäß genutzt werden kann. Darüber hinaus wird Muslimen empfohlen, wohltätige Spenden zu entrichten. Hierbei sind ihnen keine Grenzen gesetzt. Jeder einzelne männliche Muslim ist für die Berechnung der eigenen *Zakat* und des eigenen *Khums* verantwortlich. Aufgabe der Gelehrten ist es, bei Bedarf zu helfen und Anleitung zu geben, doch liegt es in der Verantwortlichkeit des Einzelnen, die Geldbeträge ehrlich vor Gott zu berechnen, dem er am Jüngsten Tag Rechenschaft schuldig sein wird. Wiederum ist das Verhältnis zwischen dem Gläubigem und Gott direkter Art, und der innere Kampf, der Versuchung zu widerstehen, und das Bemühen um korrekte Berechnung stellen an sich ein Streben nach *Taqwa* dar.

Mehr Geld als man benötigt?

Die wichtigste Pflicht der Muslime ist es, für ihre Familien zu sorgen und sie zu ernähren. Die Pflicht hört aber nicht bei dem Ehegatten und den Kindern auf. Es gibt auch eine Verantwortung gegenüber den betagten Eltern und den weiteren Mitgliedern der Familien beider Eheleute. Es gibt dazu eine Verantwortung gegenüber den Nachbarn, den Bedürftigen und dem Allgemeinwohl. Die Gläubigen sollen eine angemessene Vorsorge für zukünftige Bedürfnisse ihrer Familien treffen: gemeint sind unter anderem Wohnung, Gesundheitsvorsorge, Erziehung und Bildung, Ruhestand. Was ist aber, wenn nach Erfüllung all dieser Pflichten immer noch Geld übrig bleibt?

Die überschüssigen Geldsummen dürfen nicht angehäuft werden, sondern müssen in Umlauf gebracht werden und dem gesellschaftlichen Wohl zugutekommen. Es ist der Grundsatz des *Infaq* (Umlauf des Vermögens). Dabei wird das Geld sinnvoll eingesetzt, indem es anderen hilft, sich geschäftlich selbstständig zu machen oder auf eine andere Weise am Wirtschaftsleben teilzunehmen. Die Empfänger können so für ihre Familien sorgen und aktive Mitglieder der

Gesellschaft werden. Das Geld wird hingegeben, ohne dass der Gebende eine Gegenleistung erwartet oder eine Zweckbindung ausspricht. Gott wird den Gebenden belohnen, so wie er es für richtig hält, entweder in diesem oder im nächsten Leben.

Wie sieht es mit der Wirklichkeit aus?

Selbstverständlich handhaben nicht alle Muslime – besonders die heute zu den Reichsten zählenden – ihre finanziellen Angelegenheiten so, dass sie sich ganz mit den wirtschaftlichen Grundsätzen des Islam decken. Wäre es anders, dann könnte die Lage des Menschen auf Erden besser aussehen. Das ist etwas, wofür sie letztlich vor Gott Rechenschaft ablegen müssen.

5. Regelung der gesellschaftlichen Angelegenheiten

Der Islam ist eine ganzheitliche Lebensweise, weswegen gesellschaftliche Angelegenheiten gemäß den Geboten Gottes geregelt werden müssen. Wir nennen es Politik. Daher ist Politik Teil des Islam. Das Wichtige an der islamischen Politik ist, dass sich die Gesellschaftsstruktur nach Gottes Geboten ausrichtet. Auch Muhammad stand nicht über dem Gesetz Gottes. Vielmehr unterlag er Gottes Geboten – so, wie jeder andere. Jeder Muslim hat die Pflicht, Gottes Gebote anzuhören, zu verstehen und innerhalb des gesellschaftlichen Rahmens in die Tat umzusetzen. Es ist die Ausübung der Pflicht, beides zu sein: *Abd* und *Khalifa* Gottes in der Gesellschaft. Der Mensch soll nicht immer das tun, was die Mehrheit entscheidet, nur weil es sich um eine Mehrheitsentscheidung handelt. Vielmehr müssen Gesetze im Rahmen der ethischen Richtlinien ausgearbeitet werden, wie sie im Koran und der *Sunna* Muhammads aufgezeichnet sind.

Wir sehen diesen Grundsatz bei der Wahl der ersten vier sunnitischen Kalifen verwirklicht. Sie wurden auf verschiedene Art ausgewählt, doch in jedem Fall wurde der ernannte Kandidat der ganzen Gemeinschaft vorgeschlagen, worauf die Gemeinschaft die Wahl bestätigte. Der Kalif wurde von der Gemeinschaft als ihr Führer unter

Gott anerkannt. Sie hatten ihm in allen Dingen zu gehorchen, die sich mit Gottes Geboten vereinbarten. Außerdem hatten sie ihn bei der Erforschung dieser Gebote zu unterstützen und bei der Frage, wie die muslimischen Generationen der Frühzeit diese Gebote verwirklichten.

Wie wir sahen, geben die Schiiten einer anderen Auslegung den Vorzug. Die göttlich eingesetzten Imame hatten Anteil an den Eingebungen Muhammads, wodurch sie auf ganz besondere Weise befähigt waren, die Gemeinschaft zu leiten. Sie waren imstande, unfehlbar zu entscheiden, wie die Botschaft in die Tat umgesetzt werden sollte. Wie wir sahen, lastet in der heutigen Zeit, der Zeit des *verborgenen Imam*, die Verantwortung bei der Führung der Gemeinschaft auf den höchstrangigen schiitischen Gelehrten, den Großajatollahs. Jeder einzelne schiitische Muslim ist dafür verantwortlich, durch den Gebrauch seiner Vernunft zu entscheiden, welcher Großajatollah innerhalb einer Generation als der kundigste gilt; ist dies geschehen, hat sich der Muslim der Führung dieses höchsten Gelehrten anzuvertrauen.

Auch die Sunniten erkennen an, dass nicht alle Menschen über das gleiche Maß an Intelligenz oder Wissen verfügen. Die bedeutendsten Gelehrten, die *Ulama* (Mehrzahl von *Alim* – ein Gelehrter), sind für die Führung der Gemeinschaft verantwortlich. So kommt es zu einer Vielzahl von gelehrten Meinungen. Jeder einzelne Muslim ist dann aufgerufen, sich die Verkündigungen dieser Führung anzuhören und sie in die Tat umzusetzen. Jeder Einzelne ist direkt Gott verantwortlich. In einer sunnitischen Gesellschaft, wie beispielsweise der pakistanischen, beauftragt die Regierung eine ganze Gruppe von Gelehrten, ihren Rat zu erteilen, wie die Botschaft des Islam in der heutigen Zeit zu verwirklichen ist. Die Regierung hört sich diese Ratschläge an und verabschiedet dementsprechende Gesetze. Es ist die Pflicht der Wählenden, also des Volkes, diejenigen an die Regierung zu bringen, die sie für geeignet halten, Gesetze zu erlassen, die den Geboten Gottes entsprechen.

Wie sieht es in einem nichtmuslimischen Staat aus?

In der Welt von heute leben Hunderte von Millionen Muslime in gemischten Gesellschaften, also zusammen mit nichtmuslimischen Bürgern. Muslime, die in Mischgesellschaften leben, sind gehalten, die Gesetze des Landes soweit zu befolgen, wie sie nicht dem Gesetz Gottes widersprechen. Gottes Gebote gelten nicht nur für Muslime, sondern für die gesamte Menschheit. Muslime in Ländern mit Mischgesellschaften sind verpflichtet, die Gebote Gottes zu beachten und die Gesellschaft in gottgefälliger Weise weiterzubringen, indem sie die für alle Bürger des Landes verbindlichen Wege beschreiten: durch das geschriebene Wort, das gesprochene Wort, den Wahlkampf, die Wahlkandidatur und die Stimmabgabe bei Wahlen.

Die geschichtliche Wirklichkeit

Beschäftigen wir uns eingehender mit der muslimischen Geschichte, werden wir feststellen, dass es nur verhältnismäßig kurze Perioden eines einzigen, vereinten Kalifats gegeben hat. Meistens bestanden mehrere regionale Kalifate nebeneinander oder es existierten kleinere, eigenständige staatliche Gebilde, die nur dem Namen nach unter der Herrschaft des auf Rechtmäßigkeit bestehenden Kalifen standen. Es existieren viele Beispiele für erbliche Königreiche, Sultanate und Emirate. In jüngerer Zeit hat es verschiedene Formen von präsidialen Herrschaftssystemen und Demokratien gegeben. Heutzutage gibt es Dutzende von Ländern mit muslimischer Bevölkerungsmehrheit. Bei einigen von ihnen ist der Ausdruck „islamisch" Teil des Landesnamens. Allerdings würde kein Gelehrter behaupten, dass auch nur eines von diesen Ländern die Grundsätze des Islam gänzlich befolgt. Einige betonen, islamische Glaubensgrundsätze als ihre wichtigste Richtlinie zu betrachten. Manche sind als säkulare Staaten gegründet worden, andere, wie Indonesien – das größte muslimische Land der Erde –, sind ihrer Verfassung nach religiös plurale Nationen. Das letzte muslimische Kalifat war das Osmanische Reich, das am 3. März 1924 formell von dessen Nachfolgestaat, der neugegründeten Türkei, aufgelöst wurde.

Das Leben ist ein einziger langer Kampf!

Obwohl jeder Mensch im Zustand des *Islam* und im Gleichklang mit Gott und der Schöpfung geboren wird, und obwohl *Islam* die natürliche Lebensweise des Menschen ist, bleibt der Mensch nur für eine begrenzte Zeit in diesem Zustand. Die Eltern sind dafür verantwortlich, ihre Kinder im Sinne des Islam zu schulen und sie gemäß den islamischen Verhaltensregeln zu erziehen. Der Koran spricht von der Existenz der *Dschinn* (Q. 51:56). Sie sind weder Engel noch Menschen, sondern gehören einer ganz anderen Daseinsform an. Daher stammt der – auch bei uns bekannte – Volksglaube von dem Geist (*Dschinn*) aus der Lampe. Einer dieser *Dschinn* war Iblis (Q. 18:50). Er lehnte sich gegen Gott auf, indem er sagte, er wisse mehr als Gott. Er wurde der *Schaitan* (Satan), der große Versucher. Er hatte sich das Ziel gesetzt, die Menschen zur Auflehnung gegen Gottes Gebote zu bringen (Q. 38:71–85). Selbst die Gesellschaft, durch Sünden von außen beeinflusst, kann Menschen in die Irre führen.

Auch wenn Menschen erwachsen werden und sich für den Weg des Islam entscheiden, wohnt in ihnen ein natürlicher Hang zur Nachlässigkeit und zur Abweichung vom einmal eingeschlagenen Weg. Der Koran besagt, dass dieses Leben eine Prüfung ist; eine Gelegenheit für den Menschen, die Gebote Gottes in die Tat umzusetzen, Gutes zu tun und Böses zu meiden (Q. 18:7). Das erfordert eine beständige Anstrengung, einen Kampf oder, auf Arabisch, einen *Dschihad*. Der Begriff *Dschihad* bedeutet zu kämpfen oder sich zu bemühen. Alle Männer und Frauen, die das Leben des Islam leben wollen, müssen bereit sein, den *Dschihad* zu unternehmen – jeden Tag und jede Minute. Das bedeutet, gegen die Versuchung anzukämpfen, Gottes Geboten zu gehorchen und sich von solchen Dingen fernzuhalten, die Gott verbietet. Somit kann man sagen, dass der *Dschihad* ein beständiges, ja lebenslanges Bemühen ist, das von jedem Muslim verlangt wird (Q. 22:78).

Es ist vor allem ein innerer Kampf: gegen unsere niederen Neigungen, unsere Trägheit, Ungeduld und Überheblichkeit. Solange dieser innere Kampf nicht aufgenommen wird, kann der Mensch der ganzen Gesellschaft bei ihrem Bestreben, auf den richtigen Pfad zu gelangen, keinen Nutzen bringen. Es ist überliefert, dass Muhammad von der Abwehr eines feindlichen Angriffs zurückkehrte und daraufhin seinen Mitstreitern sagte, sie kämen von dem kleineren *Dschihad* zurück, um sich nun wieder dem größeren *Dschihad*, dem inneren Kampf, zu stellen. Der Kampf darf nicht in uns selbst enden, sondern muss auch unsere äußere Lebenswelt beeinflussen. Die Arbeit, die wir verrichten, die Menschen, mit denen wir zusammenkommen, und die Art und Weise, wie wir unseren Pflichten innerhalb der Familie nachkommen: Das alles ist Teil des *Dschihad*. Und hier zeigt sich, wie wichtig für viele das Leben innerhalb einer muslimischen Gemeinschaft sein kann, denn dort finden sie Menschen, die um die gleichen Ideale ringen. Auch wenn Muslime in einer Gesellschaft leben, die islamische Werte nicht teilt, heißt das nicht, dass sie sich in zu großem Maße an die dort herrschenden Wertvorstellungen anpassen müssen. Sie sind aufgerufen, in der Welt zu leben, aber nicht unbedingt dazu, alle ihre Werte anzuerkennen. Das kann dazu führen, den Arbeitsplatz zu wechseln, seinen Bekanntenkreis zu ändern, in eine andere Gegend zu ziehen oder sogar in ein anderes Land zu gehen, wo es leichter ist, ein gottgefälliges Leben zu führen (Q. 4:97).

Die Förderung des Guten und der Widerstand gegen das Böse

Jeder Einzelne hat die Pflicht, das gesellschaftliche Wohl zu fördern. Es ist nicht genug, nur für sich selbst gut und fromm zu sein. Von Muslimen wird erwartet, dass sie danach streben, Gutes zu *tun*, nicht nur gut zu *sein*. Auch die scheinbar kleinste Handlung kann zur Pflicht eines Muslims gehören, Gutes zu tun: jemanden anzulächeln, den Gruß zuerst zu entbieten, einen Stein vom Gehweg zu entfernen, Gastfreundschaft zu zeigen, Besuche bei Kranken zu machen, und so weiter. Der muslimische Brauch, gemeinschaftlich zu beten, bietet viele Gelegenheiten, den Mitbetenden das Interesse an ihrem Wohlergehen zu bekunden, besonders nachdem das Gebet beendet ist. Zu den guten Taten soll sich der Widerstand gegen das Böse gesellen: wenn man anderen nicht gestattet, Unwahrheiten über einen Abwesenden zu sagen, wenn man sich für Unterdrückte einsetzt oder wenn man ein Unrecht verhindern will.

Die muslimische Weisheit erkennt drei Ebenen bei der „Förderung des Guten und dem Widerstand gegen das Böse“ (Q. 3:104). Erstens die Ebene des Handelns. Zweitens – wenn ein Handeln nicht möglich ist – die Ebene des Aussprechens einer Angelegenheit, des Einsetzens für sie oder des Schreibens über sie. Muhammad sagte, der größte *Dschihad* sei der, bei dem man dem Tyrannen die Wahrheit ins Gesicht sagt. Drittens – wenn nichts anderes möglich ist – sollte man zumindest nicht zulassen, dass der schlechte Einfluss Eingang in das eigene Herz findet. Allerdings sagte Muhammad: „Dies ist die schwächste Ebene.“ Das alles soll Muslime zu aktiven Bürgern innerhalb der Gesellschaft machen; Bürger, die sich mit allen öffentlichen Angelegenheiten befassen, nach dem Gesamtwohl streben und die Gesellschaft vor allen Dingen schützen, die schlecht sind oder zum Schlechten hinführen. Das kann auch im Großen geschehen: indem eine mildtätige Einrichtung zur Förderung guter Ideen geschaffen wird, indem gegen das Übel des Rassismus, der Unwissenheit, des Hasses oder der Unterdrückung zu Felde gezogen wird, oder indem der Gläubige einer politischen Bewegung beitritt, um sich für bessere Lebensbedingungen zu engagieren. Auch wenn ein Einzelner nicht alles verwirklichen kann, verlangen die Ideale des Islam sowohl das Ringen um das Gute als Beitrag zur Förderung der *Taqwa* im Leben des Einzelnen als auch die Schaffung einer Vorbildfunktion für andere.

Der „Dschihad“ der legitimierten Gewalt

Was soll man tun, wenn Männer es darauf abgesehen haben, unschuldige Menschen anzugreifen und zu töten? Was soll man tun, wenn Willkürherrschaft und Unterdrückung um sich greifen? Was soll man tun, wenn sich Kampagnen, Argumente, Verhandlungen und selbst Aufrufe an übernationale Rechtsinstanzen als nutzlos erwiesen haben und die Menschen weiterhin leiden? Wenn alles fehlgeschlagen ist und das Unrecht auf keine Weise beseitigt werden kann, dann nimmt der Islam nicht den Standpunkt „Friede um jeden Preis“ ein. Es kann so weit kommen, dass die Waffen sprechen müssen und nur noch legitimierte Gewalt gegen das Böse hilft.

Der Kampf, und damit die Bereitschaft, andere Menschen töten zu müssen, ist die schwerwiegendste Maßnahme, die Menschen nur ergreifen können. Der Kampf darf niemals leichtfertig begonnen werden, sondern muss strengen Regeln unterliegen. Der bewaffnete *Dschihad* darf nur der letzte Ausweg sein und nur der Verteidigung dienen: der eigenen Gemeinschaft oder solcher Menschen, die sich ohne Hilfe nicht schützen können. Er muss durch eine legitimierte Macht ausgerufen werden. In früheren Zeiten tat dies der Kalif. Ein Teil der heutigen Gelehrten macht geltend, dass es bei der augenblicklich weltweiten Zersplitterung des muslimischen Lagers auch der Führer einer Nation sein kann. Es muss eine begründete Aussicht auf Erfolg geben und es muss ein gemeinschaftliches Unternehmen sein.

Kommt es zum Kampf, muss dieser den Verhaltensregeln des Islam entsprechend geführt werden. Das gilt für jede Art von Kampf, sowohl für den *Dschihad* als auch den Krieg. Die Regeln wurden von Kalif Abu Bakr (Herrschaftszeit 632–634) auf der Grundlage des Korans und der Lehren Muhammads ausgearbeitet. Es muss zwischen Kämpfern und Nichtkämpfern unterschieden werden. Die Gruppe der Nichtkämpfer schließt Frauen, Kinder, Ältere, Kranke und diejenigen ein, die die Waffen niedergelegt haben. Aus dieser Gruppe darf niemand getötet, angegriffen oder bedroht werden. Die Kampfhandlungen sollen keine menschliche oder ökologische Katastrophe nach sich ziehen. Aus der Sicht des 7. Jahrhunderts bedeutet dies, dass kein Brunnen vergiftet wird, keine Getreidevorräte verbrannt werden, weder auf den Feldern noch in der Scheune, und kein Baum umgehauen wird. Aus der Sicht des 21. Jahrhunderts bedeutet dies den Verzicht auf Massenvernichtungswaffen, Kernwaffen sowie chemische und biologische Kampfstoffe. Diese Waffen haben von Haus aus eine unterschiedslose Wirkung, töten oder verletzen also auch Nichtkämpfer. Daher wird ihre Anwendung als unmoralisch und ungesetzlich verurteilt. Wenn alle Voraussetzungen zur Mobilisierung von Streitkräften erfüllt sind, kann es dazu kommen, dass jeder wehrtaugliche Mann dem Aufruf zum Kampf folgt und zur Waffe greift. Im Koran heißt es dazu: Der Einsatz im Kampf kann vom Einzelnen gefordert werden, auch wenn ihm dieser widerstrebt (Q. 2:216). Bevor man zulässt, dass das Böse den Menschen überwindet, gibt man den Argumenten für den Kampf den Vorrang.

Der Wirklichkeit ins Auge gesehen

Es gibt geschichtliche Beispiele für den Fall, dass Angriffskriege zur Eroberung von Land *Dschihad* genannt worden sind. Immer wieder sind, wie in jeder anderen Gemeinschaft auch, die Verhaltensregeln nicht befolgt worden. Das, was in neuerer Zeit einem legitimierten *Dschihad* am nächsten kam, waren beispielsweise die Anstrengungen der afghanischen Mudschahidin, die sowjetische Intervention (1979–1989) aufzuhalten, oder die bosnische Verteidigung in dem Krieg, der auf das Auseinanderfallen Jugoslawiens folgte. In beiden Fällen reagierten muslimische Männer aus der ganzen Welt darauf, indem sie an den Kämpfen teilnahmen und diejenigen verteidigten, die sich nicht selbst schützen konnten.

Wie ist es mit den Märtyrern?

Der Islam hat, wie andere Religionen auch, Märtyrern schon immer einen Ehrenplatz eingeräumt. Traditionsgemäß glaubt man, dass ihnen ein Platz im Paradies gewährt wird, weshalb sie besonders respektvoll beigesetzt werden. Sie geben ein Beispiel äußerster Großzügigkeit der Menschheit gegenüber und strengsten Gehorsams Gott gegenüber, indem sie bereitwillig den Tod auf sich nehmen, um nicht einer Zwangsherrschaft nachgeben zu müssen. Ein Märtyrer ist jemand, der zu Unrecht getötet wird; jemand, der für die Ungerechtigkeit und für das Recht gegen den Unterdrücker einsteht, auch wenn er durch seinen Gegner das Leben dabei verlieren sollte. Es ist immer ein Gegner, der den Märtyrer tötet. Daher können jene, die Selbstmord begehen, keine Märtyrer sein. Der Islam verbietet den Selbstmord und erklärt ihn zu einer großen Sünde. Es ist ein Akt der Auflehnung gegen das Gesetz Gottes, wenn man bestimmt, wann das Leben eines Menschen zu Ende gehen soll. Das Martyrium hängt von der inneren Einstellung der Person ab: Setzte sie sich für Gerechtigkeit oder für eine weniger bedeutende Sache ein? Nur Gott, der das Herz des Menschen kennt, kann das beurteilen.

Wie sind Selbstmordattentäter zu beurteilen?

Selbstmordangriffe kamen bei den Japanern im Zweiten Weltkrieg und bei den *Befreiungstigern von Tamil Eelam* in Sri Lanka (bis 1972 *Ceylon*) vor. Der erste muslimische Selbstmordangriff geschah in den 80er Jahren im Libanon, dann wieder in den 90er Jahren während des israelisch-palästinensischen Konflikts. Im 21. Jahrhundert geschahen sie dann häufiger. Wie wir schon gehört haben, verbietet der Islam den Selbstmord. Dazu ist ein gegen die Zivilgesellschaft gerichtetes Bombenattentat von Grund auf falsch. Aus den genannten Gründen wird das Selbstmordattentat gemäß islamischem Recht als unmoralisch und ungesetzlich verurteilt. Das ist der Standpunkt der großen Mehrzahl muslimischer Gelehrter aller großen Schulen des Islam, wovon man sich anhand der Botschaft von Amman aus dem Jahr 2004 überzeugen kann (siehe www.ammanmessage.com). Sie wurde unter anderem von Präsidenten, Ministerpräsidenten und Königen sowie von führenden Gelehrten aus 84 Ländern unterzeichnet. Im Ganzen kamen mehr als 500 Unterschriften zusammen. Einige sunnitische Gelehrte aus dem Nahen Osten lassen eine Ausnahme zu dieser Regel zu: Es sind die palästinensischen Angriffe auf Israel. Sie wenden ein, dass es sich nicht um Selbstmord handelt, sondern um eine Selbstopferung von Menschen, die keine andere Möglichkeit sehen, sich gegen die Militärmacht zu wehren, die sie unterdrückt. Nur diejenigen, die sich von den Ansichten der kleinen, extremistischen al-Qaida anregen lassen, teilen solche Ansichten. Die Führer der Mehrheit der Muslime in aller Welt haben erklärt, dass ein solches Denken keine Berechtigung innerhalb des Islam hat.

6. Die muslimische Lebensordnung

Eine der bedeutendsten Änderungen, die Muhammad für das arabische Leben bewirkte, war sein Konzept von der Ehe als Grundstein der Gesellschaft. Mann und Frau mussten aus freiem Willen heraus einen rechtlich anerkannten Vertrag abschließen. Die Ehe wurde zum einzig anerkannten Rahmen für geschlechtliche Beziehungen. Ehebruch wurde als unmoralisch und ungesetzlich erklärt. Der Ehemann übernahm die Verantwortung, seiner Familie Haus, Nahrung, Kleidung, Erziehung und Bildung zu bieten. Die Ehefrau sollte die Familienehre schützen und ein muslimisches Lebensmodell innerhalb des Familienhaushaltes schaffen.

Die Stellung der Ehe

Die Ehe ist nach islamischem Verständnis ein Vertrag zwischen zwei Parteien. Wie bei jedem Vertrag müssen ihn beide Parteien aus freiem Willen heraus und im Bewusstsein ihres Handelns abschließen. Ein erzwungener Vertrag hat keine bindende Wirkung. Demnach ist eine erzwungene Ehe als nichtig anzusehen. Hierzu ein überliefertes Beispiel: Eine junge Frau suchte Muhammad auf, um ihm ihr Leid zu klagen. Ihr Vater hatte sie ohne ihre Einwilligung zur Ehe mit einem Mann gedrängt. Muhammad sagte, eine solche Eheschließung sei hinfällig. Dann ersuchte die Frau den Propheten, sie mit diesem Mann zu verheiraten! Nunmehr war es ihre freie Entscheidung. Muhammad verheiratete die beiden ordnungsgemäß.

In traditionell bestimmten Gesellschaften ist die Ehe mehr als das Zusammenkommen zweier Einzelmenschen. Es ist ein Band zwischen zwei Familien. Der Ehemann übernimmt Verantwortung für die erweiterte Familie seiner Frau, während sie das Gleiche gegenüber seiner Familie tut. Das ist wichtig, damit die zwei Familien künftig gut miteinander auskommen. Bei einer Gesellschaft, in der unverheiratete Männer und Frauen nicht aus freiem Willen heraus zusammenkommen, stellt sich die Frage, wie sie dann überhaupt einen Ehepartner finden können? Diese beiden Umstände führen meistens dazu, dass sich die Familien an der Suche nach einem passenden Ehepartner beteiligen. Innerhalb der indischen Gesellschaft etwa geschieht dies in allen religiösen Gemeinschaften. Dahinter steckt folgender Gedanke: Passen die beiden Ehepartner und ihre Familien gut zueinander, wird sich ein Band der Liebe zwischen ihnen entwickeln. Die letzte Entscheidung sollte natürlich bei den beiden zukünftigen Ehepartnern liegen.

Die in einer Kultur verankerte Eheschließung wird von regionalen Bräuchen und Gewohnheiten geprägt. Der islamische Anteil darin gestaltet sich ganz einfach. Das Paar willigt aus freiem Willen heraus in die Ehe ein. Sie vereinbaren ein Hochzeitsgeschenk, das der Mann der Frau übergeben wird, und sie setzen einen Ehevertrag auf, der heutzutage fast immer ein Schriftstück ist. Sofern beide einverstanden sind, können sie alle Punkte in den Ehevertrag aufnehmen, die ihnen wichtig sind, solange sich dies mit dem Islam vereinbaren lässt. Beispielsweise können sie vereinbaren, dass beide zuerst ihre Ausbildung beenden, bevor sie eine Familie gründen, oder dass sie eine eigene Unterkunft bewohnen und nicht innerhalb der erweiterten Familien leben.

Wahl des Ehepartners

Muhammad lehrte, dass die wichtigste Eigenschaft eines Ehepartners seine Gottesfurcht sein soll. Die Absicht eines Ehepartners, ein gottesfürchtiges, muslimisches Leben zu führen, ist wichtiger als Schönheit, Wohlstand oder gesellschaftlicher Rang. Ein sunnitischer Mann kann eine muslimische, jüdische oder christliche Frau heiraten, wobei ihr weiterhin freie Religionsausübung zusteht. Eine sunnitische Frau muss einen muslimischen Mann heiraten. Als Grund nennen die Gelehrten, dass die Ehefrau in einer traditionsgebundenen Gesellschaft nach der Eheschließung gewöhnlich zur Familie ihres Ehemanns zieht. Welche Möglichkeit bliebe einer muslimischen Frau, ihren Glauben zu bewahren, wenn sie bei einer erweiterten christlichen oder jüdischen Familie wohnte? Der Mann, auch wenn er einer anderen Religion angehört, wird grundsätzlich als Haushaltsvorstand angesehen. In diesem Fall befürchtet man, eine Frau könnte von der Ausübung ihres islamischen Glaubens abgelenkt werden. Die Schiiten kommen zu einer anderen Auslegung; sowohl der Mann als auch die Frau sollen einen muslimischen Partner ehelichen. Einige Gelehrte wiederum gestehen einem schiitischen Mann die Ehe mit einer jüdischen oder christlichen Frau zu, warnen aber eindringlich davor. Sunnitisch-schiitische Eheschließungen kommen dort recht häufig vor, wo beide Glaubensrichtungen nebeneinander existieren.

Mehr als nur eine einzige Frau?

Der Koran erlaubt dem muslimischen Mann, bis zu vier Frauen zu heiraten, sofern er alle gleich behandelt (Q. 4:3, 129). Der Koran sagt im Anschluss daran, dass eine solche Lebensgemeinschaft problematisch sein kann und fügt an: „Eine ist besser." Die Gelehrten leiten davon den Vorrang der Einehe ab, während die begrenzte Vielehe dann erlaubt ist, wenn es einen Grund dafür gibt. Der Vers, der diese Erlaubnis enthält, steht im Zusammenhang mit einer Schlacht, in der viele Männer getötet worden waren und nun Witwen und Waisen zurückließen. In einer traditionsgebundenen Gesellschaft bedurften sie des Schutzes und der Geborgenheit; somit hielt man es für die beste Lösung, dass sie in eine neue Familie einheiraten konnten. Die Kriegführung auf der ganzen Welt forderte, besonders vor der Einführung moderner Waffen, den Tod vieler Männer. Dies störte das Gleichgewicht der Gesellschaft, indem Witwen und ledige Frauen nicht genug Partner finden konnten. Bevor eine Frau gezwungen war, alleine zu bleiben, sollte sie nach islamischem Grundsatz ihren Platz in einer begrenzten Vielehe einnehmen, vorausgesetzt, der Mann war begütert genug und behandelte seine Frauen gleich. Konnte die erste Ehefrau keine Kinder bekommen, so blieb ihr immer noch die Ehre, die erste Frau innerhalb der Familie zu sein. Die Zweitfrau konnte dann für Familienzuwachs sorgen. Vergleichbares galt für eine Frau, die geschieden war und eine neue Familie brauchte, in der sie nun leben konnte. Nach dem Tode von Muhammads erster Frau, Khadija, mit der er fünfundzwanzig Jahre lang in Einehe gelebt hatte, gab er in seinem späteren Leben ein Beispiel für die Vielehe, indem er verwitwete oder geschiedene Frauen heiratete. Tatsächlich aber ist die muslimische Einehe der Regelfall. Die Vielehe ist in einigen Kulturen der Erde verbreitet, wobei sie nicht nur vom Islam, sondern auch von anderen Religionen anerkannt wird.

Was ist, wenn die Ehe nicht erfolgreich ist?

Jeder weiß, dass die Ehe oftmals keine einfache oder ausgeglichene Beziehung garantiert. Wenn Probleme auftreten, muss das Ehepaar erst einmal eigenständig versuchen, diese zu bewältigen. Gelingt das nicht, liegt es an den erweiterten Familien, eine Lösung zu suchen. Häufig kann die Mithilfe der erweiterten Familie – mit Empfehlungen oder praktischen Lösungskonzepten – bewirken, dass die Ehe gerettet wird. Kann die Ehe beim besten Willen nicht gerettet werden, muss die Scheidung erfolgen. Sowohl der Ehemann als auch die Ehefrau können die Scheidungsverhandlungen einleiten. Nachdem die Scheidung ausgesprochen wird, soll eine Wartezeit sicherstellen, dass die ehemalige Ehefrau nicht schwanger ist. Danach steht es beiden Parteien frei, sich erneut zu verheiraten und damit einen neuen Lebensabschnitt zu beginnen.

Mit Kindern gesegnet

Kinder sind ein Geschenk Gottes und sollen muslimischen Familien daher willkommen sein. „Die Ehe", sagte Muhammad, „ist zur Hälfte Religion." Sie ist wie ein natürliches Übungsfeld, sowohl was die Geduld (*Sabr*) als auch was das Gottesbewusstsein (*Taqwa*) betrifft. Kinder geben reichlich Gelegenheit dazu, in beiden Tugenden zu wachsen. Sie lehren uns, bei allen Segnungen des Lebens auf Gott zu vertrauen. Die Empfängnisverhütung wird zugelassen, wenn die Gründung einer Familie verschoben werden soll, wenn der Abstand der Geburten größer sein soll und wenn das Paar entscheidet, dass die Familie vollzählig ist. Muslimische Gelehrte sind generell der Meinung, dass ein Mädchen und ein Junge das Mindestmaß der „Vollständigkeit" sind, da sie symbolisch das Fortbestehen der Menschheit ausdrücken. Muslimische Jungen werden nach dem Brauch des Propheten Abraham beschnitten.

Die große Bedeutung der Erziehung

Schon in den Anfängen des Islam waren Muslime bestrebt, sich die im Koran aufgezeichneten Gebote Gottes ins Gedächtnis einzuprägen. Diese Tradition hat sich über die Jahrhunderte erhalten. Auch Kinder werden im Auswendiglernen von Versen des Korans und von

Gebetstexten aus alter Zeit unterwiesen. Sind sie alt genug, wird die Tradition konkreter und lehrt sie, das Arabische korrekt wiederzugeben und die Gebete und Verse des Korans auswendig zu lernen, was für jeden praktizierenden Muslim von größter Wichtigkeit ist.

Allen muslimischen Jungen und Mädchen steht das Recht zu, unterrichtet zu werden, während sie die Pflicht haben, sich darum zu bemühen. Erziehung und Bildung sind in eine moralische Grundstruktur eingebettet. Wissenserwerb, der dem Einzelnen und der Gesellschaft zugutekommt, muss gefördert werden, während Dinge, die gefährdend oder zerstörerisch wirken, zu meiden sind. Eltern haben einerseits die Verantwortung, den Erwerb von Wissen zu fördern, andererseits – und das ist noch wichtiger – die Charaktereigenschaften ihrer Kinder zu formen, so dass diese in der *Taqwa* heranwachsen. Die Erziehung, so Muhammad, „von der Wiege bis zur Bahre" soll erreichen, dass die Menschen gegenüber den Geboten Gottes noch gehorsamer sind, dass sie etwas zum Gemeinwohl beitragen können und dass sie den Nebel der Unkenntnis durchdringen, wie es sich für die Regenten Gottes auf Erden geziemt.

Der Platz der Frau in der muslimischen Gesellschaft

Der Koran und die *Sunna* Muhammads brachten hinsichtlich des Status der Frau eine Umwälzung im Arabien des 7. Jahrhunderts mit sich. Frauen erhielten innerhalb der Gesellschaft Rechte, die für die damalige Zeit erstaunlich waren. Die Frau war damit eine eigenständige und juristische Person. Sie konnte weiterhin über ihren (vorehelichen) Besitz und über sämtliche von ihr erwirtschafteten oder selbst verdienten Gelder frei verfügen. Sie konnte nach der Eheschließung ihren ursprünglichen Namen beibehalten und war befugt, Besitztümer zu verkaufen oder wegzugeben und nach islamischem Erbrecht ein eigenes Testament zu errichten. Sie war uneingeschränkt berechtigt, Handel zu treiben, einen Beruf auszuüben oder ein Geschäft zu führen. Muhammads Ehefrau war – in modernen Worten ausgedrückt – eine erfolgreiche Geschäftsfrau, die ihn anfangs sogar als Mitarbeiter anstellte. Die Frau dieser neuen Epoche musste ihre Einwilligung zur Eheschließung geben. Das Hochzeitsgeschenk ging in ihren Besitz über und unterlag nicht der Verfügungsgewalt ihres Mannes. Sie konnte Scheidungsverhandlungen einleiten. Frauen konnten sich eigenständig und direkt an Gott richten; sie mussten sich dazu nicht an einen männlichen Priester wenden. Der Koran – und somit Gott – richtet sich genauso an die Frau wie an den Mann. Frauen hatten die gleichen religiösen Pflichten wie der Mann: Beten, Fasten, Entrichtung der *Zakat*, Einsatz für die Gerechtigkeit, Förderung des Guten, Widerstand gegen das Böse, Durchführung des Hadsch, und so fort. Theoretisch könnte eine Mutter von ihrem Ehemann eine Bezahlung für das Stillen der gemeinsamen Kinder verlangen, während der Mann ihr mindestens einmal am Tag eine warme Mahlzeit servieren muss, während ihr wiederum jede Arbeit im Haushalt angemessen vergütet wird! Muhammad befragte die Frauen seiner Gemeinschaft, bevor er wichtige Entscheidungen traf. Wie wir sehen konnten, haben Frauen ein gleiches Recht auf Bildung und eine gleiche Verantwortung, sich darum zu bemühen – damals wie heute.

Wie sieht es mit der Wirklichkeit aus?

Eine Sache ist es, Rechte zu erhalten; eine andere Sache ist es, sie einzufordern. Das hängt von der Bildung ab. Tatsächlich ist es so, dass Frauen oftmals eine gute Bildung vorenthalten wird. Dadurch kennen sie ihre Rechte nicht immer genau. Dieser Zustand hat sich von einer Generation zur nächsten verstärkt, wodurch die Frauen die ihnen einst gewährten Rechte aus den Augen verlieren mussten. Die Männer bemühten sich in der Vergangenheit ganz gezielt darum, alle Privilegien auf sich zu konzentrieren. In der jüngsten Zeit, in der die Frauen einen verbesserten Zugang zur Bildung haben, nutzen sie die islamischen Wertvorstellungen dazu, um sich von Zwängen zu befreien, die ihnen durch Kultur und die Vorherrschaft des Mannes auferlegt worden sind – so, wie es der Koran und Muhammad von Anfang an beabsichtigt hatten.

Der *Dschihad* gebietet dem Muslim, sein Verlangen und seine Gedanken immer stärker in der Gewalt zu haben. Es ist ganz natürlich, dass sich die Geschlechter zueinander hingezogen fühlen und gegenseitiges Interesse aneinander zeigen. Daher erwartet Gott, dass sich der Mensch beherrscht und geschlechtliche Beziehungen auf den ehelichen Rahmen beschränkt. Das wirkungsvollste Hilfsmittel dabei ist das Herz des Gläubigen: seine Gedanken und seine Gefühle. Der erste Vers des Koran, der dies anspricht, ist an die Männer gerichtet und fordert von ihnen, „ihren Blick zu senken" und ihren Anstand zu bewahren (Q. 24:30). Der nächste Vers benutzt den gleichen Wortlaut und ist an die Frauen gerichtet (Q. 24:31). Die Augen sind der Weg, über den Bilder leicht zu den Gedanken und Gefühlen der Menschen vordringen können; deshalb müssen sie ihre Augen in der Gewalt haben. So, wie Augen Bilder weiterleiten, so drücken Wörter Gedanken und Begierden aus. Folglich sollte der Mensch seine Zunge im Zaum halten.

Das Wort *Hidschab* bedeutet Abtrennung oder Vorhang. Wir begegnen ihm im Koran an der Textstelle, an der Muhammad einen Vorhang (*Hidschab*) anbringt, um einen Teil des Raumes abzuschirmen. So schafft er eine intime Sphäre für sich und seine Frau (Q. 33:53). Dies zeigte den Menschen, dass ihre Welt in verschiedene Sphären zerfällt: eine intime Sphäre, eine familiäre Sphäre und eine öffentliche Sphäre. Unterschiedliche Wortwahl und unterschiedliches Verhalten sind mit jeder der Sphären verbunden. Die Kleidung des Menschen bewirkt eine Art von Abtrennung zwischen seinem Körper und der ihn umgebenden Welt. Unterschiedliche Kleidungsstile sind jeweils für die intime, die familiäre und die öffentliche Sphäre angemessen. Der Koran sagt, dass eine bescheidene Kleidung die Würde aller Menschen erhöht, nicht nur diejenige der Muslime (Q. 20:116–121).

Die Kleidung des Menschen sollte nicht „durchsichtig" sein und den Körper darunter verraten. Aus diesem Grund sieht man oft muslimische Männer und Frauen, die locker sitzende Kleidungsstücke tragen, die von der Schulter herabhängen. Hände, Füße und Gesicht sind in der öffentlichen Sphäre sichtbar; die „privaten Teile" gehören zur intimen Sphäre. Als Mindestmaß außerhalb der intimen Sphäre sollte der Mann den Körperbereich vom Bauchnabel bis zu den Knien bedecken. Bei der Frau zählt der Oberkörper zu den „privaten Teilen". Die verschiedenen Anhänger der muslimischen Glaubensrichtungen haben jeweils eigene Vorstellungen von der Länge der Röcke, der Hosen und der Ärmel. Der allgemeine Grundsatz heißt jedoch: „verbergen".

In der Wüste tragen Männer und Frauen Kopftücher, um den Sand fernzuhalten und das Haar zu schützen. Die Tücher besitzen lange Enden, die während eines Sandsturmes um den Nasen- und den Mundbereich geschlagen werden können. Ein Vers des Koran, der ausdrücklich an Frauen gerichtet ist, gebietet ihnen, ihre verführerischen oder anziehenden Körperteile zu bedecken. Die meisten Gelehrten folgern daraus, dass auch das Haar bedeckt sein soll – daher das Kopftuch. Eine relativ kleine Anzahl muslimischer Frauen trägt auch einen Gesichtsschleier (*Niqab*).

Eine Zeit zum Sterben

Der Tod ist die natürliche Folge der Geburt: Alles, was lebt, wird sterben (Q. 3:185). Ein Muslim sollte den Tod nicht fürchten. Gleichwohl sollte der Tod ernst genommen werden, denn er ist nicht das Ende. Nach Tod und Beisetzung tritt der Mensch in eine andere Dimension ein, die allgemein „Leben im Grab" (*Barzach*) genannt wird. Hier werden alle Menschen das Weltende erwarten, dem die allgemeine Auferstehung folgen wird. Dann werden alle Menschen, die jemals gelebt haben, auferweckt, um dem Gericht entgegenzusehen. Am Jüngsten Tag wird Gott, der allein das menschliche Herz kennt, der Richter sein (Q. 88:26). Die Aufzeichnungen unseres Lebens werden hervorgeholt und wir werden nach Gottes Maßen gewogen. Glücklicherweise wird uns die Gnade Gottes auch an diesem Tag nicht verlassen (Q. 39:53). Wir erfahren, dass eine gute Tat so viel wiegen wird wie zehn böse Taten. Die Hoffnung ist also niemals vergeblich. Böse Taten können in diesem Leben immer durch gute Taten aufgewogen werden. Wie sündig das Leben auch gewesen sein mag, jederzeit gibt es die Möglichkeit zur Buße – ein neues Kapitel aufzuschlagen und das Leben mit guten Taten anzufüllen. Gott ist allzeit gnadenreich! (Q. 1:3) Es gibt zwei Daseinsformen, die dem Gericht folgen werden: der Aufenthalt im Paradies mit „allem, was das Herz begehrt“ oder das Dasein in der Hölle mit Pein und Leid.

Übersetzt aus dem Englischen von Jörg Schneider

Anmerkungen

1 Zum besseren Verständnis: „Islam“ meint in der Anfangszeit noch nicht den Islam als „neue arabische Religion“, sondern die „Übereinstimmung mit“ – in diesem Fall: der Schöpfungsordnung (Red.).
2 Die nachfolgende Darstellung greift die muslimische Traditionsliteratur auf. Heilsgeschichtliche und existenzielle Bedeutungen sind allerdings von historischer Quellenlage zu unterscheiden. Diese in der Bibelwissenschaft bereits bewährte zweifache Perspektive steht in der islamischen Wissenschaft erst am Anfang.
3 Nach muslimischer Heilsgeschichte, die sich vor allem aus Texten aus dem 9. und 10. Jahrhundert erschließt.

Mouhanad Khorchide

Gott ist Barmherzigkeit

Religionspädagogische Überlegungen für eine dialogische Gott-Mensch-Beziehung im Islam*

1. Einleitung

In der islamischen Lehre steht die persönliche Beziehung des Menschen zu Gott im Mittelpunkt. Das Ziel ist einerseits die individuelle Vervollkommnung des Menschen und andererseits der Aufbau einer individuellen Beziehung zu Gott als Antwort auf seine Liebeserklärung, die er dem Menschen schon durch den Schöpfungsakt selbst gemacht hat.

Religiosität in diesem Sinne setzt jedoch eine dialogische Gott-Mensch-Beziehung voraus, die einen Raum für Gotteserfahrungen öffnet. Eine Gott-Mensch-Beziehung, die auf Gehorsam und Unterwerfung basiert, verschließt hingegen diesen Raum. Die traditionelle islamische Theologie vermittelt zum Teil das Bild eines restriktiven Gottes, dem es lediglich um seine Verherrlichung geht. Im ersten Kapitel dieses Beitrags greife ich daher die Frage nach den Gottesbildern im Islam auf. Dabei geht es mir darum, zu zeigen, dass Gott, so wie er sich im Koran beschreibt, ein Gott der Barmherzigkeit ist und kein Richtergott. Im zweiten Kapitel gehe ich auf in Deutschland lebende muslimische Jugendliche und ihren Bezug zum Islam ein sowie auf den Beitrag der Spiritualität für die Sinngebung ausgehöhlter religiöser Identitäten dieser Jugendlichen.

Die theoretisch-theologische Grundlage eines dialogischen Gottesbildes ist insbesondere für die islamische Religionspädagogik wichtig, um ein Verständnis religiösen Lehrens und Lernens jenseits eines Eintrichterns religiöser Gebote und Verbote zu etablieren. Ein als Gesetzesreligion verstandener Islam, in dem es lediglich um ein juristisches Schema geht, das möglichst alle Lebensbereiche des Menschen erfassen soll, macht aus Religionslehrerinnen und -lehrern Vermittler juristischer Sätze, die bloß sagen, was erlaubt und was verboten sei. Die islamische Religionspädagogik wird somit zu einer Anwendungsdisziplin im Dienste eines sehr konservativen Verständnisses von Religion.

Durch ein solches Rollenverständnis von Religionslehrern werden die Schülerinnen und Schüler im Religionsunterricht kaum dazu befähigt, ihre eigene Religiosität wahrzunehmen und die Bedeutung religiöser Inhalte individuell zu reflektieren: „Was bedeutet Religion bzw. bedeuten religiöse Inhalte für mich? Welchen Bezug haben diese zu meinem Alltag?"

Moderne religiöse Bildung bezeichnet „alle Begegnungen und Erfahrungen mit Religion, die für das Leben eines Menschen Bedeutung haben und die ihn reicher, reifer und sensibler machen können".[1] Religiöse Bildung gelingt erst, „wenn sie zum Teil einer religiösen Einstellung wird".[2] Religiöse Bildung meint also „eine persönlich ausgeformte bzw. sich ausformende Religiosität, die sich vor allem am Bewusstsein des eigenen Verdanktseins und an der Schönheit des Lebens entzündet".[3] Die Besonderheit einer modernen Religionspädagogik ist gerade ihr Gegenwartsbezug. Daher nimmt sie von allen theologischen Fächern am stärksten an den Veränderungen der modernen Lebenswelt teil.

Eigene Religiosität entwickeln zu können, setzt Freiheit voraus, Bevormundung jedoch blockiert jede Form von Freiheit. Religiöses Lernen geschieht heute weniger durch Autorität, es muss sich vielmehr unter modernen Bedingungen neu begründen. In einer modernen islamischen Religionspädagogik tritt an die Stelle einer monologischen Belehrung des Schülers durch den Lehrer eine dialogische Begegnung von Lehrer und Schüler. Ziel ist die Befähigung zu kritischer Reflexion und die Entfaltung von Emotionalität in religiösen Fragen. Schülerinnen und Schüler sollen befähigt werden, ihr Leben in religiöser Hinsicht selbst entwerfen und diesen Lebensentwurf selbst verantworten zu können. Sie sollten in der Lage sein, zwischen lebensfreundlichen und lebensfeindlichen religiösen Angeboten zu unterscheiden. Es geht vor allem um ein subjektives Betroffensein von Religion.

2. Gottesbilder im Islam

2.1 Hat sich Gott nur im Koran offenbart?

Eine dialogische Gott-Mensch-Beziehung setzt, wie schon oben erwähnt, ein dialogisches Gottesbild voraus, einen Gott also, der zugänglich, der erfahrbar ist. Dem Christentum zufolge offenbarte sich Gott in Jesus Christus, Gott ist Mensch geworden und machte sich dadurch zugänglich, erfahrbar. Im Islam hat sich Gott nicht direkt offenbart, sondern lediglich sein Wort. Ist es aber wirklich so? Hat sich Gott dem Islam nach nicht selbst offenbart?

Den Begriff „Offenbarung" als Selbstmitteilung Gottes kennt die islamische Theologie nicht. Der Koran wird in der traditionellen islamischen Theologie als „Herabsendung" (arab.: tanzīl[4]) oder „Inspiration" (arab.: wahy[5]) bezeichnet.

In der islamischen Ideengeschichte gab es eine lange Diskussion über das Attribut „Rede Gottes" und damit über das Wesen des Korans, und so ergaben sich zwei unterschiedliche Positionen:

2.1.1 Die mu'tazilitische Position

Die Mu'taziliten gelten als die rationalistische Schule im Islam und hatten ihre Blütezeit im 8. und 9. Jahrhundert. Sie lehnten die zu ihrer Zeit verbreitete Vorstellung ab, dass die Attribute Gottes von seinem Wesen zu unterscheiden seien. Sie glaubten nur an das Wesen Gottes; seine Attribute hätten keine unabhängige oder substanzielle Existenz, sondern seien mit seinem Wesen identisch. Es gäbe nur das Wesen Gottes, ohne Akzidenzien. So ist Gott den Mu'taziliten zufolge „wissend in sich selbst", „mächtig in sich selbst", „ewig in Seinem Wesen", „lebendig in Seinem Wesen". Damit wollten sie die Vorstellung eines relational strukturierten Gottes und damit eine Parallele zum christlichen trinitarischen Glauben vermeiden, denn der Gedanke, Gott sei durch diese Beziehung zwischen Wesen und Attributen relational strukturiert, unterscheide sich kaum von der christlichen Vorstellung eines relational strukturierten trinitarischen Gottes. Die Existenz von ewigen Attributen neben Gott wäre zudem auch kein reiner Monotheismus.[6] Das Sprechen Gottes sei jedoch kein Wesensmerkmal, sondern eine Tat Gottes, weshalb Gott sein Reden erschafft. Der Koran als das Wort Gottes ist demnach erschaffen und nicht ewig – und so wäre der Koran schwer als Offenbarung im christlichen Sinne, also im Sinne der Selbstmitteilung Gottes, zu begreifen, denn er ist Gottes Schöpfung und nicht Teil seines Wesens, das er nun offenbart hat.

Die Diskussion um die Erschaffenheit des Korans führte im 9. Jahrhundert zu heftigen Kontroversen und sogar zu Verfolgungen. Sie dauerten von 833 bis 848 n. Chr.

Die Mu'taziliten schreiben menschliches Handeln dem Menschen und nicht Gott zu; der Mensch ist Erschaffer seiner Handlungen. Damit wollten sie einerseits Gott nicht mit dem Bösen in Verbindung bringen – denn Gott würde niemals das Böse erschaffen – und andererseits das Prinzip der Gerechtigkeit, das für sie ein Glaubensgrundsatz ist, bewahren. Wenn Gott gerecht ist, dann würde er die Menschen im Jenseits nicht zur Rechenschaft für Handlungen ziehen, die er erschaffen hat und für die die Menschen ja keine Verantwortung tragen.

Den Mu'taziliten nach handelt Gott nicht nur gerecht, sondern er *muss* gerecht handeln.[7] Damit fällt auch die Lehre von der Prädestination. Der Glaube, dass der Koran ewig ist, birgt die Vorstellung, dass Gott jedes einzelne Ereignis, das im Koran geschildert wird, vorherbestimmt hat. Dies würde wiederum dem Prinzip der Gerechtigkeit widersprechen. Das war ein weiterer Grund für die Mu'taziliten, um an der Nichterschaffenheit des Korans festzuhalten.

2.1.2 Die asch'aritische Position

Der Gelehrte al-Asch'arī (gest. 935 n. Chr.), der ursprünglich ein Mu'tazilit war, lehnte die Vorstellung der Mu'taziliten ab, dass Gott gerecht handeln muss. Gott ist allmächtig und daher zu nichts verpflichtet.[8] Er warf den Mu'taziliten vor, sie würden die Attribute Gottes verleugnen. Al-Asch'arī selbst unterschied zwischen den Wesensattributen[9] und den Tatattributen[10] Gottes. Die Wesensattribute Gottes sind ewige Eigenschaften Gottes, die immer zu ihm gehört haben, mit denen er beschrieben wird, und keineswegs mit deren Gegensätzen. Die Tatattribute hingegen sind diejenigen Attribute, die der Existenz der Welt bedürfen und das Handeln Gottes, nicht sein Wesen, beschreiben.

Zu den Wesensattributen Gottes zählt al-Asch'arī sieben Eigenschaften: allwissend, allmächtig, ewig lebend, allwillentlich (nichts geschieht gegen seinen Willen), allhörend, allsehend und allsprechend (sein Wort ist ewig).[11] Die späteren Mu'taziliten machten auch die Unterscheidung zwischen Wesens- und Tatattributen Gottes, erkannten jedoch nur folgende drei Attribute als Wesensattribute an: allwissend, allmächtig, ewig lebend.[12] Wie schon oben erwähnt, bezeichnen die Mu'taziliten diese Attribute nicht als solche, sondern setzen sie mit dem Wesen Gottes gleich.[13] Für al-Asch'arī sind die Attribute Gottes als von Gott nicht getrennte, ewige Attribute zu sehen. Um dem Vorwurf des Polytheismus zu entgehen, vertraten al-Asch'arī und die Asch'ariten nach ihm die These, Gottesattribute sind weder mit seinem Wesen identisch noch nicht damit identisch,[14] sie sind weder Gott selbst, noch ist Gott ohne sie denkbar.

Nachdem das Sprechen nach asch'aritischer Schule ein ewiges Attribut Gottes und der Koran das Wort Gottes ist, ist der Koran als Selbstrede Gottes ewig und nicht erschaffen. Die uns zugängliche Form dieses ewigen Wortes in arabischer Sprache ist hingegen erschaffen; sie ist der sprachliche Ausdruck der Selbstrede Gottes.[15]

Würde ferner der Mensch seine Taten erschaffen, wie die Mu'taziliten meinen, würde dies bedeuten, dass neben Gott ein anderer Schöpfer existiert. Gott ist aber der einzige Schöpfer und daher Schöpfer menschlicher Handlungen. Um dem Vorwurf der Prädestination zu entgehen, entwickelte al-Asch'arī die Lehre von der Aneignung der Taten (arab.: kasb); demnach ist Gott zwar Erschaffer menschlicher Taten, der Mensch eignet sich diese aber an.

Ein wesentlicher Unterschied zwischen den Mu'taziliten und den Asch'ariten war die Frage danach, ob Gott seine Handlungen an bestimmten Absichten oder Zwecken orientiert. Für die Mu'taziliten war dies ganz klar: Gott handelt nur nach dem Guten, deshalb erschafft er nur das Gute und nie das Böse. Alles Böse in der Welt kommt vom Menschen selbst, nie von Gott. Für die Asch'ariten ist Gott hingegen frei von Absichten in seinen Taten und Urteilen; im anderen Fall würde er von dem, was seine Absicht befriedigt, abhängig sein. Aber er ist der von allem anderen Unabhängige. Al-Asch'arī schrieb als Kritik an die Mu'taziliten: „Ihr meint, Gott würde nie das Böse zulassen und will nur das Gute. Warum gibt es dann so viel Unglauben auf der Erde, hat Gott seinen Willen nicht durchsetzen können? Hat sich der Wille des Teufels stärker durchgesetzt als der Wille Gottes? Die Wahrheit ist aber, es geschieht nichts, was Gott nicht will."[16]

2.1.3 Asch'aritische Gottesvorstellung

Spätestens mit al-Ghazali (gest. 1111 n. Chr.) hat sich die asch'aritische Gottesvorstellung unter den muslimischen Gelehrten etabliert. Problematisch bei dieser Gottesvorstellung ist, dass sie Gott als egoistischen, willkürlichen „Diktator" erscheinen lässt. So hält al-Ghazali es für legitim, dass Gott von seinen Dienern Handlungen verlangt, zu denen sie nicht in der Lage sind. „Wir sagen, es ist legitim, dass Gott von seinen Dienern verlangt, wozu sie gar nicht im Stande sind, und es ist legitim, dass er seine Diener bestraft, ohne dass sie etwas verbrochen haben, und er muss in seinen Entscheidungen und Handlungen nicht das Bessere für sie berücksichtigen. Er muss nicht das Gute belohnen und das Böse bestrafen, der Mensch ist durch seine Vernunft zu nichts verpflichtet, nur die Verkündung ist die Grundlage von Geboten und Verboten (...) Wenn Gott keine Propheten entsandt hätte (um die Botschaft Gottes zu verkünden), wäre dies nichts Verwerfliches von Gott."[17]

Weiter kritisiert er die Mu'taziliten, weil sie die Meinung vertraten, dass Gott das Bessere für die Menschen wählen muss: „Sie haben Gott in seinen Handlungen eingeengt, indem sie sagen, er ist verpflichtet, das Bessere zu tun, wir können ihnen viele Beispiele aus der Praxis für Gottes Handlungen zeigen, die für seine Diener nichts Nützliches an sich haben."[18] Er führt dann ein Beispiel eines Ungläubigen an, den Gott am Gerichtstag in die Hölle schicken müsste, und argumentiert: Würde Gott immer nach dem Guten handeln, hätte er diesen Ungläubigen aber schon als Kind sterben lassen müssen, bevor er seine Vollmündigkeit erreicht und damit im

Jenseits zur Rechenschaft über seinen Unglauben gezogen werden kann.

Al-Ghazali argumentiert dann weiter, dass Gott niemanden für seine guten Taten belohnen muss: „Wenn er [Gott] alle Ungläubigen belohnen und alle Gläubigen bestrafen würde, würde dies ihm zustehen, dies würde auch keinem göttlichen Attribut widersprechen, denn die Verpflichtung des Menschen ist eine Handlung Gottes in Bezug auf sein Eigentum, die Belohnung hingegen ist eine andere Handlung, die Gott aus seiner Großzügigkeit her vollzieht, [...] und wenn ein Diener für seinen Herrn etwas tut, dann hat der Diener keinen Anspruch auf Belohnung, denn es ist die Pflicht des Dieners seinem Herrn zu dienen, würde er dafür eine Belohnung bekommen, wäre dies kein Dienen mehr."[19]

Und weil Gott allmächtig ist, ist er nach der asch'aritischen Schule keinen Gesetzmäßigkeiten unterworfen; somit lehnten sie die Kausalität in der Natur ab. Gott erschafft die Welt mit all ihren Einzelheiten jede Sekunde neu. Das Feuer brennt nicht, weil es in sich die Eigenschaft des Brennens besitzt, sondern weil Gott es jede Sekunde als brennend erschafft; dies kann er jederzeit ändern. Gott greift also direkt immer wieder in die Welt ein. Dies lässt allerdings die Theodizeefrage sehr schwer aus asch'aritischer Sicht beantworten. Asch'ariten würden sagen, Gott darf mit seinem Eigentum tun und lassen, was er will. Für die Mu'taziliten war Gerechtigkeit ein Handeln nach dem Guten und dem Interesse des Menschen. Für die Asch'ariten hingegen ist Gerechtigkeit das Handeln in seinem Eigentum. Gerechtigkeit folgt dem göttlichen Willen. Bei den Mu'taziliten folgt der göttliche Wille der Gerechtigkeit.

2.2 Die Offenbarung Gottes

Obwohl der Islam nicht von Offenbarung im Sinne der Selbstmitteilung Gottes spricht, stellt sich im interreligiösen Dialog zwischen Muslimen und Christen dennoch die Frage: Hat sich Gott nach islamischem Glauben selbst offenbart? Nach asch'aritischer Sicht kann man diese Frage mit einem zögernden Ja beantworten, denn der Koran ist das ewige Wort Gottes, das zwar nicht das Wesen Gottes selbst ist, das jedoch mit ihm seit Ewigkeit in Relation steht; daher ist der Koran der Offenbarung Gottes im christlichen Sinne als Selbstmitteilung Gottes sehr nahe. Dennoch ist es ein zögerndes Ja, denn der Koran, auch als ewiges Attribut Gottes gedacht, ist eben nicht mit dessen Wesen identisch. Dazu kommt, dass nicht alles im Koran eine Beschreibung Gottes ist, es gibt zahlreiche narrative Passagen, aber auch Regelungen für den Gottesdienst sowie für die gesellschaftliche Ordnung, weshalb viele Muslime von der Offenbarung des Willen Gottes im Koran reden und nicht von der Offenbarung Gottes selbst.

Es ist also schwierig zu sagen, der Koran sei die Selbstmitteilung, die Offenbarung Gottes, auch wenn der gesamte koranische Text nach muslimischem Glauben von Gott stammt. Anders gesagt, man kann nicht sagen: Der Koran ist Gott. Das war auch der Grund, warum die Mu'taziliten die Rede Gottes nicht als ein mit dem Wesen Gottes identisches Wesensattribut anerkannt haben, sondern von einem Tatattribut und daher von der Erschaffenheit des Korans sprechen. Es können lediglich die Teile des Korans als Selbstmitteilung Gottes, also als Offenbarung Gottes, bezeichnet werden, in denen Gott sich selbst und seine Handlungen beschreibt.

2.3 Gelebte Spiritualität

Die häufigste Eigenschaft Gottes, die im Koran vorkommt, ist die Bezeichnung *ar-Rahmān* bzw. *ar-Rahīm* (Allerbarmer, der absolut Barmherzige).

Die Selbstbeschreibung Gottes im Koran als barmherzig allein reicht jedoch nicht aus, um seine Barmherzigkeit wahrzunehmen. Die Annahme, Gott habe sich nur im Koran offenbart, macht die Offenbarung lediglich zu einem Brief, den Gott an uns Menschen geschrieben hat, in dem er uns mitteilt, er sei barmherzig. Es ist aber nur ein Brief; auch wenn es ein Liebesbrief ist, so ist es doch lediglich ein Brief. Die Offenbarung Gottes und seine Barmherzigkeit bedeuten jedoch mehr als einen Brief Gottes an die Menschen, sie bedeuten, dass diese Barmherzigkeit für den Menschen zugänglich, also erlebbar und erfahrbar wird, dass Gott erfahrbar wird. Seine

Barmherzigkeit hat Gott nicht nur im Wort (im Koran) offenbart, sondern in der Schöpfung selbst. Jeder Akt der Barmherzigkeit in dieser Welt ist eine Manifestation der Offenbarung der Barmherzigkeit Gottes, denn die Barmherzigkeit Gottes „umfasst alle Dinge“.[20] Der Koran gibt einen Hinweis auf diese Manifestation der Barmherzigkeit Gottes und fordert auf, diese wahrzunehmen: „Schau doch auf die Spuren der Barmherzigkeit Gottes! Schau, wie er die Erde wieder belebt, nachdem sie abgestorben war.“[21] Der Mensch kann durch sein Zutun die Erde fruchtbar machen und damit die Barmherzigkeit Gottes veranlassen. Somit erhält die Offenbarung einen dialogischen Charakter, denn der Mensch selbst kann sie hervorrufen und veranlassen, indem er barmherzig und gütig handelt. Dies ist auch der Auftrag an den Menschen. Als der Prophet Muhammad von einem Mann danach gefragt wurde, wo Gott sei, zeigte er auf einen armen Menschen und sagte: „Geh zu dem armen Menschen, dort findest du Gott.“ Dort, wo man eine Hand der Barmherzigkeit und der Güte ausstrecken kann, manifestiert sich Gott, dort ist Barmherzigkeit, dort ist Gott. Dort, wo eine Mutter ihr Kind umarmt, dort, wo man einen Menschen anlächelt, überall dort, wo man ein Zeichen der Güte, der Liebe und der Barmherzigkeit setzt, dort veranlasst man die Offenbarung der Barmherzigkeit Gottes, dort macht man Gott erfahrbar.

Wie bereits erwähnt, ist „barmherzig“ das Attribut, mit dem sich Gott im Koran am häufigsten beschreibt. 113 der 114 koranischen Suren beginnen mit der Formel „Im Namen Gottes des Allerbarmers, des Barmherzigen“. Seine Barmherzigkeit beschreibt Gott im Koran als absolut. Das Einzige, zu dem sich Gott im Koran selbst verpflichtet hat, ist die Barmherzigkeit. In der 6. Sure, Vers 12 heißt es: „Er hat sich selbst der Barmherzigkeit verpflichtet.“ Diese Aussage wiederholt sich in derselben Sure im Vers 54. Der Koran geht sogar einen Schritt weiter: Er stellt die Barmherzigkeit nicht nur als Attribut Gottes dar, sondern als Wesenseigenschaft Gottes, ja setzt sie Gott gleich. So heißt es in Sure 17, Vers 110: „Ruft Allah, oder ruft *ar-Rahmān* (den absolut Barmherzigen), egal was ihr ruft, ihm gehören die edelsten Namen“; hier wird „Allah“ mit *ar-Rahmān* gleichgesetzt. In Sure 7, Vers 56 verwendet der Koran das arabische Wort für „nah“, ein Adjektiv im Maskulinum, das jedoch auf *rahma*, die

Barmherzigkeit Gottes, bezogen wird, obwohl diese im Arabischen feminin ist. So lautet der Vers: „Die Barmherzigkeit Gottes [*rahma*], er ist nah." Grammatikalisch korrekt müsste der Vers lauten: „Die Barmherzigkeit Gottes, sie ist nah". Das Wort Gott „Allah" wird im Koran immer als Maskulinum behandelt; der angeführte Vers setzt also Gott mit der Barmherzigkeit gleich, weshalb er das maskuline Adjektiv verwendet, um das im Arabischen feminine Wort *rahma* (Barmherzigkeit) zu beschreiben. An dieser Stelle muss kritisch angemerkt werden, dass weder die Mu'taziliten noch die Asch'ariten die Barmherzigkeit Gottes als Eigenschaft oder als Wesensattribut Gottes genannt haben.

Die islamische Formel „Allahu Akbar", die mehrmals im islamischen Gebetsruf wiederholt und mit der das islamische rituelle Gebet eingeleitet wird, bedeutet „Gott ist größer". Die Formel verrät allerdings nicht: größer als was. Die Asch'ariten, die sich am stärksten unter den Kalam-Schulen (Schulen der islamischen systematischen Theologie oder Scholastik) etabliert haben, interpretieren diese Formel im Sinne der Allmacht Gottes. Demnach bedeutet „Allahu Akbar": „Gottes Macht ist größer als jede andere Macht im Universum." Gott ist also allmächtig, und deshalb ist es ihm überlassen, zu tun und zu lassen, was er will.[22]

Indem die Formel „Allahu Akbar" nicht verrät, worauf sich der Superlativ „größer als" bezieht, will sie jedoch nichts anderes sagen, als dass Gott größer ist als gedacht werden kann. Kann man nun einen Gott denken, der größer ist als ein allmächtiger Gott? Anders gefragt, kann man einen Gott denken, der die Menschen mit Mitteln jenseits der Allmacht für sich gewinnen möchte?

Diese Frage wird hier mit einem klaren Ja beantwortet. Ein Gott, der uns zu sich mit Mitteln der Liebe und Barmherzigkeit ruft, ist größer, denn dieser Gott will uns nicht zwingen, nicht manipulieren, uns keine Angst machen, sondern er will, dass wir uns in Freiheit, aus einer inneren Überzeugung und im Vertrauen auf seine Barmherzigkeit zu ihm wenden.

Die Formel „Allahu Akbar" hilft uns, die nachfolgenden Fragen zu beantworten.

Wenn Gott größer ist, als gedacht werden kann, kann er den Menschen nicht deshalb erschaffen haben, weil er den Menschen oder die Schöpfung braucht. Auch nicht deshalb, weil er verherrlicht werden will, denn ein vollkommener Gott ist auf jeden Fall größer als ein Gott, der die Schöpfung benötigt oder auf sie angewiesen ist, um verherrlicht zu werden und um sich in seiner Majestät bestätigt zu fühlen.

Wenn Gott aber nicht verherrlicht werden will, warum hat er dann den Menschen erschaffen? Die Sure 55 im Koran gibt eine klare Antwort darauf: aus seiner bedingungslosen Barmherzigkeit heraus.[23] Gott ist vollkommen barmherzig, auch ohne Schöpfung. Er braucht die Schöpfung nicht, um barmherzig zu sein, oder damit sich seine Barmherzigkeit vollendet. Gott war immer da und die Barmherzigkeit als seine Wesenseigenschaft war dadurch auch immer da. Nur die Offenbarung dieser Barmherzigkeit, die Offenbarung Gottes selbst, seine Selbstmitteilung, bedarf der Akteure, die in der Lage sind, sie zu erfahren. Die Offenbarung der Barmherzigkeit Gottes kann sich nur in Beziehung zur Schöpfung verwirklichen; sie macht die Schöpfung notwendig. Die Entscheidung zur Offenbarung seiner Barmherzigkeit ging ebenso aus seiner Barmherzigkeit hervor.

Das impliziert aber, dass alle göttlichen Anweisungen, unabhängig davon, ob sie den Gottesdienst oder die gesellschaftliche Ordnung betreffen, nicht als solche zu verstehen sind, die Gott für sich benötigt, sondern als solche, die der Mensch braucht. Dies impliziert wiederum, dass, wenn Gott sich im Koran als zornig bezeichnet, wenn seine Gebote nicht eingehalten werden,[24] dann nicht deshalb, weil er in seiner Herrlichkeit gekränkt oder beleidigt ist, sondern sein Zorn entspringt der Barmherzigkeit und Besorgnis um den Menschen. Gottes Zorn ist für den Menschen und richtet sich gegen Ungerechtigkeiten gegenüber Menschen, und nicht, weil er nicht zu Genüge verherrlicht wird. Denken wir Gott als wütend, wenn seine Gebote nicht eingehalten werden, weil er sich übergangen und missachtet fühlt, dann denken wir Gott nicht als vollkommen, denn es gibt einen größeren Gott als diesen: einen, dem es eben nicht um sich selbst geht, sondern um den Menschen. Dieses Verständnis öffnet uns Muslimen eine andere Perspektive des Verstehens auf Gottes Gebote und Verbote: Der Blick wird damit Richtung Mensch gelenkt. Die Gebote dienen dem Menschen, seiner Vervollkommnung und seiner Glückseligkeit und nicht Gott selbst. Indem Gott den Menschen erschuf, machte er den ersten Schritt auf ihn zu. Er erschuf den Menschen aus seiner Barmherzigkeit und machte damit dem Menschen schon durch den Schöpfungsakt eine Liebeserklärung. Nun gibt es zwei Möglichkeiten, mit Gott in einen Dialog zu treten und ihm auf seine Liebeserklärung eine Antwort zu geben. Einmal, durch die Liebe und Barmherzigkeit zu seiner Schöpfung; damit veranlasst man dann im selben Akt wieder Liebe und Barmherzigkeit Gottes, und die Antwort Gottes zeigt sich schon in unserer Antwort selbst. Und die zweite Möglichkeit besteht in der Kommunikation mit Gott im Gebet und außerhalb des Gebets. Im Gebet hat man die Möglichkeit, sich vom Alltagsleben zurückzuziehen und sich intensiver Gott zuzuwenden, mit ihm zu reden, sich bei ihm für seine Liebe und Fürsorge zu bedanken und ihn zu lobpreisen. Religiöse Rituale sind somit nicht nur eine Möglichkeit der Vervollkommnung des Menschen, sondern auch die des Dialogs mit Gott.

Der barmherzige und vollkommene Gott ruft den Menschen mit Mitteln der Liebe und Barmherzigkeit zu sich und will, dass der Mensch in voller Freiheit zu ihm, zum Guten findet und sich dafür entscheidet. Dies impliziert, dass der Mensch die Freiheit und Möglichkeit haben muss, sich für oder gegen Gott zu entscheiden. Daher ist die Existenz des bösen Weges (des Teufels) genauso wichtig wie die Existenz des guten Weges; beide Möglichkeiten müssen dem Menschen offen stehen. So heißt es im Koran: „Er [Gott] hat jeder Seele die ihr eigene Sündhaftigkeit und Frömmigkeit eingegeben."[25]

Aus seiner Barmherzigkeit macht Gott den Menschen im Koran auf beide Wege aufmerksam und appelliert an ihn, sich für den guten Weg zu entscheiden, greift selbst jedoch nicht manipulierend ein. Deshalb zeigt er sich selbst nicht direkt dem Menschen, sonst bliebe diesem keine andere Wahl, als sich für Gott zu entscheiden. Dies wäre keine Zusage an Gott in Freiheit.

3. Junge Muslime in Deutschland und Spiritualität

Die Begegnung des Islam mit Europa im Zuge der Arbeitermigration führte zu Identitätsverunsicherungen auf beiden Seiten. Wenn wir heute in Deutschland von Muslimen sprechen, dann sprechen wir hauptsächlich von den ehemaligen „Gastarbeitern", die in Folge der Anwerbeabkommen in den 1960er und 70er Jahren als Arbeitskräfte nach Deutschland kamen, von deren Familien, die in den 80er Jahren im Zuge der Familienzusammenführung nachgekommen sind, sowie von deren Nachkommen, die mittlerweile in zweiter und dritter Generation in Deutschland geboren wurden. Es ist mehr oder weniger ein Zufall, dass es sich beim Großteil der ehemaligen „Gastarbeiter" um Muslime handelt. So vermischen sich soziale Kategorien mit ethnischen, nationalen und religiösen.

Sprach man in den 1960er und 70er Jahren von „Gastarbeitern", so begann man in den 80er und 90er Jahren, als die Arbeitermigration durch die Familienzusammenführung sichtbar geworden war, von den „Ausländern" zu sprechen. Spätestens seit dem 11. September 2001 spricht man von den „Muslimen", gemeint sind aber noch immer die ehemaligen Gastarbeiter und deren Nachkommen. Mit dieser Verschiebung der Wahrnehmung wurden aus den „Gastarbeitern" „Muslime", und aus den typischen sozialen Problemen einer Gastarbeiterschaft religiöse Probleme. Man hört nicht selten Aussagen wie: „Sie sprechen schlecht Deutsch, weil sie Muslime sind" oder „Sie sind im Schulsystem und am Arbeitsplatz nicht erfolgreich, weil sie Muslime sind". Die Kategorie „Muslim-Sein" rückt als Deutungsmuster für soziale Defizite der Gastarbeiterschaft immer stärker in den Vordergrund. Die Religion sei das Problem, sei das Integrationshindernis, heißt es. Muslime finden sich entsprechend in einer Rechtfertigungsposition wieder. Betrachtet man die Debatten der vergangenen Jahre um das Thema Islam, dann sind diese entweder überschattet von sicherheitspolitischen Fragen oder es geht um Moscheebauten, Minarette und das Kopftuch. Und wer die Ankunft der Muslime in Europa als Sicherheitsproblematik begreift, wird voraussichtlich früher oder später auch der eigenen Angst erliegen und im Islam und in den Muslimen nur noch eine Gefahr und Bedrohung sehen.

Die Bedeutung der Religion in der zweiten und dritten Generation differenziert sich stark aus. Das begründet sich dadurch, dass diese Generationen in ihrer Sozialisation, Sprache und Identitätsentwicklung stärker einer Spannung zwischen den Orientierungen der Herkunfts- und der Aufnahmegesellschaft ausgesetzt sind und ihnen daher Religion als (mögliche) Bewältigungsstrategie dient. Die Erwartungen der Jugendlichen an die europäischen Gesellschaften sind hoch. Hier, wo sie geboren und aufgewachsen sind, wünschen sie sich eine Heimat, die ihnen nicht nur Chancengleichheit im Bildungssektor, am Arbeitsmarkt und am Wohnungsmarkt bietet, sondern auch eine innere Heimat, in der sie sich als anerkannte Menschen entfalten können.[26] Werden diese Erwartungen nicht erfüllt und haben die Jugendlichen das Gefühl, diskriminiert zu sein, dann kommt es zu unterschiedlichen Reaktionen.

Viele Jugendliche greifen bei der Suche nach einem sicheren „Wir-Gefühl" reaktiv auf die Religion zurück. Diese Form der islamischen Identität bezeichne ich als „Schalenidentität".[27] „Schalenmuslime" gründen sich auf ausgehöhlte Identitäten. Sowohl die Religion als auch die nationale Herkunft bilden das Reservoir für die Herausbildung von kollektiven Identitäten, derer sich diese Jugendlichen bedienen, wenn die Situation es verlangt. Die Religion bietet ihnen Schutz vor dem „Anderen". Durch den Islam, der vor allem als Bindeglied zu anderen Migrantenjugendlichen gesehen wird, können sie ein Gefühl der Sicherheit aufbauen. Für die erste Generation war dies weniger problematisch, da die Erwartungen andere waren. Nun kommt es aber bei Jugendlichen der zweiten Generation zu einer Umwertung: Hier geboren und aufgewachsen, erwarten sie, eine Heimat zu finden. Bei Nichterfüllung dieses Anspruchs beginnen die Jugendlichen, kulturelle Gegensätze zu konstruieren oder vorhandene Gegensätze zu übertreiben. Gemeinsamkeiten in den Ein- und Vorstellungen, aber auch religiöse Gemeinsamkeiten werden heruntergespielt. Ein offenes Islamverständnis, das nicht nur Gemeinsamkeiten mit den anderen Weltreligionen betont, sondern auch das im Koran verankerte Prinzip der Würdigung aller Menschen als Menschen – unabhängig davon, welcher Weltanschauung sie angehören – spricht diese Jugendlichen weniger an, ebenso fühlen sich die wenigsten von der Rede Gottes angetan, denn sie suchen nach Elementen in der Religion, die ihr Anderssein betonen sollen. Hier besteht die Gefahr der Instrumentalisierung der Religion im Sinne einer Rückbesinnung, die sich durch das Festhalten an sichtbaren Symbolen äußert, um auf der Basis religiöser Differenz Grenzen zwischen Kollektiven zu ziehen. Spirituelle Aspekte der Religion rücken dabei völlig in den Hintergrund. Auf die Frage nach der Identifikation der Jugendlichen mit dem Islam antworten die meisten, dass sie sich als stolze Muslime fühlen.

Hier könnte schnell der falsche Eindruck entstehen, dass die Jugendlichen ein starkes und stabiles Verhältnis zum Islam haben. Studien zeigen jedoch, dass es für diese Jugendlichen einfacher ist, auf abstrakte Kategorien wie Religion zurückzugreifen und die Fremdzuschreibung „ihr Muslime“ zur Eigenzuschreibung „wir Muslime“ zu machen.[28] Plötzlich rückt die religiöse Identität, die bislang nur im Hintergrund Teil des Türke-Seins, des Ägypter-Seins war, in den Vordergrund. In Gesprächen zeigt sich allerdings rasch, dass die Jugendlichen wenig Wissen und Informationen über den Islam haben; ihre Kenntnisse beschränken sich auf das, was sie zu Hause beiläufig erfahren. Dadurch kommt es bei ihnen zur verstärkten Vermischung von Heimattraditionen und religiösen Normen.

Eine immer stärkere Identifikation mit dem Islam, ohne eine reflexive Beschäftigung mit diesem führen zur Aushöhlung der Religion. Denn es geht bei dieser Identifikation mit dem Islam nicht um Spiritualität, um Gotteserfahrung, um Inhalt, sondern lediglich um die äußere, identitätsstiftende Fassade. Dies stellt gerade für die islamische Religionspädagogik in Deutschland eine große Herausforderung dar.

4. Spiritualität in der Religionspädagogik

Die religiöse Erziehung muslimischer Jugendlicher in Deutschland muss dieser Entwicklung der Aushöhlung der Religion Rechnung tragen und durch die Betonung der spirituellen Inhalte der Religion dieser eine andere Bedeutung geben. Aufgabe einer zeitgemäßen islamischen Religionspädagogik ist es daher nicht, jungen Menschen einen Katalog an Erlaubtem und an Verbotenem zu vermitteln und Heranwachsende somit zur unkritischen Befolgung religiöser „Gesetze“ anzuhalten, was den Prozess der Aushöhlung des Islam nur begünstigt. Vielmehr sollen junge Menschen zur kritischen Reflexion von Traditionen, die sich mit humanen Werten nicht vereinbaren lassen, angehalten und dazu befähigt werden, ihre freie individuelle Selbstbestimmung als Muslime auf Basis eines offenen Islamverständnisses im Sinne einer spirituellen und ethischen Religion und weniger einer Gesetzesreligion zu entfalten. Sie sollen den Sinn ihrer Religiosität für sich entdecken, sie sollen Gott als den absolut Barmherzigen, der auf ihrer Seite ist und ihnen bedingungslos Liebe schenkt, kennen lernen und erfahren.

Die gottesdienstlichen Praktiken, wie das fünfmalige Gebet am Tag oder das Fasten im Ramadan, haben im Islam einen hohen Stellenwert, sind jedoch kein Selbstzweck. Daher vermeide ich den Begriff „Gottesdienst“, da er suggeriert, dass es sich bei religiösen Ritualen um einen Dienst an Gott handelt. Der Koran betont hingegen, dass es um Frömmigkeit im Sinne der Vervollkommnung des Menschen und nicht um ausgehöhlte Rituale geht: „Die Frömmigkeit besteht nicht darin, dass ihr euch (beim Gebet) mit dem Gesicht nach Osten oder Westen wendet. Sie besteht vielmehr darin, dass ihr glaubt (…) und von eurem Geld spendet (…). Frömmigkeit zeigen diejenigen, die ihr Versprechen einhalten und die in Not und Ungemach geduldig sind.“[29] Religiöse Rituale sind dabei ein wichtiges Hilfsmittel, um sich eine Auszeit zu nehmen, in sich zu gehen und an sich und seinen Schwächen zu arbeiten, aber auch um eine spirituelle Beziehung zu Gott, aus der Liebe und Barmherzigkeit geschöpft wird, zu stärken. Somit findet Spiritualität ihren Ausdruck auch im Handeln des Menschen in der Gesellschaft. Der Prophet Muhammad bezeichnete das Herz als Ort der Frömmigkeit; je frommer der Mensch ist, desto mehr Demut und Bescheidenheit, aber auch Liebe und Barmherzigkeit trägt er in seinem Herzen für alle Geschöpfe.

Aufgabe einer zeitbezogenen islamischen Religionspädagogik ist es weiter, eine Philosophie des Guten als normative Grundlage für die Handlungen des Einzelnen zu formulieren. Heranwachsende sollten den Islam nicht als Ansammlung von Einzelgesetzen und fertigen Antworten verstehen, sondern sie sollten dazu befähigt werden, auf Basis der Philosophie des Guten je nach Lebenskontext Antworten auf Alltagsherausforderungen zu finden, die sowohl mit ihrem religiösen Selbstverständnis als Muslime als auch mit ihrem Selbstverständnis als Europäer harmonieren. Dabei ist das Herz als Stätte der Frömmigkeit Hauptadressat der islamischen Erziehung; der Prophet Muhammad beschrieb seinen Auftrag wie folgt: „Ich wurde entsandt, um die guten Charaktereigenschaften zu vervollkommnen!“[30] Als einmal ein Mann zum Propheten kam, um ihn nach dem Guten und dem Verwerflichen zu fragen, erhielt er keine Liste an guten und schlechten Dingen, sondern folgenden Rat: „Frag dein Herz!“ Dies wiederholte er dreimal, und sagte weiter zu ihm: „Das Gute ist, was du mit deinem Herzen vereinbaren kannst, und schlecht ist, was dein Herz ablehnt, auch wenn die Menschen dir immer und immer wieder etwas anderes als Fatwa (islamisches Rechtsgutachten) vorgeben.“[31] Dem Propheten Muhammad ging es also um die spirituelle und ethische Erziehung des Gewissens zu einem Maßstab für humanes Handeln, nicht um die Unterwerfung aller Lebensbereiche unter ein religiöses Gesetz. Er war es, der sagte: „Ihr kennt euch in Dingen, die euren Alltag betreffen, besser aus als ich. In Angelegenheiten, die den Gottesdienst betreffen, sollt ihr euch aber an mich wenden.“[32] Sein Herz zu läutern bedeutet, seine Schwächen und seine schlechten Charaktereigenschaften zu erkennen, sich damit zu konfrontieren und daran zu arbeiten, sein Ego unter Kontrolle zu bekommen. Die Rolle des Koran und der prophetischen Tradition (Sunna) dabei ist, den Menschen beim Prozess des Läuterns seines Herzens zu unterstützen, ihn an seine menschlichen Schwächen, an seine Bestimmung als verantwortungsvollen Verwalter und an seine ethische und soziale Verantwortung seinen Eltern, Verwandten, den Armen, Schwachen, seiner Gesellschaft und der ganzen Menschheit gegenüber zu erinnern und vor allem daran, dass wir Menschen nur aus der bedingungslosen Liebe Gottes erschaffen wurden. Die Antwort auf Liebe kann nur Liebe sein, Gott zu lieben bedeutet aber seine Schöpfung zu lieben. Prophet Muhammad erzählte: „Im Jenseits wird Gott einen Mann fragen: ‚Ich war krank und du hast mich nicht besucht, ich war hungrig und du hast mir nichts zu essen gegeben und ich war durstig und du hast mir nichts zu trinken gegeben‘, der Mann wird daraufhin erstaunt fragen: ‚Aber du bist Gott, wie kannst du krank, durstig oder hungrig sein?!‘, da wird ihm Gott antworten: ‚An einem Tag war ein Bekannter von dir krank und du hast ihn nicht besucht, an einem Tag war ein Bekannter von dir hungrig und du hast ihm nichts zum Essen gegeben und an einem Tag war ein Bekannter von dir durstig und du hast ihm nichts zum Trinken gegeben.‘“

5. Abschließende Reflexion

In der islamischen Lehre steht die persönliche Beziehung des Menschen zu Gott im Mittelpunkt. Religiosität bedeutet jedoch nicht, dem Leben den Rücken zuzukehren, um sich ausschließlich auf Gott zu konzentrieren. Religiosität hat vielmehr das Ziel der Vervollkommnung des Menschen. Dies geschieht nicht lediglich durch das Einhalten religiöser Rituale, sondern durch viele kleine Dinge im Alltagsleben des Menschen. Religiosität in diesem Sinne bedeutet, die Liebe und Barmherzigkeit in allen Dingen zu entdecken bzw. Liebe und Barmherzigkeit allen Dingen zu schenken. Religiosität ist daher keineswegs ein egoistisches Konzept, um sich selber zu retten, sondern ist ein Raum des Dialogs mit Gott und seiner Schöpfung. Ein Dialog mit der Schöpfung Gottes ist zugleich ein Dialog mit Gott selbst. Wer dies erkennt, gestaltet sein Verhältnis zur Schöpfung anders. Gerade was den islamischen Kontext betrifft, ist das oben dargelegte Bild der Barmherzigkeit Gottes und das Verständnis der Offenbarung als dialogisches Konzept entscheidend für ein Verständnis von Spiritualität jenseits von Unterwerfung und Gehorsam. Würde es nur um Unterwerfung unter das göttliche Gesetz gehen, wäre die Frage nach dem spirituellen Gehalt dieser Unterwerfung uninteressant, denn es ginge nur um die Unterwerfung selbst, um das Einhalten des Gesetzes. Die Religion würde dann aber ihres eigentlichen Sinnes beraubt werden. Die im dritten Kapitel geschilderte Situation junger Muslime in Deutschland sollte ein weiterer Anlass sein, das traditionelle Verständnis vom Islam als Gesetzesreligion kritisch zu reflektieren. Junge Menschen suchen nach

Orientierung, nach Sinn in ihrem Leben. Eine ausgehöhlte Religion bietet ihnen zwar Identifikationssymbole, jedoch keine Sinnstiftung und lässt ihre spirituellen Bedürfnisse unbefriedigt.

Anmerkungen

*Für den Artikel wichtige Literatur:

Abd al-Jabbār 1988: al-Qāhī hAbd al-Jabbār, šarh al-uhūl al-hamsa (Die Erklärung der fünf Glaubensgrundsätze), Kuwait 1988, S. 168.

Al-Ašharī 1977: Abu al-Hasan al-Ašharī, al-ibāna (Die Darlegung), Kairo 1977.

Al-Ghazali 1994: Abu Hamid al-Ghazali, al-iqtihād fi-l-ihtiqād (Das zielstrebige Vorgehen im dogmatischen Räsonnieren), Damaskus 1994.

As-Sayid 2001: Muhammad as-Sayid, madhal ila hilm al-kalām (Einführung in die islamische systematische Theologie), Kairo 2001.

Oliver Hämmig, Zwischen zwei Kulturen, Opladen 2000.

Heitmeyer u.a., Verlockender Fundamentalismus, Frankfurt a.M. 1997.

Mouhanad Khorchide, Die Bedeutung des Islam für MuslimInnen der zweiten Generation, in: Hilde Weiss (Hg.), Leben in zwei Welten. Zur sozialen Integration ausländischer Jugendlicher der zweiten Generation. Wiesbaden 2007, S. 217–242.

Mouhanad Khorchide, Die Dialektik von Religiosität und Gesellschaft – Zur Identitätskonstruktion junger Muslime in Europa, in: Bülent Ucar (Hg.), Die Rolle der Religion im Integrationsprozess. Die deutsche Islamdebatte. Frankfurt am Main 2010, S. 365–385.

Kunstmann, Religionspädagogik. Eine Einführung, Tübingen u.a. 2004.

Ursula Mehrländer, Türkische Jugendliche – keine beruflichen Chancen in Deutschland, Bonn 1983.

Sigrid Nökel, Die Töchter der Gastarbeiter und der Islam, Hamburg 2002.

Nikola Tietze, Ausgrenzung als Erfahrung, Bielefeld 2006.

Ahmed Subhī, fī hilm al-kalām (Über die islamische systematische Theologie), Band 1: al muhtazila (Die Mu'taziliten), Band 2: al ašāhira (Die Asch'ariten), Beirut 1985.

1 Kunstmann, Religionspädagogik. Eine Einführung, Tübingen u.a. 2004, S. 45.

2 Ebd.

3 Ebd.

4 Vgl. Sure 17, 105; Sure 26, 193; Sure 2, 176; Sure 3, 3; Sure 4, 136; Sure 7, 196; Sure 25, 1; Sure 39, 23; Sure 2, 23; Sure 4, 47; Sure 15,9; Sure 76, 23; Sure 17, 106; Sure 2, 97; Sure 16, 44.

5 Vgl. Sure 4, 163; Sure 12, 3; Sure 42, 7; Sure 6, 19; Sure 18, 27; Sure 43, 43; Sure 53, 4; Sure 20, 114.

6 Vgl. Muhammad as-Sayid, madhal ila hilm al-kalām (Einführung in die islamische systematische Theologie), Kairo 2001, S. 238–240; Subhī 1985: Ahmed Subhī, fī hilm al-kalām (Über die islamische systematische Theologie), Band 1: al muhtazila (Die Mu'taziliten), S. 121–123.

7 Vgl. as-Sayid 2001, S. 242–244.

8 Vgl. Subhī 1985, Band 2, 61–63.
9 Arab.: hifāt ah-hāt.
10 Arab.:hifāt al-afhāl.
11 Vgl. Subhī 1985 Band 2, S. 61f.
12 Vgl. Abd al-Jabbār 1988: al-Qāhī Abd al-Jabbār, šarh al-uhūl al-hamsa (Die Erklärung der fünf Glaubensgrundsätze), Kuwait 1988, S. 168.
13 Ihnen wurde zu Unrecht vorgeworfen, sie würden Gottes Attribute verleugnen.
14 Vgl. Subhī 1985, Band 2, al ašāhira (Die Asch'ariten), S. 62; vgl. auch al-Ghazali 1977, S. 122.
15 Vgl. al-Ašharī 1977, S. 30f.
16 Ebd., S. 163f.
17 Abu Hamid al-Ghazali, al-iqtihād fi-l-ihtiqād (Das zielstrebige Vorgehen im dogmatischen Räsonnieren), Damaskus 1994, S. 144f.
18 Ebd., S. 163f.
19 Ebd., S. 165.
20 Sure 7, 156.
21 Sure 30, 50.
22 Vgl. Subhī, Band 2, S. 45f.
23 Vgl. Sure 55, Verse 1–3.
24 Vgl. Sure 16, 106 und Sure 20, 81.
25 Sure 91, 7–8.
26 Vgl. Ursula Mehrländer, Türkische Jugendliche – keine beruflichen Chancen in Deutschland, Bonn 1983
27 Vgl. Mouhanad Khorchide, Die Bedeutung des Islam für MuslimInnen der zweiten Generation, in: Hilde Weiss (Hg.), Leben in zwei Welten. Zur sozialen Integration ausländischer Jugendlicher der zweiten Generation. Wiesbaden 2007, 217–242. Khorchide 2010: Mouhanad Khorchide, Die Dialektik von Religiosität und Gesellschaft – Zur Identitätskonstruktion junger Muslime in Europa, in: Bülent Ucar (Hg.), Die Rolle der Religion im Integrationsprozess. Die deutsche Islamdebatte. Frankfurt am Main 2010, 365–385.
28 Vgl. Oliver Hämmig, Zwischen zwei Kulturen, Opladen 2000; Nökel, Die Töchter der Gastarbeiter und der Islam, Hamburg 2002; Nikola Tietze, Ausgrenzung als Erfahrung, Bielefeld 2006; vgl. auch Heitmeyer u.a., Verlockender Fundamentalismus, Frankfurt a.M. 1997
29 Sure 2, 177.
30 Nach Überlieferung bei Ahmed, Nr. 8595.
31 Nach Überlieferung bei Ahmad, 4/228.
32 Vgl. Überlieferungen bei Muslim Nr. 2361, 2362 u. 2363.

Kadir Sanci

Toleranz aus islamischer Sicht

Die Fachliteratur über islamische Toleranz lässt sich in zwei Kategorien unterteilen. Von muslimischer Seite aus wird eine uneingeschränkte Ausübung von Toleranz, die sich wie ein roter Faden durch die islamische Geschichte zieht, gepredigt. In Zeiten, in denen die Vertreter des Islam politische Verantwortung übernahmen,[1] hätten diese Gläubigen der anderen Schriftreligionen Orte der freien Religionsausübung zur Verfügung gestellt und für ihre Sicherheit garantiert. Islamwissenschaftliche Arbeiten wiederum bezeichnen eine solche Toleranz eher als Duldung und nicht als Akzeptanz des anderen. So bezeichnet A. Khoury die Beziehung der Muslime und des islamischen Staates zu den Nicht-Muslimen als eine „relative Toleranz", die von einer „relativen Intoleranz" begleitet wurde. In den Augen des Islam seien nach Khoury die Andersgläubigen zwar nicht recht- und schutzlos, wären aber als Bürger zweiten Ranges zu verstehen. Ihm zufolge sind die Rechte der Minderheiten im islamischen Staat zwar in Belangen wie der sozialen Handlungsfreiheit, Wirtschaft und Religionsfreiheit denen der Muslime weitgehend angeglichen, aber nicht gleichgestellt.[2] So wie damals in den theokratisch aufgebauten Staatssystemen eine absolute Gleichstellung der unterschiedlichen Religionsangehörigen besonders auf politischer Ebene nicht vorstellbar war, kann in den Nationalstaaten unserer Zeit die vollkommene Gleichberechtigung von Bürgern anderer Staatsangehörigkeiten nicht erwartet werden.[3] Die Frage ist, ob die uneingeschränkte Gleichberechtigung als Messinstrument der Toleranz dienen kann.

Diese beiden Richtungen weisen im Grunde auf unterschiedliche Auffassungen des Begriffes „Toleranz" hin. Daher scheint es angebracht, den entsprechenden Terminus des islamischen Sprachgebrauchs, „*tasāmuh*",[4] zu definieren. *Tasāmuh* beschreibt sowohl die verzeihende als auch die nachsichtige Gesinnung des Menschen gegenüber einer anders denkenden oder handelnden Person. In der reichhaltigen *Adab*-Literatur werden den Gläubigen diesbezüglich bestimmte Verhaltensregeln ans Herz gelegt. Es ist ein Gebot, stets positiv über andere Menschen zu denken. Notfalls gilt es, die Augen vor den Fehlern anderer zu verschließen, damit die guten Gedanken nicht von bedauerlichen Ereignissen getrübt werden. Die Meinungen anderer verdienen Respekt, auch wenn sie für die eigene Person nicht vertretbar sind. Zu empfehlen ist, auf das eigene Recht zu verzichten und zu verzeihen. Demzufolge sollte ein „idealer Muslim" in seiner religiösen Überzeugung, politischen Einstellung und seiner Position zu gesellschaftspolitischen Fragen nicht hochmütig sein. Nicht nur gegenüber Vertretern anderer Religionen oder Weltanschauungen ist Sanftmut zu zeigen; auch in äußersten Fällen, etwa Straftätern gegenüber, kann man bis zu einem gewissen Grad versöhnlich sein.[5]

In Bezug auf die Toleranz scheint im Islam die Anerkennung nicht zwingend zu sein. Sie soll dem Andersdenkenden bzw. -glaubenden eher Raum zum Leben und Überleben ermöglichen. Eine Gleichberechtigung scheint ebenfalls nicht beabsichtigt zu sein. Nach einem kurzen Überblick über die Grenzen der Toleranz in den Primärquellen des Islam sowie den Auswirkungen dieser Gebote auf die Praxis kann abschließend auf die Frage eingegangen werden, inwieweit die Minderheiten in islamischen Staaten Gleichberechtigung genießen durften und ob die Verwirklichung der Gleichstellung aus islamischer Sicht in Zukunft möglich wäre.

Die Offenbarungszeit des Korans von rund 23 Jahren wird grob in zwei Abschnitte unterteilt – nämlich in die mekkanische (610–622) und in die medinensische Periode (622–632). Die mekkanische Periode war für die ersten Muslime die Zeit der Unterdrückung, der Diskriminierung, der Folter und der Hungersnot. Als Minderheit litten sie unter der Herrschaft der polytheistischen Mekkaner. Erst nach der Auswanderung nach Medina konnten sie ihre Anerkennung erlangen und ihren Platz in der Gesellschaft einnehmen. Durch soziales und politisches Engagement entwickelte sich die kleine Gemeinde zur führenden Mehrheitsgesellschaft.

In der mekkanischen Zeit wurde Sure 30 Vers 22 offenbart: *„Und unter Seinen Zeichen sind die Erschaffung der Himmel und der Erde wie auch die Vielfalt eurer Sprachen und Hautfarben. Wahrlich, darin sind*

Zeichen für Wissende."[6] Die Anerkennung der gesellschaftlichen Pluralität, die zwischenmenschliche Beziehungen und Toleranz fördern soll, ist jedoch nicht nur eine Erscheinung der mekkanischen Periode. Vom Koranexegeten Muqātil (gest. 767) erfahren wir, dass Prophet Muhammad unmittelbar nach der Eroberung Mekkas[7] Bilal, einen ehemaligen Sklave aus Abessinien, bittet, den ersten Gebetsruf in der Heimatstadt öffentlich vorzutragen. Dieser Bitte geht Bilal nach und löst dadurch ein Gespräch unter drei polytheistischen Mekkanern aus. „Attāb ibn Asîd preist Gott dafür, dass Er seinen Vater zu sich genommen hat, so dass er diesen Tag nicht miterleben musste."[8] Dieser verächtliche Kommentar über einen Schwarzafrikaner gilt als Offenbarungsanlass[9] für Sure 49 Vers 13: *„O ihr Menschen! Wir haben euch fürwahr aus Mann und Frau erschaffen und euch zu Völkern und Stämmen gemacht, damit ihr euch gegenseitig kennenlernt. Doch der vor Gott am meisten Geehrte ist der Gottesfürchtigste unter euch. Gott ist fürwahr wissend, kundig.*" Folglich hat sich auch in Zeiten der Stärke – in den letzten Jahren der medinensischen Zeit – nichts an der Anerkennung der gesellschaftlichen Pluralität geändert.

In einer weiteren medinensischen Sure wird außerdem die Natürlichkeit und Gottgegebenheit der unterschiedlichen Lebensführungen verkündet: „[...] *Für jeden von euch haben wir eine umfassende Ordnung und einen deutlichen Lebensweg bestimmt. Und wenn Gott gewollt hätte, hätte Er euch zu einer einzigen Gemeinschaft gemacht. Aber Er wollte euch in dem, was Er euch gegeben hat, auf die Probe stellen. Wetteifert nun nach den guten Dingen! Zu Allah werdet ihr allesamt zurückkehren. Und dann wird er euch Kunde geben über das, worüber ihr uneins wart.*"[10] Gott möchte in diesem Vers die Muslime zur Anerkennung der verschiedenen Wege des Lebens erziehen.[11]

Bekannt ist, dass der Koran auch eine Reihe von Passagen[12] enthält, die diesem Toleranzverständnis widersprechen oder dazu im Widerspruch zu stehen scheinen. Lässt man die Methoden der Koranexegese unbeachtet, kann dies zu radikalen Auslegungen führen. Wird jedoch der Koran, vor allem an fraglichen Stellen, mit Rückblick auf weitere Koranpassagen und durch Einbeziehen der Prophetenauslegungen gelesen, entsteht wiederum ein anderes Bild. Um ein zuverlässiges Ergebnis zu erzielen, ist es unerlässlich, die zu bestimmten Anlässen und zu unterschiedlichen Zeiten offenbarten

Verse im geschichtlichen Kontext zu lesen. Gründliche Auslegungsarbeiten haben muslimische Theologen in der Regel zu dem Ergebnis geführt, dass religiöse allgemeingültige Gebote von zeitgebundenen politischen Entscheidungen zu trennen sind. Im Koran selbst sind Textstellen zu finden, in denen die Frömmigkeit und Gottesnähe von Nicht-Muslimen thematisiert wird.[13] Demnach ist es durchaus möglich, dass ein Muslim einen Juden, einen Christen oder sogar einen Ungläubigen zum Freund und Beschützer nimmt.[14]

Erwähnenswert ist außerdem die Gründung des Stadtstaates Medina unter der Leitung des Propheten Muhammad im Jahre 622. Vertraglich wurde das friedliche Zusammenleben zwischen der muslimischen Gemeinschaft, den jüdischen und den polytheistischen Stämmen der Stadt geregelt.[15] Zehn Jahre später scheint sich im Toleranzverständnis der Muslime nichts geändert zu haben. Im Jahre 632 sprach der Prophet ein letztes Mal zu seiner Gemeinde. In seiner Abschiedsrede sagte er, dass ein Araber keinen Vorzug vor einem Nichtaraber und ein Nichtaraber keinen Vorzug vor einem Araber habe, noch ein Weißer besser als ein Schwarzer oder ein Schwarzer besser als ein Weißer sei, außer durch besondere Frömmigkeit.[16]

Die Freundschaft zu den Christen war bereits in den Anfängen der islamischen Geschichte prägend für die Muslime. Dieses besondere Verhältnis zeigte sich etwa während der Römisch-Persischen Kriege. Eine Niederlage der Oströmer gegenüber den Sassaniden löste in der mekkanischen Zeit unter den Muslimen ein trauerndes Mitgefühl aus. Demzufolge wurde der naheliegende endgültige Sieg der Christen über die Perser als Trost für die muslimische Gemeinde in der nach den byzantinischen Römern benannten Sure al-rûm offenbart.[17] Ein weiteres Zeichen dieser Freundschaft sind folgende Worte des Propheten: „Denn dort (...) herrscht ein König, bei dem niemandem Unrecht geschieht. Es ist ein freundliches Land. Bleibt dort, bis Gott eure Not zum Besseren wendet!“[18] Diese Empfehlung war an die schwächeren muslimischen Gemeindemitglieder gerichtet, die die Folter der Quraisch nicht mehr ertragen konnten. Sie sollten Zuflucht beim christlichen König Abessiniens suchen.[19]

Auf dem Koran und der Prophetentradition basierend entwickelte sich schon sehr früh ein detaillierter Kodex zum Schutz religiöser Minderheiten. Die fremdreligiösen Schutzbefohlenen, *dhimmî* genannt, genossen eine autonome Selbstverwaltung in religiösen Angelegenheiten. Dies erlaubte den Christen, Schweine zu halten, Wein zu kaufen und zu verkaufen.[20] Vor allem genossen sie Schutz für Leib und Leben, Eigentum, öffentliche Glaubensausübung und Gebetshäuser. Die arbeitsfähigen Männer waren vom Wehrdienst befreit, mussten jedoch als Gegenzug *dschizya*, die sogenannte Kopfsteuer, bezahlen. In der Regel war es für Schutzbefohlene möglich, sich an gesellschaftspolitischen Entscheidungen und der öffentlichen Verwaltung zu beteiligen. Im gesamten Verlauf der islamischen Geschichte gab es nichtmuslimische Minister. Jedoch blieb das oberste Amt im Staatssystem immer einem Muslim vorbehalten.[21]

Neben den zahlreichen Beispielen des friedlichen Zusammenlebens von Menschen unterschiedlichen Glaubens unter der Obhut eines islamischen Staates hat es auch Belastungen gegeben. So wurde das positive Bild des islamischen Toleranzverständnisses von Zeit zu Zeit durch lokale Abweichungen getrübt. Erniedrigende Kleiderordnungen, Reitverbot für Nicht-Muslime außer auf Eseln, Läutverbote für Kirchenglocken können hierzu gezählt werden.[22]

Wenn auch die Praxis der Muslime im Verlauf der Geschichte überwiegend mit der toleranten Lehre des Islam im Einklang gehalten werden konnte, haben politische Fehlentscheidungen den Beziehungen gegenüber Schutzbefohlenen geschadet. Während der tragischen Ereignisse in Anatolien im Jahr 1915 sollten auch die syrisch-orthodoxen Christen in Mardin diskriminiert und vertrieben werden. Man fürchtete, sie könnten während des Ersten Weltkrieges Partei ergreifen und feindliche Mächte unterstützen.

Scheich Fethullah Hāmidî konnte diese politische Herangehensweise nicht unterstützen. Er nutzte alle ihm zustehenden Möglichkeiten, um der syrisch-orthodoxen Gemeinde in Mardin Schutz zu ermöglichen. Der Scheich sprach eine Fatwa – ein Rechtsgutachten – aus, in welchem es hieß, dass das Töten, Plündern und Vertreiben von Christen „harām" (verboten) sei. Somit sei diese Tat als eine Sünde zu verstehen. Dieses Urteil hielt letztendlich die Funktionäre ab, den christlichen Bürgern in Mardin Leid zuzufügen. Das war das Ergebnis der etwa drei Monate anhaltenden intensiven und unermüdlichen Gespräche des Scheichs mit den Behörden. Schließlich hat jene christliche Gemeinde das Foto des Scheichs als Geste der

Dankbarkeit neben Porträts der Patriarchen im Kloster Deyr al-Zafaran aufgehängt.[23]

Mit Rückblick auf die primären Quellen des Islam und auf die islamische Geschichte bis in die Gegenwart kann man meines Erachtens nicht von einer relativen Intoleranz des Islam sprechen. Der Fall einer zeitweise eintretenden Intoleranz ist eher ein menschliches Problem, weshalb sie dem Menschen selbst zuzuschreiben ist. Demzufolge muss er zur Toleranz erzogen werden. Dennoch wird es immer eine Herausforderung bleiben, sich gegen seine Triebe und für Sanftmut zu entscheiden. Diese Entscheidungen kennzeichnen den schwierigen Weg, Gottes Wohlwollen zu erlangen. *„Und so wird derjenige, der Gutes im Gewicht eines Stäubchens tut, es sehen; Und derjenige, der Böses im Gewicht eines Stäubchens getan hat, wird es ebenfalls sehen.“*[24]

Anmerkungen

1 Eine weit verbreitete Meinung unter Muslimen ist, dass in unserer Zeit kein islamisch geprägtes Land für die islamischen Normen gewachsen sei. Das bedeutet, dass kein Land als islamisch zu verstehen sei; auch dann nicht, wenn es sich so nennen sollte. Daher wird die eingeschränkte Religionsfreiheit für u.a. Christen in Ländern wie der heutigen Türkei, Ägypten und Syrien nicht bei der Darstellung der islamischen Toleranz berücksichtigt.

2 Vgl. Khoury, A.: Toleranz im Islam, München 1980, S. 177.

3 Als Beispiel dazu kann die aktive und passive Wahlberechtigung für die Bundestagswahlen in Deutschland dienen. Auch wenn sie von Geburt an in der Bundesrepublik leben, können sich Bürger ohne deutsche Staatsangehörigkeit bzw. ohne Unionsbürgerschaft nicht an den Wahlen beteiligen. (Vgl. '6 EuWG, Art. 116 GG, Art. 38 GG und '12 BWahlG)

4 Das arabische Wort für Nachsicht, Milde, Duldsamkeit und Toleranz. Dieser Begriff wird im Sprachgebrauch auch als ein Synonym für Respekt, Barmherzigkeit und Großmut verwendet.

5 Vgl. Gülen, M. F.: Hin zu der globalen Kultur der Liebe und Toleranz. Übers. v. Willeke, W., Izmir 2006, S. 41f.

6 Bzw. für die Gelehrten.

7 Die Eroberung Mekkas ereignete sich zwei Jahre vor dem Ableben des Propheten Muhammad, im Jahre 630.

8 Vgl. Ibn Hischām: al-sīra al-nabawiyya. Band II, S. 413.

9 Vgl. al-Wahidi: asbāb nuzūl al-qur'ān. Beirut 1991, S. 411 (397:765m). Übers. ins Engl. v. Guezzou, M. (siehe dazu: asbāb al-nuzūl. Amman 2008, S. 142).

10 Sure 5:48

11 Weitere Stellen im Koran, die auf Weltanschauungs- bzw. Religionsfreiheit verweisen, sind u.a. Suren 2:256, 109:6 und 18:29.
12 U.a. Suren 2:191, 5:51 und 9:5.
13 Siehe dazu Sure 3:113.
14 Siehe dazu Sure 60:1, 8 und 9.
15 Für ein detailliertes Studium dieses Vertrags: Vgl. Watt, M.: Muhammad Prophet and statesman. Edinburgh 1961, S. 83–93.
16 Vgl. Suruç, S.: Das Leben des Propheten Muhammad. Übers. v. Bayraktar, M., S. 1006.
17 Siehe dazu Sure 30:1–5.
18 Ibn Isḥāq: Das Leben des Propheten. Übers. v. Rotter, G., Kandern 1999, S. 65ff.
19 Für weitere Beispiele über die christlich-islamischen Beziehungen: Siehe Özsoy, Ö.: „Leute der Schrift" oder Ungläubige? Ausgrenzungen gegenüber Christen im Koran. In: Schmid, H. (Hg.): Identität durch Differenz? Wechselseitige Abgrenzungen in Christentum und Islam. Regensburg 2007, S. 107–118.
20 Vgl. Mevkufati, M.: Mülteka Tercümesi, Band 3. Istanbul 2007. Überarb. v. Davudoğlu, A., S. 155.
21 Vgl. Hofmann, M.: Der Islam. Im 3. Jahrtausend: eine Religion im Aufbruch. München 2000, S. 252f.
22 Vgl. ebd., S. 254.
23 Vgl. Yıldırım, S.: İslam'da Birlikte Yaşama Tecrübesi. In: Yeni Ümit. Heft 1, 2013.
24 Sure 99:7–8.

Mathias Rohe

Islam und Meinungsfreiheit

Eine rechtswissenschaftliche Perspektive

I. Einführung

Stellungnahmen zur Meinungsfreiheit aus der Sicht des Islam sind selten. Wie in Europa war diese Frage über Jahrhunderte hinweg kaum ein Gegenstand der religiösen Debatte. Anders als in Europa ist dies in der vom Islam geprägten Welt bis in die Gegenwart hinein weitgehend so geblieben. Woran liegt das?

Zunächst ist festzuhalten, dass sich sehr wohl auch Muslime für die Meinungsfreiheit einsetzen. In vielen Teilen der islamischen Welt steht es mit der Meinungs- und insbesondere der Religionsfreiheit allerdings schlecht, bei allen Unterschieden im Einzelnen. Fragen der Religionsfreiheit werden hier insoweit mit angesprochen, als es um öffentliches Reden über Religion geht. Die Morde an Christen in Ägypten und an christlichen Missionaren in der Türkei, die Hinrichtung von Baha'i im Iran, die Zerstörung von Kirchen in Malaysia im Streit um die Verwendung des arabischen Worts für Gott (Allah) und viele ähnliche Ereignisse sind bedrückend. In einem extremen Fall wurde die Christin Asia Bibi 2010 in Pakistan erstinstanzlich gemäß dem Blasphemie-Gesetz zum Tode verurteilt, weil sie angeblich Muhammad und den Koran beleidigt habe.[1] In der Folge wurde der Gouverneur der pakistanischen Provinz Punjab Salman Taseer wegen seiner Forderung nach Abschaffung des im Falle Bibi angewandten Blasphemiegesetzes von einem Leibwächter getötet. Auf Grundlage dieses können Todesurteile wegen Beleidigung des Islam, des Korans oder des Propheten Muhammad verhängt werden.[2] Gegen die mögliche Lockerung des Gesetzes haben zum Jahreswechsel 2010/11 zehntausende Islamisten demonstriert; mehrere hundert Gelehrte haben den Mörder für seine Tat gepriesen.[3] Kritik des Papstes an diesem grob menschenrechtswidrigen Gesetz haben Islamisten in schon skurriler Verdrehung der Lage als Vorlage dafür bezeichnet, die ganze Welt in einen blutigen Krieg zu stürzen.[4]

Auch wer sich im Iran für Meinungsfreiheit engagiert, lebt gefährlich. So wurde beispielsweise der iranisch-kanadische Blogger Hossein Derakhshan im Iran wegen seiner Online-Kommentare zu mehr als 19 Jahren Haft sowie einer Geldstrafe verurteilt. Anklagepunkte waren „Propaganda gegen die Regierung", „Beleidigung von Heiligkeiten" und „Gestaltung und Verwaltung vulgärer und obszöner Websites".[5] Der iranische Filmregisseur Jafar Panahi wurde wegen „Versammlung und Komplott mit dem Ziel des Verbrechens gegen die nationale Sicherheit" und „propagandistischer Aktivitäten gegen das System der islamischen Revolution" zu sechs Jahren Haft auf Bewährung sowie 20 Jahren Berufs- und Reiseverbot verurteilt.[6] Dieses Sammelsurium von Anklagepunkten zeigt die Hauptstoßrichtung solcher staatlichen Repression: Es geht primär um die Verteidigung eines brutalen diktatorischen Regimes, eher nebensächlich auch um religiöse Aspekte. So ist der Umstand, dass in den meisten Staaten mit islamischer Bevölkerungsmehrheit keine Meinungsfreiheit herrscht, in erster Linie damit zu erklären, dass dort zumeist keineswegs rechtsstaatliche Verhältnisse herrschen, sondern mehr oder weniger intensive Willkürherrschaft in unterschiedlichen diktatorischen Ausprägungen. Dies gilt für explizit religiös orientierte wie auch säkular ausgerichtete Regimes gleichermaßen.

Wenig Bezug zum Islam hat etwa der von Wikileaks veröffentlichte Bericht,[7] wonach der iranische Präsident in einer erregten Auseinandersetzung im Obersten Rat für Nationale Sicherheit vom Kommandeur der Revolutionsgarden geohrfeigt wurde, weil er (durchaus überraschend) mehr Pressefreiheit gefordert hatte. Solche Phänomene sind in der Geschichte der islamischen Welt nicht singulär. Die historisch sehr bemerkenswerte, vergleichsweise weitreichende Toleranz gegenüber anderen Religionen hatte hier deutliche Grenzen; Gleichberechtigung wurde (und wird) bei Weitem nicht erreicht, auch wenn die aktive Beteiligung von Gelehrten an Ausschreitungen gegen religiöse Minderheiten – wie im Falle des prominenten Gelehrten Ibn Taimiya im 13. Jahrhundert[8] – sicherlich die Ausnahme bildeten.

Soweit mutige Menschen sich in islamisch geprägten Regionen für Meinungsfreiheit einsetzen, stützen sie sich zumeist auf den in der UN-Menschenrechtscharta verankerten globalen Konsens und beteiligen sich an einer weitgehend ohne religiöse Konnotation oder Argumentation geführten Debatte. Wenn islamisch-religiöse Aspekte eine Rolle spielen, beziehen sie sich meist auf den Teilaspekt der Religionsfreiheit. Der Mainstream ist hierbei von einer restriktiven Grundhaltung geprägt: Offene Religionsdebatten sind weitgehend tabuisiert, insbesondere Kritik an islamischen Positionen wird meist scharf bekämpft. Dies reicht bis hin zu massiver Benachteiligung und Verfolgung von Nicht-Muslimen.

Noch im Mittelalter geführte Religionsdispute wurden nicht fortgeführt. Die Alltagskultur des Orients tendiert bis heute ganz allgemein nicht zum offenen Austragen inhaltlicher Differenzen, sondern eher zum freundlich-schweigenden Übergehen des möglichen Dissens' oder der Nutzung indirekter Wege zur Kritik. Das offen ausgesprochene kritische Sachargument wird häufig als persönlich verletzender Angriff verstanden, welcher den Geltungsanspruch des Kritisierten infrage stellt, und wird deshalb abgelehnt.[9] Dies entspricht auch den Erfahrungen des Verfassers aus mehrjährigen Aufenthalten in der Region. Durchaus typisch sind insoweit die heftigen Reaktionen der ägyptischen Regierung Anfang 2011 auf die durchaus zurückhaltend formulierte Kritik des Papstes an den Morden an koptischen Christen und entsprechenden Schutzdefiziten in Ägypten.[10] Allerdings ändert sich allmählich auch in vielen islamischen Staaten, nicht zuletzt durch neue Medien wie das Internet, solch hermetische Abschottung von Debatten.

Nach alledem bleiben bis heute direkte auf Meinungsfreiheit bezogene Stellungnahmen und Debatten in weiten Teilen der islamischen Welt eine Seltenheit, erst recht solche, die sich auf religiöse Argumente und Überzeugungen stützen. Bei alledem ist indes nicht zu vergessen, dass viele Muslime sich schützend vor Minderheiten stellen und deren Unterdrückung ablehnen, meist ohne dies explizit religiös zu begründen.

II. Positionen

Wie erwähnt findet sich in der traditionellen religiös-rechtlichen Literatur keine explizite Auseinandersetzung mit Fragen der Meinungsfreiheit. Freilich lassen sich Ansätze hierfür auch aus der islamischen Tradition gewinnen. Das altehrwürdige islamrechtliche Prinzip der Beratung („Schura")[11] etwa beinhaltet, dass man seine Meinung sehr wohl sagen darf. Die Grenzen liegen bei Beleidigungen, Verleumdungen etc.[12] Im Folgenden werden drei Positionen vorgestellt, die aufgrund der Bedeutung und des Ansehens der beteiligten Institutionen und Personen von herausgehobener Bedeutung sind.

1. Die Kairoer Erklärung der Menschenrechte von 1990

Eine neuzeitliche Stellungnahme zum Recht auf Meinungsfreiheit enthält die von den Staaten der Organisation der islamischen Konferenz (OIC) verabschiedete Kairoer Erklärung der Menschenrechte im Islam von 1990.[13] Diese Erklärung ist als Reaktion auf die UN-Menschenrechtscharta zu verstehen, welche in der internationalen Debatte immer wieder angeführt wurde, um menschenrechtswidrige Verhältnisse auch in der islamischen Welt zu kritisieren. Mit ihr sollte dokumentiert werden, dass der Islam – schon lange vor den als „westlichem Import" diskreditierten Menschenrechtsdokumente eine ausgewogene und überdies göttlich legitimierte Menschenrechtsordnung beinhalte. Die Dominanz des Islam und der Scharia durchzieht das Dokument. Für die hier relevanten Bereiche seien einige wenige Artikel benannt:

> Art. 10
> Der Islam ist die Religion der reinen Wesensart. Es ist verboten, irgendeine Art von Druck auf einen Menschen auszuüben oder seine Armut oder Unwissenheit auszunutzen, um ihn zu einer anderen Religion oder zum Atheismus zu bekehren.
>
> Art. 19
> d) Über Verbrechen oder Strafen wird ausschließlich nach den Bestimmungen der Scharia entschieden.

Art. 22
a) Jeder Mensch hat das Recht auf freie Meinungsäußerung, soweit er damit nicht die Grundsätze der Scharia verletzt.
b) Jeder Mensch hat das Recht, im Einklang mit den Normen der Scharia für das Recht einzutreten, das Gute zu verfechten und vor dem Unrecht und dem Bösen zu warnen.[14]
c) Information ist lebensnotwendig für die Gesellschaft. Sie darf jedoch nicht dafür eingesetzt und missbraucht werden, die Heiligkeit und Würde der Propheten zu verletzen, die moralischen und ethischen Werte auszuhöhlen und die Gesellschaft zu entzweien, sie zu korrumpieren, ihr zu schaden oder ihren Glauben zu schwächen.

Art. 24
Alle Rechte und Freiheiten, die in dieser Erklärung genannt wurden, unterstehen der islamischen Scharia.

Aus alledem wird deutlich, dass die Meinungsfreiheit im Sinne der UN-Charta von 1948 und anderer internationaler Übereinkommen und westlicher Verfassungsbestimmungen nur formal aufgegriffen wird, inhaltlich aber ganz wesentlich dahinter zurückbleibt. Wo, wie oben gezeigt, bestimmte Interpretationen der Scharia zu massiver Verfolgung bis hin zur Tötung führen können, werden Rechte unter allgemeinem Scharia-Vorbehalt annähernd inhaltsleer.

2. *Die Arabische Menschenrechtscharta von 2004*

Das Folgedokument, die Arabische Menschenrechtscharta von 2004[15] orientiert sich stark an der UN-Menschenrechtscharta und stellt inhaltlich einen bemerkenswerten Fortschritt gegenüber der Kairoer Erklärung von 1990 dar. In den Artikeln 30 und 32 enthält sie hier einschlägige Bestimmungen:

Art. 30
1. Everyone has the right to freedom of thought, conscience and religion and no restrictions may be imposed on the exercise of such freedom except as provided for by law.

Art. 32
1. The present Charter guarantees the right to information and to freedom of opinion and expression, as well as the right to seek, receive and impart information and ideas through any medium, regardless of geographical boundaries.

> 2. Such rights and freedoms shall be exercised in conformity with the fundamental values of society and shall be subject only to such limitations as are required to ensure respect for the rights of reputation of others or the protection of national security, public order and public health or morals.

Dennoch bezieht sich die Arabische Menschenrechtscharta in ihrer Präambel trotz vorheriger Kritik auf die Kairoer Erklärung sowie in einzelnen Bestimmungen (z.B. Art. 3) explizit auf die Scharia[16] und entwertet damit ihr Potenzial für Übereinstimmung mit der UN-Charta. Insofern treffen sie dieselben Vorbehalte wie die Kairoer Erklärung. Zudem entbehrt sie wirksamer Umsetzungsmechanismen; selbst Berichtsstrukturen sind nicht vorgesehen.

3. *Die Arbeiten von Muhammad Hashim Kamali*

Eine der wenigen Monographien zur Meinungsfreiheit im Islam hat der aus Afghanistan stammende, nun in Malaysia lehrende, international hochrangig engagierte und hoch angesehene Gelehrte Muhammad Hashim Kamali vorgelegt.[17] Er leitet die Meinungsfreiheit in klassischer Argumentationsweise, aber moderner Perspektive aus den islamischen Hauptquellen Koran und Sunna (Prophetentradition) ab. Einen ersten Anhaltspunkt sieht Kamali in Koran Sure 4, 148: „Gott liebt es nicht, dass man laut vernehmbar Böses spricht, mit Ausnahme dessen, dem Unrecht geschah."[18] Kamali leitet daraus ab, dass zwar schlechte, obszöne, unmoralische und andere schädliche Rede grundsätzlich verboten sei, nicht aber dann, wenn die Gerechtigkeit dies gebietet, etwa um Unterdrückten eine Stimme zu geben. Gerechtigkeit sei untrennbar mit Richtigkeit und Wahrheit verbunden und könne im Konfliktfall über dem persönlichen Ehranspruch („personal dignity of the individual") stehen.[19]

Auch sei Meinungsfreiheit komplementär zur koranisch verankerten[20] Würde des Menschen zu sehen, der das Recht haben müsse, seine Meinung zu äußern und seine Gefühle in Dingen auszudrücken, die ihn bewegen.[21] Ferner benennt Kamali das normative Scharia-Prinzip der *„ibāha aslīya"*, dem grundsätzlichen Erlaubtsein allen Handelns, soweit kein Verbot besteht (Erlaubtsein als Grundsatz, Verbot als einschränkende Ausnahme).[22]

Kamali findet konkrete Grundlagen der Redefreiheit/Meinungsfreiheit in verschiedenen etablierten islam-normativen Instituten: So enthalte das koranische Institut der hisba (Gebieten des Guten und Verbieten des Bösen) auch die Meinungsfreiheit, weil es ohne sie nicht wirksam umgesetzt werden könne.[23] Dasselbe gelte für das ebenfalls koranische Konzept des guten Rats („*nasîha*") als einem Teil des zu verfolgenden Anliegens, das Gute zu befördern und das Schlechte zu verhindern.[24] Weiterhin benennt Kamali das islamisch-politische, im Koran hochrangig verankerte Institut der *Schura* (Beratung) als Grundlage für – hierfür unabdingbare – Meinungsfreiheit.[25] Ferner beruft er sich auf das für die Interpretation islamischer Normen grundlegende Prinzip eigenständigen Raisonnements (*Idschtihad*)[26] sowie auf die mit historischen Beispielen belegte Freiheit zur Kritik (der Herrschenden).[27]

In einem eigenen Unterkapitel geht Kamali auf Meinungsfreiheit im engeren Sinne („*hurrīyat al-ra'y*") ein.[28] Hierfür gibt es Gründe in der islamischen Normengeschichte: Der Begriff der eigenen Meinung („*ra'y*") war ursprünglich positiv konnotiert. Eine häufig zitierte, wenngleich in ihrer Authentizität umstrittene[29] Grundlage findet sich in einem Dialog zwischen Muhammad und einem künftigen Verwalter und Richter.[30] Danach soll Muhammad den Mu'ā<u>d</u> ibn Ǧabal, bevor er ihn als Richter[31] in den Jemen schickte, befragt haben, auf welcher Grundlage er Recht sprechen wolle. Mu'ād antwortete, er werde zunächst im Buch Gottes suchen; wenn sich dort keine Lösung finde, in der Sunna des Propheten. Im Übrigen werde er sich unermüdlich darum bemühen, seine eigene Meinung („*aǧtahidu ra'yī*") zu bilden.[32] Bereits hier taucht in Verbalform der Schlüsselbegriff für flexible Handhabung und Weiterentwicklung des islamischen Rechts auf: der des *Idschtihad* (arab. *iǧtihād*, abgeleitet vom Verb *iǧtahada*), des eigenständigen verstandesgeleiteten Nachdenkens.

Letzteres dürfte angesichts der vielen in Koran und der sich erst entwickelnden Prophetenüberlieferung nicht geklärten Rechtsfragen zunächst die Regel gewesen sein. Die Vertreter der Zunft wurden nicht von ungefähr als *ahl al-ra'y* (Leute der eigenen Meinung) bezeichnet. Nach Goldziher[33] decken sich ursprünglich gar die Bedeutungsgehalte von *fiqh* (Normenlehre) und *ra'y*. Im 8. Jahrhundert n. Chr. ist Streit zwischen ihnen und den sogenannten „*ahl al-hadī<u>t</u>*"

(Leute des Hadith) dokumentiert.[34] Letztere bevorzugten eine engere Bindung an die Prophetentradition, wenngleich die zum Teil scharfe Gegensatzbildung zwischen beiden Richtungen aus späterer Zeit die Realität nicht ganz treffen dürfte. Der Begriff des *ra'y* hat offenbar einen Bedeutungswandel mit immer negativerer Konnotation erfahren. Sieht man die Überlieferung des Dialogs zwischen Muhammad und Mu'āḏ ibn Ǧabal als authentisch an, so ist der Begriff positiv belegt, während er später immer mehr mit normenwidriger Willkür gleichgesetzt wurde. Kamali arbeitet nun heraus, dass „ra'y" durchaus nicht generell so zu verstehen sei, sondern nach seinen jeweiligen Grundlagen und Zielrichtungen als wünschenswert, ja notwendig angesehen werden müsse.

Kamali setzt sich auch mit einem spezifischen Tatbestand auseinander, der die Meinungs- und Religionsfreiheit gleichermaßen berührt: dem Verbot der Schmähung des Propheten Muhammad („sabb al-nabī").[35] Sie wird verbreitet als Variante der Apostasie gesehen und ebenfalls mit dem Tode bestraft, wobei viele Autoren keine strafbefreiende Reue zulassen wollen.[36] Hier liegt ein Ansatzpunkt für die Verfolgung Andersgläubiger zum Beispiel im heutigen Pakistan oder in den gewalttätigen Protesten gegen die Veröffentlichung von Muhammad-Karikaturen. Geradezu skurril wirken Ereignisse wie die Todesdrohung gegen eine englische Lehrerin im Sudan, die einen Teddybären nach einer Abstimmung in der Schulklasse Muhammad genannt hatte.[37] Ebenfalls mit dem Tod bedroht wurde ein pakistanischer Geschäftsmann, der eine Visitenkarte mit dem Namen Muhammad weggeworden hatte.[38]

Kamali entfaltet hier eine umfangreiche Begründung dafür, weshalb aus Sicht der Scharia Apostasie und Blasphemie unterschiedliche Tatbestände seien, und lehnt deshalb die Anwendung der scharfen Scharia-Sanktionen auf die Blasphemie ab. Immerhin aber wendet auch er sich nicht gegen eine mildere Strafbarkeit; allerdings macht er deutlich, dass letztlich nicht der religiöse Aspekt, sondern die Verbindung mit staatsgefährdendem Handeln die Strafbarkeit rechtfertige.[39]

Insgesamt bringen zum einen für Diktaturen typische repressive Gesetze starke Einschränkungen der Meinungsfreiheit in vielen Staaten der islamischen Welt mit sich. Im Hinblick auf religiöse Äußerungen erfolgen massive Restriktionen aus einer islamisch-machtpolitischen Perspektive, die sowohl eine innermuslimische Debatte erschwert als auch Nicht-Muslime in ihren Äußerungs- und Handlungsmöglichkeiten massiv einschränkt. Weit gefasste Verbote[40] und Willkürjustiz gehen dabei oft Hand in Hand.

Auch die formal menschenrechtlich ausgestalteten Erklärungen von 1990 und 2004 enthalten wesentliche Beschränkungsmöglichkeiten und ein erhebliches Maß an Rechtsunsicherheit. Zudem ist zu bedenken, dass gleiche Begrifflichkeiten nicht überall zum selben Ergebnis führen müssen. Es ist eine alte Erkenntnis aus Rechtsvereinheitlichungsbemühungen weltweit, dass Vorverständnisse der Interpreten und ihrer sozialen Umgebung maßgeblich die Auslegung von Normen mitprägen können. Fehlt es an Instanzen, welche die Einheitlichkeit der Auslegung wirksam durchsetzen können, wie zum Beispiel der Europäische Gerichtshof oder der Europäische Gerichtshof für Menschenrechte, so sind disparate Ergebnisse mit Sicherheit zu erwarten. Das gilt umso mehr für so abstrakte Rechtsbegriffe wie Meinungsfreiheit, die einen breiten Interpretationsspielraum eröffnen.

III. Ausblick

Die religionsbezogene Debatte im Islam über Reichweite und Grenzen der Meinungsfreiheit steht noch weitgehend am Anfang. Sie ist zudem überlagert von politischen und kulturellen Aspekten. So dürften die weitgehend ablehnenden Reaktionen auf die seit 2005 zunächst in Dänemark veröffentlichten Muhammad-Karikaturen unter Muslimen unter anderem in einem verbreiteten kulturell-kommunikativen Verständnis wurzeln, das religiöse Dispute nach Möglichkeit vermeidet.

In Staaten wie Saudi-Arabien oder dem Iran, in denen der Islam unmittelbar zur Herrschaftslegitimation herangezogen wird, entfaltet seine dort herrschende Interpretation eine starke unmittelbare Beschränkung jeglicher Meinungsfreiheit. Aber auch dort, wo die bestehende politische Herrschaft sich primär auf andere Legitimationsgrundlagen bezieht, wirkt die Religion des Islam in ihrer noch bestehenden Mehrheitsrichtung in weiten Teilen der islamischen Welt als erhebliche Beschränkung der Meinungs- und Religionsfreiheit, indem dem Islam rechtlich und sozial eine Vorrangstellung eingeräumt wird,[41] die zum Beispiel die Konversion zum Islam erleichtert, die Konversion weg vom Islam hingegen erschwert – bis hin zur Verhängung der Todesstrafe in einigen Staaten – und die Werbung für andere Religionen generell verbietet.

Die Auseinandersetzung um die Reichweite religiös begründeter Einschränkungen und vor allem um die Deutungshoheit des Islam ist in vollem Gange. Das afghanische Beispiel zeigt die Konfliktlinien auf: Der vormalige Präsident des Obersten Gerichtshofs Schinwari äußerte gegenüber dem Autor,[42] die noch im Königreich geschaffene Rechtsordnung werde „im Rahmen der Scharia" anerkannt. Diese Grundhaltung lässt eine weitreichende Anwendung traditioneller Vorschriften erwarten; einige Entscheidungen der letzten Jahre bestätigen dies. Hierzu passt, dass ein Präsidentschaftskandidat sich im Zuge der Wahlen von 2004 vom Gerichtshof den Vorwurf der Apostasie einhandelte, weil er für Frauen Gleichberechtigung bei der Ehescheidung eingefordert hatte.[43]

Bemerkenswert ist etwa der Fall des Journalisten und Islamwissenschaftlers Ali Muhaqqiq Nasab, der am 1. Oktober 2005 inhaftiert wurde, nachdem in der von ihm herausgegebenen Zeitschrift „*Huquq-e zan*" („Frauenrechte") die Meinung vertreten worden war, dass der Abfall vom Islam kein todeswürdiges Verbrechen sei, dass die Auspeitschung wegen außerehelichen Geschlechtsverkehrs abzulehnen sei und dass Männer und Frauen nach islamischem Recht gleich zu behandeln seien. Als rechtliche Grundlage wurde Art. 31 des Mediengesetzes von 2004 genannt, der die Veröffentlichung von Artikeln unter Strafe stellt, die „den Prinzipien des Islam widersprechen". Nachdem der Staatsanwalt in einem offenbar sehr angreifbaren Verfahren die Todesstrafe wegen Apostasie verlangt hatte, wurde der Journalist zu zwei Jahren Haft verurteilt, dies gegen die erklärte Auffassung des Ministers für Information und Kultur, Abdul Rahim, und der vom Mediengesetz vorgesehenen Untersuchungskommission.[44]

Ein vergleichbarer Fall betraf 2008 den Studenten und Journalisten Sayid Pervez Kambaksch, der einen Artikel über Frauenrechte verbreitet hatte und deshalb in der Provinz Balch von einem nicht zuständigen Gelehrtengremium der Apostasie für schuldig befunden und zum Tode verurteilt wurde. Seine Hinrichtung wurde vom Oberhaus zunächst bestätigt, dann aber nach internationalem Protest wieder zurückgezogen. Es wird vermutet, dass hiermit sein Bruder getroffen werden sollte, der als Journalist schon viele Fälle von Korruption und Menschenrechtsverletzungen publik gemacht hatte.[45]

Gerade der letzte Fall zeigt auch die häufig vorliegende Verfolgung sehr weltlicher Interessen unter formaler Zuhilfenahme des Islam als rechtlich privilegiertem Machtfaktor.

Abschließend lässt sich sagen, dass die Garantie von Meinungsfreiheit nach den Standards der UN-Menschenrechtsdokumente im Islam auf einer theoretisch-dogmatischen Basis noch weitgehend unbewältigt ist. Umso interessanter wird die Entwicklung der Debatten und Forschungen von Musliminnen und Muslimen in einem rechtsstaatlich-säkularen Kontext, welcher Religionsfragen von der Ausübung politischer Macht trennt. Die Schaffung von Räumen und Institutionen hierfür erscheint als eine der vordringlichen Aufgaben in Wissenschaft und Politik. Es ist erfreulich, dass die Friedrich-Alexander-Universität Erlangen-Nürnberg sich auf solcher Linie als erste deutsche Universität seit 2003 entschlossen hat, die Ausbildung islamischer Religionslehrer und -lehrerinnen zu übernehmen und nun auch ein Department für islamische Studien eingerichtet hat, in dessen Rahmen bekenntnisorientierte Forschung und Lehre nach dem System des deutschen Religionsverfassungsrechts betrieben werden kann.

Anmerkungen

1 Vgl. den ausführlichen Bericht „Christin soll am Galgen sterben“ auf Spiegel-online vom 11.11.10, abgerufen am 06.01.11 unter http://www.spiegel.de/panorama/gesellschaft/0,1518,728521,00.html.

2 Vgl. „Gouverneur des Punjab in Islamabad erschossen“, FAZ vom 05.01.11, S. 5.

3 Vgl. den Bericht“Geistliche feiern Mord in Pakistan“ vom 05.01.11, abgerufen am 06.01.11 unter http://www.n-tv.de/politik/Geistliche-feiern-Mord-in-Pakistan-article2296046.html.

4 Vgl. Nur „Pakistan weist Kritik des Papstes an Blasphemiegesetz zurück“, FAZ vom 12.01.11, S. 4.

5 Bericht „19 Jahre Haft für Blogger“, in Amnesty Journal 01/2011, S. 12.

6 Vgl. den Bericht „Ein leerer Stuhl klagt an“, Die Zeit vom 30.12.10, S. 46.

7 Bericht im Tagesspiegel vom 30.12.10 („Wikileaks: Ahmadinedschad bei Sitzung geohrfeigt“), abgerufen unter http://www.tagesspiegel.de/politik/wikileaks-ahmadinedschad-bei-sitzung-geohrfeigt/3685018.html. Der Verfasser kann sich die Bemerkung nicht verkneifen, dass in diesem Ausnahmefall die Körperstrafe zwar nicht nach ihrer Motivation, aber doch im Ergebnis erträglich erscheint.

8 Vgl. hierzu Krawietz, Ibn Taymiyya, Vater des islamischen Fundamentalismus?, in: Atienza u.a. (Hg.), FS für Werner Krawietz, Berlin 2003, 39ff.

9 Vgl. nur die Ausführungen bei Kamali, Freedom of Expression in Islam, Cambridge 1997, insbes. 152ff.

10 Vgl. den Bericht „Misr tastad'i safirataha laday al-Vatikan li l-tašawwur“, al-Hayat vom 12.01.11, S. 4. Dort wird der ägyptische Außenminister zitiert, der sich unter anderem die Bemerkungen des Papstes verbittet, weil sie zur Erhöhungen religiöser Spannungen beitrügen.

11 Vgl. hierzu Badry, Die zeitgenössische Diskussion um den islamischen Beratungsgedanken (šûrā) unter dem besonderen Aspekt ideengeschichtlicher Kontinuitäten und Diskontinuitäten, Stuttgart 1998.

12 Vgl. nur Kamali, Freedom of Expression in Islam, Cambridge 1997, 117ff. und öfter mwN.

13 Deutsche Übersetzung abrufbar unter www.dailytalk.ch/wp-content/uploads/Kairoer%20Erklaerung%20der%20OIC.pdf

14 Hier erscheint der alte Grundsatz des „amr bi l-ma'rūf wa l-nahy `an al-munkar“; („Das Rechte gebieten, das Verwerfliche verbieten“), hierzu Rohe, Das islamische Recht, 41.

15 Sie ist am 15.03.2008 nach Ratifizierung durch sieben Staaten in Kraft getreten und gilt mittlerweile in 10 arabischen Staaten; zum Inhalt vgl. z.B. Wittinger, Christentum, Islam, Recht und Menschenrechte, Wiesbaden 2008, 63ff. Eine Übersetzung ins Englische findet sich unter http://www1.umn.edu/humanrts/instree/loas2005.html?msource=UNWDEC19001&tr=y&auid=3337655

16 „Die Scharia“ ist ein höchst flexibles und facettenreiches System der Normenfindung und Interpretation im Islam. Aus menschenrechtlicher Sicht problematisch sind etwa bis heute dominierende Interpretationen, die zur Ungleichbehandlung der Geschlechter, Religionen und Weltanschauungen führen. Hierzu ausführlicher Rohe, Islam und Menschenrechte. Konfliktlinien und Lösungsansätze, in Nawrath/Hildmann (Hg.), Interkultureller Dialog und Menschenrechte, Nordhausen 2010, 141ff.

17 Hier benutzt wird Kamali, Freedom of Expression in Islam, Cambridge 1997 (überarbeitete Ausgabe); Erstveröffentlichung Kuala Lumpur 1994.

18 Übersetzung von Bobzin, Der Koran, München 2010.

19 A.a.O., 9.

20 Kamali zitiert Sure 17, 70: „Wir erwiesen den Kindern Adams Ehre und trugen sie auf Meer und Festland, versorgten sie mit guten Dingen und zeichneten sie besonders aus vor vielen, die wir erschaffen haben“ (Übersetzung von Bobzin, a.a.O.).

21 A.a.O., 11.

22 A.a.O., 15; hierzu ausführlicher Rohe, Das islamische Recht, 2. Aufl. München 2009, 43.

23 A.a.O., 28ff.

24 A.a.O., 34ff.

25 A.a.O., 40ff.

26 A.a.O., 45ff.; hierzu ausführlicher Rohe, Das islamische Recht, 2. Aufl. München 2009, 44ff. und öfter.

27 A.a.O., 49ff.

28 A.a.O., 61ff.

29 Immerhin findet sich in der „Abschiedspredigt" Muhammads (khutbat al-wadā') bei Ibn Hišām (al-sīra al-nabawīya Bd. 4, Hg. Taha 'Abdarra'ūf Sa'd, Beirut 1975, 186) die Aussage, man dürfe nicht vom Buch Gottes und der „Sunna" seines Propheten abweichen.

30 Die Authentizität ist dennoch umstritten; vgl. zu den unterschiedlichen Auffassungen S. Lucas, The Legal Principles of Muhammad b. Ismā'īl al-Bukhārī and their Relationship to Classical Salafi Islam, ILAS 13 (2006), 289, 317ff. mwN; Jokisch, Islamic Imperial Law, Berlin u.a. 2006, 526ff. mwN.

31 Die Quellenlage ist hinsichtlich des Aufgabenbereichs widersprüchlich: Nach manchen Berichten soll er als Gouverneur, im Zuge einer Militärexpedition oder als Koranlehrer entsandt worden sein; vgl. Tyan, Histoire de l'organisation judiciaire en pays d'Islam, 2. Aufl. Leiden 1960, 70 mwN.

32 Überliefert z.B. im musnad des Ahmad ibn Hanbal Bd. 5 (Ausgabe Beirut 1413/1993), 272f. (Nr. 22068); zitiert z.B. bei Salqīnī, al-muyassar fī usūl al-fiqh al-islāmī, Beirut/Damaskus 1991, 73, 142; zur Kritik vgl. Muslehuddin, Islamic Jurisprudence, 44.

33 Goldziher, Die Żāhiriten, Leipzig 1884, 18f.

34 Vgl. Ibn Khaldūn, al-muqaddima, Hg. Nasr al-Hūrainī, Beirut 1986, 446; Motzki, Die Anfänge der islamischen Jurisprudenz, Stuttgart 1991, 17 mwN; Hallaq, The Origins and Evolution of Islamic Law, Cambridge 2005, 74ff.; Melchert, The Formation oft he Sunni Schoolös of Law, Leiden u.a. 1997, 1ff.

35 A.a.O., 212ff.

36 Vgl. Peters, Crime and Punishment in Islamic Law, Cambridge 2005, 65.; wizārat al-auqāf wa l-šu'ūn al-Isālmīya, al-Kuwait, al-mausû'a al-fiqhîya 4. Aufl. 1993–2007, Bd. 22, 184f.

37 Vgl. Den Bericht „Sudanesen fordern den Tod der britischen Lehrerin" vom 30.11.07, abgerufen am 16.01.11 unter http://www.welt.de/vermischtes/article1416957/Sudanesen_fordern_Tod_der_britischen_Lehrerin.html.

38 Vgl. den Bericht „Blasphemie in Arztpraxis" vom 13.12.10, abgerufen am 16.01.11 unter http://archiv.sueddeutsche.de/f5538B/3780098/Blasphemie-in-Arztpraxis.html.

39 A.a.O., 214ff., 242ff. mwN.

40 Vgl. z.B. die in Selangor und im Bundesterritorium Kuala Lumpur in Malaysia geltende Regelung des Muslim Law Enactment, '172: „Whoever by words spoken or written or by visible representations insults or brings into contempt or attempts to insult or bring into contempt the Muslim religion or the tenets of any sect thereof or the teaching of any lawfully authorized religious teacher or any fatwa (religious edict) lawfully issued by the President (of the State Religious Council) or under the provisions of this Enactment shall be punishable with imprisonment for a term not exceeding six months or with a fine not exceeding one thousand dollars." (zitiert bei Kamali, a.a.O., 286).

41 Insgesamt hat der historisch bemerkenswert tolerante Islam in seiner Mehrheitsrichtung aber den Weg zur heute zu fordernden Gleichberechtigung noch nicht bewältigt. In fast allen vom Islam geprägten Staaten werden andere Religionen mehr oder weniger benachteiligt oder gar verfolgt (vgl. die aktuelle Übersicht unter http://www.spiegel.de/panorama/gesellschaft/bild-737920–166803.html).
42 Ausführungen bei einem Gespräch an seinem Amtssitz am 10.05.2003.
43 Vgl. Amnesty International, „Amnesty Report Afghanistan, Women's Rights only on Paper“, qantara.de v. 25.5.2005 (Ali Matar), abgerufen am 9.2.2007 unter http://www.qantara.de/webcom/show_article.php/_c-478/_nr-289/i.html
44 Vgl. „Afghan Court Gives Editor 2-Year Term for Blasphemy“, New York Times v. 24.10.2005 (Abdul Waheed Wafa und Carlotta Gall); „Afghan editor arrested on blasphemy charges“, Straight Goods v. 27.10.2005 (Golnaz esfandiari), abgerufen am 27.10.2005 unter http://www.straightgoods.ca/ViewFeature5. cfm?REF=485
45 Vgl. den Bericht von Ranjit Hoskoté / Ilija Trojanow „Den Islam beleidigt“, Süddeutsche Zeitung v. 16./17.2.08, S. 13.

Bernd Krebs

Immer wieder Fremde

Beobachtungen aus einem Berliner Bezirk mit einer besonderen Geschichte

Wer in Berlin in Nord-Neukölln wohnt, weiß, dass nichts so bleibt, wie es ist. Die gründerzeitlichen Häuser sind in die Jahre gekommen. Der Glanz vergangener Zeiten bröckelt. Doch immer mehr Häuser werden saniert. Die Mieten steigen. „Fight gentry" – steht an den Häuserwänden. Werden die Alteingesessenen vertrieben? Die türkische Familie, die in der dritten Generation hier lebt, das alte Ehepaar, das noch von der Luftbrücke erzählen kann, die libanesischen Pizzabäcker in der vormaligen Eckkneipe, der armenische Änderungsschneider? Neukölln ist nicht Prenzlauer Berg. Die Milieus sind hartnäckig. Wenn irgendwo das Wort Friedrichs des Zweiten gilt, dass „jeder nach seiner Facon selig werden kann", dann in Neukölln. Das geht nicht ohne Konflikte ab. Wer hier lebt, muss die anderen ertragen können. Leben und leben lassen. Praktische Toleranz. Deshalb zieht es sehr unterschiedliche Menschen hierher: Künstler, Medienleute, Migranten, Start-up-Unternehmer, Lebenskünstler.

Der Ruf, der den Quartieren zwischen Hasenheide und Ringbahn, Landwehrkanal und Tempelhofer Feld anhaftet, ist dennoch zwiespältig. Das war vor über einhundert Jahren nicht anders. Zu proletarisch, zu viel Rotlicht-Kneipen („In Rixdorf ist Musike"), zu wenig bürgerlich. Um „gehobene Schichten" anzulocken und die Gewerbeansiedelung zu steigern, verfielen die Stadtoberen 1912 auf den Plan, der Stadt einen neuen Namen zu verpassen. So wurde aus Rixdorf „Neukölln". Genutzt hat es nichts. Neukölln blieb der Kiez der kleinen Leute, ein Schmelztiegel. Hier wurden aus den Mägden und Knechten, die aus Pommern, der Neumark und aus Schlesien zuwanderten, Proletarier. Hier war die Evangelische Kirche stets kaisertreu, auch nach 1918, und lief 1933 mit wehenden Fahnen zu den „Deutschen Christen" über. Hier lieferten sich Kommunisten und Nationalsozialisten blutige Straßenschlachten, bis erstere in die

KZ deportiert wurden oder in den Untergrund gingen. Hier schrammten 1948/49 die Rosinenbomber über die Dächer, und selbst im tiefsten Kalten Krieg hielt die SPD daran fest, dass die wichtigste Hauptstraße nach Karl Marx benannt bleiben müsse.

Rixdorf-Neukölln lebt durch seine Zuwanderer und mit seinen Zuwanderern. Vor 276 Jahren waren es Glaubensflüchtlinge aus Böhmen, denen der preußische König Friedrich Wilhelm I. ein ganzes Dorf bauen ließ: Böhmisch-Rixdorf. Im Gemeindehaus der von Böhmen gegründeten Evangelisch-Reformierten Bethlehemsgemeinde suchen heute Flüchtlinge aus Afghanistan und aus dem Iran seelischen Trost und juristischen Beistand. Pastor Sadegh Sepehri und Sozialpädagoge Aziz Sadaghiani leisten das ihnen Mögliche, finanziell unterstützt vom Missionarischen Fonds der Presbyterian Church USA und von der Bethlehemsgemeinde.

Für viele Flüchtlinge ist Berlin nur eine Brücke, um weiterzuziehen, sagt der iranische Pastor. Deshalb ist die Gemeinde klein. Aber ihre spirituelle Kraft ist groß. Mehr als 500 Flüchtlinge haben hier in den letzten vierzehn Jahren zum christlichen Glauben gefunden und sich taufen lassen. Mag darunter mancher gewesen sein, der diesen Schritt aus Gründen der Opportunität getan hat. Wer kann in die Herzen schauen? Die Religion frei wählen zu können, ist ein Grundrecht. Wer es in Anspruch nimmt, wird in unserer Rechtsordnung nicht mit Strafen oder Sanktionen belegt. Die großen christlichen Kirchen haben lange gebraucht, bis sie das akzeptieren wollten. Heute treten sie entschieden für den Schutz der Glaubens- und Gewissensfreiheit ein, nicht nur aus Eigeninteresse. In der Religion darf es keinen Zwang geben, heißt es auch im Koran. Dass Muslime Christen werden, darf nicht Anlass für Schmähungen oder für verdeckte Drohungen sein. Geschieht dies doch, muss der Rechtsstaat mit allen ihm zur Verfügung stehenden Mitteln dagegen vorgehen, zum Beispiel auch in den Asylbewerberunterkünften, wo mancher lieber nicht darüber spricht, wohin er am Sonntag geht.

Für Glaubens- und Gewissensfreiheit eintreten heißt auch, die bei uns lebenden Muslime bei der Wahrung ihrer Rechte zu unterstützen. Als man in der Türkei in den 1960er und 1970er Jahren des vergangenen Jahrhunderts Arbeitskräfte für Betriebe in Berlin (West) anwarb, haben sich die Verantwortlichen wenig Gedanken darüber gemacht, wo denn die Angeworbenen, die mehrheitlich Muslime waren oder sind, ihren Glauben praktizieren könnten. Man sah in ihnen nur Arbeitskräfte, aber nicht Menschen mit einer religiösen Identität. Man meinte, dass sie ohnehin bald „wieder zurückkehren" würden (was viele von ihnen zunächst auch planten). Als die Angeworbenen dann ihre Gebetsstätten errichteten, blieben ihnen meistens nur aufgelassene Gewerbeetagen in Hinterhöfen. Ihre finanziellen Möglichkeiten waren begrenzt. Exponierte Bauplätze konnten sie sich nicht leisten, oder sie wagten es nicht, um diese nachzufragen.

Die Vergangenheit soll nicht verklärt werden. Historische Vergleiche sind oft nicht stimmig. Aber es sollte in diesem Zusammenhang daran erinnert werden: Der preußische König Friedrich Wilhelm I. ließ den Böhmen 1735–37 in der südlichen Friedrichstadt eine Kirche errichten, benannt nach der Predigtkirche des böhmischen Reformators Jan Hus in Prag, der Bethlehemskapelle. Er wusste, dass er nicht nur Arbeitskräfte in sein Land geholt hatte, sondern Menschen mit einer eigenständigen religiösen Identität. Um diese zu bewahren und an ihre Kinder weitergeben zu können, waren sie aus den habsburgischen Landen geflohen. Dass der König den Böhmen nicht nur die freie Ausübung ihres Glaubens gewährte, in tschechischer Sprache und mit eigenen Predigern, sondern ihnen sogar Gebetsräume bauen ließ, stärkte ihre Loyalität und beschleunigte ihre Integration, auch wenn sie sich noch lange von den „Alteingesessenen" unterschieden (bis zum Beginn des 19. Jahrhunderts sprachen viele Ältere in Rixdorf noch Tschechisch). Sie fühlten sich willkommen und angenommen; da konnten die Nachbarn in Deutsch-Rixdorf murren, die „Obrigkeit" hielte die Hand über sie.

Welcher Eindruck vermittelt sich heute Kindern muslimischer Familien, wenn sie, um am Gebet oder am Koranunterricht teilnehmen zu können, durch dunkle Hofeinfahrten und verwitterte Hinterhöfe gehen müssen? Müssen sie nicht das Gefühl bekommen, dass ihr Glaube, ihre Religion in unserem Land nicht willkommen sind? Wir sprechen viel von einer „Willkommenskultur", die wir im Umgang mit Zuwanderern entwickeln müssen. Gegenüber den Angeworbenen und ihren Familien aus der Türkei hat unsere Gesellschaft eine solche „Willkommenskultur" nur sehr begrenzt walten lassen. Und selbst heute, da vielen Menschen endlich bewusst wird, dass wir längst ein multireligiöses Einwanderungsland sind, gibt es immer noch Diskussionen, wenn eine Moschee nicht in einem Hinterhof, sondern in der vordersten Häuserzeile errichtet werden soll.

Toleranz bedeutet, anderen zuzugestehen, was man selbst für sich in Anspruch genommen hat oder nimmt, nämlich dem eigenen Glauben Ausdruck zu geben, an einem würdigen Ort und in einer wertschätzenden Atmosphäre. Nach dem Besuch in der prächtigen Sehetlik-Moschee am Neuköllner Columbia-Damm sei jedem und jeder empfohlen, eine der „Hinterhof-Moscheen" aufzusuchen. Das schärft den Blick.

Die Existenz in Hinterhöfen und Industrievierteln hat die Isolation mancher Moscheegemeinde noch vertieft. Um dem abzuhelfen, laden einige Moscheegemeinden seit einiger Zeit am 3. Oktober, dem Tag der deutschen Einheit, zum „Tag der Offenen Tür" ein. So haben Anwohner und Interessierte die Möglichkeit, die unterschiedlichen Formen muslimischer Existenz in ihrer Nachbarschaft kennenzulernen.

Das gegenseitige Verständnis fördern und Möglichkeiten für Begegnungen schaffen, will auch ein Gesprächsforum, zu dem die Kirchengemeinden des „Ökumenischen Arbeitskreises Rixdorf-Neukölln" und die Gazi-Osman-Pascha-Moscheegemeinde seit 1999 zweimal jährlich einladen. Die Begegnungen finden abwechselnd in einer der beteiligten Gemeinden oder in der Moschee statt. Der Themenkreis umfasst religiöse und theologische Fragen sowie Fragen der Ethik und der Erziehung. Dabei geht es darum, die Grundzüge der anderen Religion durch die authentische Stimme ihrer jeweiligen Vertreter kennenzulernen. Zu jedem Thema erfolgt eine Einleitung, aus christlicher und aus muslimischer Sicht, daran schließt sich eine Diskussion an, zumeist in kleinen Gruppen.

Die Unkenntnis über den anderen und die anderen ist immer noch groß. Doch bei denen, die regelmäßig an den Begegnungen teilnehmen, wächst das Wissen darüber, was den Anderen und die Anderen bewegt, was ihnen wichtig ist und welchen Lebensentwürfen sie, gemäß den Weisungen ihrer Religion, zu folgen versuchen. Nahmen in den ersten Jahren auf muslimischer Seite mehr Männer an den Begegnungen teil (oft aus der älteren Generation), so sind es heute zunehmend junge, selbstbewusste Frauen, die in Neukölln zur Schule gegangen sind, in der Ausbildung stehen oder ein Studium absolvieren. Auf christlicher Seite ist der Altersdurchschnitt mittlerweile weit höher. Jüngere Gemeindemitglieder kommen selten, vielleicht weil die Begegnung mit Muslimen für sie längst zum Alltag gehört. Ob ihre Kenntnisse über den Islam differenzierter sind als bei manchem Älteren, sei dahingestellt.

Obwohl mittlerweile über dreißig Begegnungen stattgefunden haben, herrscht der Eindruck vor, dass wir erst am Anfang eines langen Weges stehen. Wie sollte es auch anders sein? Das Bild, das Christen und Muslime voneinander haben, ist durch Bewertungen und Urteile geprägt, die in beiden Religionen über Jahrhunderte hinweg entwickelt, vertieft und weitergegeben wurden. Um diese Bilder zu überprüfen und zu revidieren, braucht es Geduld, Zeit und vor allem Vertrauen.

Beide Religionen haben den „inneren Menschen“ im Blick, dem sie Halt, Trost, Ermutigung und Orientierung geben wollen. Anliegen beider Religionen ist es, die Herausbildung einer persönlichen Glaubenshaltung zu fördern, die den Einzelnen spirituell erfüllt und ihn in die Lage versetzt, sein Leben verantwortlich zu führen, in der Familie wie in der Gemeinschaft. Hier wird man immer wieder Übereinstimmungen feststellen können, trotz bleibender theologischer Unterschiede.

Christentum und Islam versuchen aber zugleich, auch Einfluss auf die Gestaltung der sozialen Beziehungen und damit auf die gesellschaftlichen und politischen Verhältnisse zu nehmen. Das hat im Laufe der Jahrhunderte Spannungen geschürt und Kriege ausgelöst, zwischen den christlichen Konfessionen wie auch zwischen dem Christentum und dem Islam. Im Laufe der europäischen Verfassungsgeschichte wurde das Verhältnis von Religion/Kirche und Staat neu austariert, zunächst gegen den heftigen Widerstand der Kirchen. Bei allen Unterschieden im Einzelnen beruht das Verhältnis heute auf dem Prinzip der Trennung von Kirche/Religion und Staat. In den Staaten der EU besitzt keine einzelne Religion mehr den Vorrang vor anderen Religionen. Die Glaubens- und Gewissensfreiheit zählt zu den unveräußerlichen Grundrechten eines jeden Bürgers.

Nicht wenige Muslime tun sich mit diesem europäischen Modell der Trennung von Kirche/Religion und Staat immer noch schwer. Das erleben wir auch in unseren Gesprächen. Verweise auf die Behandlung von Juden und Christen im Osmanischen Reich, die von islamischer Seite gern ins Feld geführt werden, helfen hier nicht weiter; denn die Behandlung von Christen und Juden folgte dort nicht den Prinzipien der Gleichheit und der Gleichberechtigung, sondern den Prinzipien der Unterordnung und der Duldung.

Die Bereitschaft, auch diese Fragen in unseren Gesprächen anzugehen, hat sich in den letzten Jahren verstärkt. Das ist gewiss auch ein Resultat der öffentlichen Debatten im Gefolge der Attentate vom 11. September 2001. Christen wie Muslime erkennen immer deutlicher, welche verheerenden Folgen es hat, wenn sie den politischen Missbrauch ihrer Religionen zulassen oder duldend in Kauf nehmen. Die Religionen haben die Aufgabe, den Frieden zu fördern, den „inneren Frieden“ des je einzelnen Menschen wie den Frieden zwischen den gesellschaftlichen Gruppen und zwischen den Völkern. Die Verfolgung von Andersgläubigen oder der Aufruf zur Gewalt gegenüber „Ungläubigen“ sind nicht vereinbar mit den Grundaussagen, die in beiden Religionen gleichermaßen in Geltung stehen.

Dass Christen in diesem Zusammenhang den Blick auch auf jene Länder richten, in denen der Islam die Mehrheitsreligion bildet oder den Status der einzig erlaubten Religion besitzt, ist legitim, wie auch umgekehrt, dass unsere muslimischen Gesprächspartner sehr genau hinschauen, wie in den (vormals oder aktuell immer noch) christlich geprägten Gesellschaften mit religiösen Minderheiten umgegangen wird. Problematisch wird es, wenn Gesprächspartner versuchen, den anderen für Ereignisse oder Entscheidungen in Haftung zu nehmen, die dieser nicht zu verantworten hat. Ein Dialog, der unter dem Druck steht, sich ständig von Handlungen anderer distanzieren zu müssen, ist kein Dialog, sondern eine (mehr oder weniger verhüllte) Form, Unterwerfung erzwingen zu wollen. In England ist es seit Längerem bewährte Praxis, dass die Religionsgemeinschaften im Falle von schwerwiegenden Ereignissen wie rassistisch motivierten Übergriffen oder Attentaten den Schulterschluss suchen, gemeinsam an die Öffentlichkeit treten und Stellung nehmen. Könnte das nicht auch ein Modell für uns sein? Es würde das Vertrauen zwischen den Religionen stärken und gegenüber einer (teilweise sehr religionskritischen) Öffentlichkeit das Signal setzen: die Religionen in dieser Stadt treten für Frieden und Ausgleich ein.

Unverkennbar vollzieht sich in vielen Moscheegemeinden gegenwärtig ein Generationswechsel. War die erste Zuwanderer-Generation darum bemüht, die Gemeinden so zu leiten und auszurichten, wie es der Tradition der dörflichen Welt der „Heimat" entsprach, übernimmt jetzt eine Generation Verantwortung, die es sich zur Aufgabe gemacht hat, den Islam in die hiesige Realität zu übersetzen. Ihre Exponenten treten selbstbewusster und offensiver auf; sie benennen viel deutlicher Fehlentwicklungen in den eigenen Reihen wie im Verhältnis zwischen Religionen. Immer häufiger kann man erleben, dass einzelne Muslime Aussagen des Koran oder des Propheten zunächst in den damaligen historischen Kontext einordnen, um dann die bleibende Bedeutung für die Gegenwart zu begreifen und kenntlich zu machen. Das sind, jedenfalls in unserem Gesprächskontext, „neue Töne". Andere dagegen reden weiterhin der 1:1-Umsetzung von Koranaussagen das Wort. Ob sich in den hiesigen muslimischen Gemeinden eine eigenständige Form der historisch-kritischen Annäherung an die zentralen Texte des Islam entwickeln wird, wie sie seit Langem in der christlichen Bibelauslegung leitend ist, wird sich zeigen. Der unterschiedliche Umgang mit den Texten und widersprüchliche Reaktionen darauf deuten darauf hin, dass sich etwas zu ändern beginnt. Das wird dem Dialog neue Impulse verleihen.

Wer in Rixdorf-Neukölln lebt, lebt unter Zuwanderern; er oder sie ist ja aller Wahrscheinlichkeit nach selbst auch ein Zuwanderer. Die Quartiere südlich der historischen Mitte Berlins waren und sind bis heute Anlauf- und Fluchtpunkt für Menschen, die nach einer neuen Heimat such(t)en, manche aus eigenem Entschluss und freiwillig, sehr viele jedoch gezwungenermaßen, weil man ihnen dort, wo sie einmal wohnten, fundamentale Rechte verweigerte und Armut die Perspektive für sie und ihre Kinder gewesen wäre. Der Kampf um das tägliche Existenzminimum und eine erträgliche Zukunft bestimmt bis heute den Alltag vieler Neuköllner. Das mag ein Grund dafür sein, dass es in Rixdorf-Neukölln bisweilen etwas rauer zugeht als andernorts. Zugleich trifft man hier aber auch auf eine große Gelassenheit, eine pragmatische Toleranz, die den anderen (er-)trägt, und auf große Solidarität. Das haben unlängst zwei Journalisten einer großen deutschen Wochenzeitung bei ihrer Undercover-Recherche im (angeblich) verrufensten Bezirk Berlins am eigenen Leibe erfahren.

Dagmar Apel

Christlich-muslimischer Dialog in Berlin*

Dort, wo Menschen mit unterschiedlichen Religionen und Kulturen zusammenleben, entstehen Begegnungen zwischen den Religionen. Daraus kann ein Dialog erwachsen. Oft sind diese Begegnungen spontan, entstehen zufällig durch ein Problem, oft sind sie erfreulich und lösen dieses, oft aber sind sie es auch nicht. Aber immer verändern und bereichern diese Begegnungen Menschen und geben ihnen letztlich Aufschluss über sich selbst und die Frage: Was ist mir in meiner Religion wichtig? Woran glaube ich?

Das ist das gute Ergebnis einer Begegnung zwischen Juden und Christen, zwischen Muslimen oder Bahais: Zu erkennen, woran ich selbst glaube und woran nicht.

Neben diesen zufällig entstehenden Treffen gibt es die organisierten Dialoge zwischen Vertretern der verschiedenen Religionen – als Gespräch, Gebet, Diskussion oder Konsultation. Auch sie sind wichtig, weil sie Informationen liefern und Begegnung in Formen bringen. Das alles gibt es in Berlin zwischen Juden, Christen, Muslimen, Buddhisten, Bahai, Hindus, Sikhs und alle leben ihre Religion und begegnen sich in dieser Stadt.

Schauen wir einmal auf die Begegnungen zwischen Christen und Muslimen. Das ist eine Begegnung, die bereits eine sehr wechselvolle Geschichte hat.

Rückblick und Erinnerung

In den 1960er Jahren wurden die sogenannten Gastarbeiter in die Bundesrepublik und in den Westteil Berlins angeworben. Zunächst kamen überwiegend Männer aus den ländlichen Gebieten der Türkei nach Berlin. In den 70er und 80er Jahren holten diese ihre Familien nach, und der Anteil der Bevölkerung mit türkischer Herkunft stieg. Der größte Teil der türkischen Zuwanderer waren Muslime, von türkisch-muslimischem Brauchtum geprägt und mit einem traditionellen muslimischen Glauben aufgewachsen. Weder die Berliner Bevölkerung noch die türkischen Gastarbeiter waren auf ein Zusammentreffen vorbereitet worden. So hatten die zugezogenen Menschen keine Kenntnisse der deutschen, die Arbeitgeber und Kollegen keine Kenntnisse der türkischen Sprache. Die andere Kultur, die Religion oder das Brauchtum des anderen waren völlig unbekannt. Auf deutscher Seite dachte man, die Gäste würden nur kurze Zeit bleiben und dann wieder gehen. Warum sollte man sich also mit den Fremden auseinandersetzen?

Konkret sah das damals so aus: Mein Vater leitete einen Betrieb und hatte türkische Gastarbeiter angeworben. Einmal kam er im Hochsommer sehr besorgt und irritiert nach Hause und erzählte, dass die türkischen Mitarbeiter nichts mehr essen und trinken wollten. Er und die anderen deutschen Kollegen hätten sie durch nichts dazu bewegen können, er habe alles versucht. Wir wussten nichts vom Ramadan und dem Fasten als Religionsausübung. Erst sehr langsam näherte man sich an und verstand einander.

Unterwegs in Berlin – die Moschee im Hinterhof

Geht man heute durch einen Berliner Bezirk wie etwa Kreuzberg, Wedding, Moabit oder Neukölln, die geprägt sind durch einen hohen Anteil an türkischstämmiger Bevölkerung, dann fällt sofort auf, dass es viele Schilder in türkischer Sprache gibt, die auf Dienstleistungen wie Schneidereien, Frisöre, Schuhmacher hinweisen. Die Obstgeschäfte in Berlin werden überwiegend von Menschen türkischer oder arabischer Herkunft betrieben. Viele Lokale und Dönerläden laden zum Essen ein. So manche Bekleidungsgeschäfte und Juweliere haben einen türkischstämmigen Besitzer. Eine eigene Infrastruktur von Zulieferbetrieben wie Schlachtereien, Bäckereien, Großküchen beliefern Geschäfte mit türkischem Hintergrund. Viele Menschen, die ehemals aus der Türkei nach Berlin gekommen sind, haben sich hier in der Stadt eine Existenz aufgebaut. Viele sind selbstständig oder arbeiten in den Betrieben ihrer Familien mit. Eine türkische Community hat sich entwickelt.

In der einen oder anderen Straße sieht man Schilder mit der Aufschrift „Camii“, Moschee. Wahrscheinlich vermutet man als Spaziergänger nicht, im dritten Hinterhof in der zweiten Etage eine Moschee zu finden. Es gibt so viele Moscheen und Gebetsräume in Berlin, dass feste Zahlen schwierig zu ermitteln sind. Etwa 80 sollen es aktuell sein, sie finden sich in Kreuzberg, Wedding, Moabit, Neukölln, Wilmersdorf, Heinersdorf und Charlottenburg.

Die Sehitlik-Moschee am Tempelhofer Feld ist die größte und repräsentativste Moschee in der Stadt. Gleich nebenan befindet sich ein islamischer Friedhof. Kaiser Wilhelm I. hatte der islamischen Gemeinde das Gelände bereits 1866 auf Dauer übereignet. Das Maschari-Center am Görlitzer Bahnhof ist eine arabische Moschee und neben der Sehitlik-Moschee das größte islamische Zentrum in der Stadt. Die älteste Moschee in Berlin steht in Wilmersdorf. Sie wurde in den 20er Jahren gebaut und wird noch immer von der Ahmadiyya-Gemeinde genutzt. Alle Moscheen und Gebetsräume wurden von den Moscheegemeinschaften selbst gebaut und finanziert.

Es gibt kein einheitliches Bild der Menschen mit islamischer Religionszugehörigkeit. Da sind Jugendliche der dritten Generation, manche arbeitslos, andere gehen einem universitären Abschluss entgegen, ältere Menschen, früher einmal Gastarbeiter, inzwischen in der Fremde alt geworden, junge und ältere Frauen mit Kopftuch oder Tschador, Aleviten, Schiiten, Sunniten, säkularisierte Menschen, sie alle prägen das Bild. Neben den Muslimen türkischer Herkunft begegnen wir muslimischen Arabern aus dem Libanon oder Palästina, Muslimen aus Bosnien-Herzegowina und dem Kosovo. Und ich möchte auch die deutschen Konvertiten erwähnen, weil deren Anteil steigt. Diese Vielfalt stellt ohne Zweifel eine Bereicherung dar, aber sie ist auch eine Herausforderung für den Dialog mit den Muslimen in Berlin.

Der Dialog der evangelischen Kirche in Berlin und Brandenburg gestern und heute

Die EKBO ist eine junge Kirche. Fusionen und Zusammenschlüsse werden seit dem Mauerfall durchgeführt, neue Strukturen entwickelt. Diese Neustrukturierung fand auf altem Boden statt. Dabei mussten Begegnungsprozesse initiiert und durchgehalten werden. Im Vordergrund standen dabei die Begegnungen zwischen Ost und West und zwischen Stadt und Land innerhalb der Landeskirche und der einzelnen Gemeinden.

Die Kirche im Ostteil der Stadt und in Brandenburg hatte während der DDR-Zeit Erfahrungen mit dem Dialog zwischen Christen einerseits und Atheisten, Sozialisten und Kommunisten andererseits sammeln müssen. Die Kirche im Westteil Berlins hatte Gespräche mit verschieden gesellschaftlichen Gruppen begonnen. Im Zentrum stand hier der christlich-jüdische Dialog, den der ehemalige Oberrabbiner Leo Baeck – zwar in London lebend, doch immer noch Verantwortung für Berlin tragend – Ende der 50er Jahre mitbegründete.

Er regte an, auch die Muslime miteinzubeziehen. Zunächst war dieser Dialog jedoch ein Gespräch mit der Vergangenheit, der spezifischen jüdisch-christlichen Beziehung in der jüngeren deutschen Geschichte Rechnung tragend. Theologische Grundlagenarbeit musste geleistet, Diskussionsprozesse innerhalb der Kirche mussten durchlaufen, schmerzhafte Begegnungen ausgehalten werden, bevor überhaupt wieder ein Gespräch mit Menschen jüdischen Glaubens möglich war. Der christlich-jüdische Dialog steht noch immer im Zentrum des interreligiösen Dialogs in Deutschland und setzt theologische Standards, an denen sich der Dialog mit den Muslimen messen lassen muss.

In der Zeit nach der Vereinigung und den erforderlichen Umstrukturierungen lief der interreligiöse Dialog eher auf Sparflamme. Zu groß waren die Probleme, die erst einmal gelöst werden mussten, da schien das Gespräch mit Muslimen Luxus zu sein. Dennoch trafen sich auch damals schon interreligiöse Gruppen in der Evangelischen Akademie und in einigen Gemeinden.

Erste Ansprechpartner auf muslimischer Seite waren deutsche Konvertiten. Männer wie Jahja Schülzken oder Mohamed Herzog wurden von ihren jeweiligen islamischen Verbänden beauftragt, die Gespräche zu führen. Das hatte einiges für sich, aber man blieb doch im deutschen Kontext.

Kirchliche Begegnungen mit den muslimischen Nachbarn

Im ehemaligen Westteil der Stadt lebt seit 40 Jahren der größte Teil der Berliner Bevölkerung mit Migrationshintergrund, darunter ein sehr großer Teil Muslime. Auch wenn sich das Zusammenleben zwischen den unterschiedlichen Menschen oft nicht ohne Spannungen und Schwierigkeiten vollzieht, ist doch den meisten Berlinern inzwischen bewusst, dass die ehemaligen „Ausländer" zu Nachbarn geworden sind. Glückende und weniger glückende Begegnungen finden täglich statt: im Haus, auf der Straße, beim Einkaufen, in der Kita, in der Schule, beim Arzt, während der Arbeit, im Restaurant. Man trifft sich und kann sich nicht mehr aus dem Weg gehen. Einige evangelische Gemeinden begannen in den 70er Jahren, diese neuen Nachbarn wahrzunehmen und die Begegnung zu suchen. Interesse an ihrer Kultur und Religion war die Motivation, aber auch soziales Engagement und der Wunsch nach Anteilnahme am Leben des fremden Nachbarn.

Pfarrerinnen und Pfarrer in Kreuzberg, Neukölln, Moabit und Wedding suchten den Kontakt, weil sie sich bewusst waren, mit für den sozialen Frieden in der Parochie verantwortlich zu sein. So wurden Straßenfeste organisiert. Kirchengemeinden stellten ihre Räume an muslimischen Feiertagen und für Familienfeste zur Verfügung und feierten Gottesdienste zum Thema „Ausländer". Die sozial-diakonische Arbeit im Stadtteil stand immer unter dem biblischen Motto: „Das, was du einem meiner geringsten Brüder getan hast, das hast du mir getan." (Matthäus 25,40)

Dieses Motto prägt einige Gemeinden bis heute. Die Heilig-Kreuz-Kirchengemeinde in Berlin-Kreuzberg, angeregt durch den damaligen Pfarrer Heinz Klautke, hat die ersten Straßenfeste Ende der 60 er Jahre des letzten Jahrhunderts gemeinsam mit den muslimischen Nachbarn gefeiert. Für die Gemeindeglieder waren dies die ersten Begegnungen mit den „Gastarbeitern". Ein Ergebnis war die

Gründung eines türkisch-deutschen Kinderladens in den Gemeinderäumen, denn wenigstens die Kinder sollten miteinander aufwachsen und gleich mehr voneinander lernen, so der Wunsch.

Der christlich-islamische Dialog wurde theologisch vorbereitet und von einzelnen Fachleuten in interessierte Gemeinden gebracht. Professor Christoph Elsas ist da besonderes zu nennen, der, unterstützt durch die Evangelische Kirche in Berlin und Brandenburg als promovierter und habilitierter Pfarrer teilweise freigestellt wurde, um den Dialog aufzubauen und zu führen.

Seit den 80er Jahren leben nun die zweite und dritte Generationen muslimischer Einwanderer, ältere Menschen und Familien mit Kindern in der Stadt. Manche muslimische Kinder sind in eine evangelische Kindertagesstätte gegangen, Jugendliche kamen in den Jugendkeller der Gemeinde. Die Gemeinden sahen den Bedarf an kultureller und sozialdiakonischer Beratung. So eröffneten Beratungsstellen in kirchlicher Trägerschaft: Hinbun, Al-Muntada, Ugrak, die Trödelteestube in der Heilandskirche und „Asyl in der Kirche“ sind da zu nennen.

Menschen begegneten sich, wuchsen zusammen auf. Die Zahl der interkulturellen und interreligiösen Ehen stieg an. Türkischstämmige Menschen wurden krank und starben in Berlin. Im Krankenhaus konnte die Seelsorgerin oder der Seelsorger nicht mehr an den muslimischen Patienten vorbeigehen. Und schließlich stellte sich die Frage der islamischen Bestattung auf evangelischen Friedhöfen.

Muslimisch-christliche Nachbarschaft

Nach der Wende gab es eine Stimmung voller Ressentiments gegen Ausländer. Menschen mit Migrationshintergrund wurden auf offener Straße angegriffen, rassistisches Gedankengut wurde öffentlich verkündet. Besonders in den Stadtteilen mit einem hohen Anteil von Menschen mit Migrationshintergrund stieg die Ausländerfeindlichkeit an und steigt auch heute weiterhin besonders in den Stadtteilen von Berlin (Ost) z.B. in Lichtenberg und Hellersdorf. Davon blieben auch die Gemeinden in Berlin nicht verschont. Jugendkeller in verschiedenen Kirchenkreisen schlossen, der ständigen Raufereien zwischen deutschen und türkischen oder arabischen Jugendlichen müde. Diakone und Sozialarbeiter, die nicht vorbereitet waren auf solche Konflikte, fragten – oftmals unterstützt vom Pfarrer und Gemeindekirchenrat: Warum sollen wir eigentlich den Jugendkeller für Muslime öffnen, wenn unsere deutschen und christlichen Jugendlichen sich dann nicht wohlfühlen? Man blieb und bleibt bis heute oft gerne unter sich. Man kann diese Zeit durchaus als Rückschritt in Dialog und Begegnung mit Muslimen in Berlin bezeichnen.

Nach den Anschlägen von Mölln, Solingen und Rostock trat ein Tiefpunkt im deutsch-türkischen Verhältnis ein. Die Menschen türkischer Herkunft rückten enger zusammen und besannen sich verstärkt auf ihre türkische Kultur und ihre islamische Religion. Aber einige muslimische Verbände öffneten sich, wenn auch zögerlich, da sie sich zunehmend dessen bewusst wurden, dass viele Menschen türkischer Herkunft in Deutschland dauerhaft bleiben würden und etliche auch die deutsche Staatsbürgerschaft angenommen hatten. Der Tag der offenen Moschee am 3. Oktober, der seit 1997 begangen wird, wurde von der Berliner Bevölkerung gut aufgenommen. Die großen Hauptverbände Ditip (Türkisch-islamische Union der Anstalt für Religion e.V.), die Islamische Föderation und VIKZ (Verband islamischer Kulturzentren) waren hier federführend.

Exkurs: Islamische Verbände in Berlin

Es gibt zahlreiche Sunniten und auch Schiiten in Berlin, daneben Aleviten, die Gruppe der Ahmadiyya und die Sufis. Der Kontakt zwischen diesen islamischen Ausrichtungen ist eher schwierig und nur vereinzelt zu beobachten, da jede Gruppe für sich ein eigenes Vertretungsrecht beansprucht. Vielleicht ist die Situation zwischen den islamischen Gruppen vergleichbar mit der Situation der christlichen Ökumene, nur dass der Islam bisher noch keine institutionelle Vernetzung entwickelt hat.

Die größte Gruppe in Berlin ist die der Sunniten, was vor allem daran liegt, dass die Türkei weltweit der Hauptsitz der Sunniten ist. Darum sind auch die meisten Moscheen in Berlin sunnitische

Moscheen. Sie wurden von den islamischen Verbänden gegründet und geführt.

Die islamischen Verbände sind meist bundesweite Verbände, die sich, wie bei den Sufis und den Aleviten, auf regionale Initiativen zurückführen lassen oder direkt von der Türkei aus gegründet wurden. Da ist an erster Stelle *Ditip* zu nennen. Ditip ist eine türkische Organisation. Sie wird vom Religionsministerium in Ankara geführt und soll für die Menschen mit türkischem Migrationshintergrund eine Brücke zwischen Deutschland und der Türkei sein. Die nächste größere Vereinigung ist die Islamische Föderation. Sie ist zum größten Teil von *Milli Görüs*, einer länderübergreifenden islamischen Bewegung, beeinflusst oder sogar identisch mit ihr. Die drittgrößte Vereinigung ist die VIKZ. Der Verein islamischer Kulturzentren ist der von der türkischen politischen Situation wohl unabhängigste Verein. Er steht im Zusammenhang mit der türkischen Laienbewegung „Anhänger von Süleyman", bezeichnet sich aber als politisch neutral und unabhängig. Und auch die Aleviten haben einen eigenen Verein gegründet. Alle Verbände sind eher geschlossene Gruppen und für Menschen, die nicht zu dieser Gruppe gehören, ist es schwer, Kontakt aufzunehmen und zu halten.

Entwicklung des Dialogs

Das Interesse an der muslimischen Religion wuchs und wächst im westlichen Kontext, auch wenn es motiviert war durch das Attentat am 11. September 2001 in New York („9/11") mit der darauffolgenden zum Teil stereotypen Wahrnehmung.

Vor über fünfzehn Jahren wurde, angeregt durch Bischof Wolfgang Huber und Generalsuperintendent Martin-Michael Passauer, eine Arbeitsgruppe mit Pfarrern und Pfarrerinnen gegründet, die in ihrem Aufgabengebiet Kontakte zu muslimischen Gruppen pflegten oder sich zum Thema „Islam" fortgebildet hatten. Dieser Arbeitskreis trifft sich seitdem regelmäßig und stellt eine Art Netzwerk und Kompetenzzentrum zum christlich-islamischen Dialog dar.

Die EKBO im Sprengel Berlin, angeführt durch die Generalsuperintendentin Ulrike Trautwein, sucht auch heute noch nach

Menschen in den Kirchenkreisen, die eine Beauftragung für den christlich-islamischen Dialog wahrnehmen können. In den Kirchenkreisen mit einem hohen Anteil muslimischer Bevölkerung wurden bereits interessierte Pfarrer und Pfarrerinnen gefunden, die die Aufgabe übernommen haben, den Dialog zwischen Christen und Muslimen auf lokaler Ebene zu vertiefen. So konnte an einigen Stellen der Kontakt ausgebaut und verstärkt werden.

Ein gelungenes Beispiel sei genannt: In Spandau feierten die Gemeinden gemeinsam in einer christlichen Gemeinde das Opferfest, nachdem der Pfarrkonvent die Moscheegemeinde des ortsansässigen VIKZ besucht hatte. Traditionsgemäß finden Begegnungen und Dialoge während der Interkulturellen Woche statt. Vereinzelt laden Gemeinden Moscheegemeinden zu Gespräch und Begegnung ein. Dennoch ist der christlich-islamische Dialog kein zentrales Thema der Interkulturellen Woche in Berlin.

Nach „9/11“ hatte sich das Verhältnis zu den islamischen Verbänden und zu den Menschen mit Migrationshintergrund erst einmal verändert. Es gab Spannungen, Deutsche und muslimische Bevölkerung beobachteten sich misstrauisch. Doch Menschen mit „Brückenerfahrung“ halfen, Gespräche wieder in Gang zu bringen. Heute ist zu beobachten, dass sich die muslimischen Verbände eher öffnen. Sie wollen sich auch nach außen darstellen. Der islamische Religionsunterricht wurde diskutiert und wird praktiziert. Kirchengemeinden sind offener für die Begegnung und den Dialog geworden.

Bildung – „Geh hin zur Ameise, du Fauler, sieh an ihr Tun und lerne von ihr!“ (Sprüche 6,6)

Als zentral sehe ich die Frage der religiösen Bildung aller Menschen in Berlin an. Da ist noch viel zu tun. Voneinander lernen in der Nachbarschaft und in der Begegnung in der Gemeinde ist die eine Seite der Bildung. Aber religiöse Bildung in den verschiedenen Religionen muss auch in Schule und Bildungseinrichtungen stattfinden. Zur Emanzipation und Aufklärung gehören Glaubensinhalte und Geschichte der verschiedenen Religionen, nicht nur an den Universitäten, sondern auch in Religionsunterricht und Ethikunterricht, in

Fort- und Weiterbildung sowie in der Ausbildung kirchlicher Mitarbeitender.

So müssen Pfarrer und Pfarrerinnen, kirchliche Mitarbeitende und Ehrenamtliche auf die Begegnung mit Menschen muslimischer Prägung und Religiosität vorbereitet werden. In der jeweiligen Ausbildung können Kenntnisse der anderen Religion sowie Respekt und Achtung voreinander vertieft werden. Interreligiöse Kompetenz sollte erlernt werden, um für die Praxis auch in Beratung und Seelsorge vorbereitet zu sein. Patchworkreligiosität ist eine Konsequenz der Religionsfreiheit und eine Realität im religiösen Leben innerhalb einer Großstadt.[1] Der moderne Mensch prüft und probiert auch den Glauben der anderen aus. Pfarrer und Pfarrerinnen sind dazu aufgerufen, sich dem zu stellen und sich dazu zu verhalten.

Christlich-muslimischer Dialog heute – 6 Thesen

1. Es gab und gibt Begegnungen zwischen Christen und Muslimen. Diese sind meist spontan, lokal, regional, individuell. Die Begegnungen auf gemeindlicher Ebene könnte eine Chance für ein gutes nachbarschaftliches Miteinander sein. Es ist auf jeden Fall ein Beitrag für den Frieden. Sowohl für die christlichen als auch die muslimischen Gemeinden kann ein Dialog zur Identitätsbildung und Vertiefung des eigenen Glaubens beitragen.
2. Menschen in der EKBO haben sozial-diakonische Dienste aufgebaut, die die muslimischen Familien in ihrer spezifischen Kultur wahrnehmen, unterstützen und ihnen bei Problemen helfen. Sie nehmen damit ihre Verantwortung für ein friedliches Zusammenleben zwischen Christen und Muslimen vorrangig in dieser sozial-diakonischen Betreuung wahr.
3. Es gibt keinen traditionellen theologischen Dialog zwischen evangelischen Gemeinden und islamischen Moscheegemeinschaften in Berlin. Aber es gibt vereinzelte Ansätze dazu.
4. Durch soziale und kulturelle Unterschiede, aber vor allem durch das unterschiedliche Religionsverständnis in Praxis und Theologie sind gemeinsame Gesprächsebenen zwischen Christen und Muslimen nur schwer zu finden. Auch erschweren die unter-

schiedlichen Organisationsformen (Kirche=Körperschaft öffentlichen Rechts, Moscheegemeinden=Vereine) das Gespräch. Zudem haben die unterschiedlichen Moscheegemeinden für Außenstehende oftmals einen schwer zu bestimmenden Hintergrund.

5. Der Dialog zwischen den Religionen thematisiert auch gesellschaftliche Fragen des Zusammenlebens (islamischer Religionsunterricht in Berliner Schulen, das Kopftuchverbot in öffentlichen Einrichtungen u.a.). Verschiedene Bildungseinrichtungen führen genau da den christlich-islamischen Dialog und prägen Standards. So laden die Stiftungen der Parteien, die interkulturellen Häuser regelmäßig zu internationalen Kongressen, Seminaren, Diskussionsforen ein. Die EKBO beteiligt sich an diesen Diskussionsprozessen nur teilweise.
6. Nur ein christlich-islamischer Dialog, der ökumenisch abgestimmt und begleitet wird, ist hilfreich für die Begegnung der Gemeinden im christlich-muslimischen Miteinander.

Ausblick: Da ist Bewegung drin

Barbara John, ehemalige Ausländerbeauftragte des Landes Berlin, spricht davon, dass die Muslime „wieder Religion nach Berlin" gebracht hätten. Sie meint damit, dass mit den türkisch-muslimischen Menschen erneut eine sichtbare religiöse Praxis nach Berlin gekommen ist. Diese sichtbare Praxis hat durchaus religiöse Entwicklungen in Berlin angestoßen und vertieft.

Waren es in der ersten Phase des Zuzugs der „Gastarbeiter" familiäre und kulturelle Traditionen, die Verbindung zur Familie in der Heimat hielten, bestand die nächste Phase, die bei der darauffolgenden Generation zu beobachten war, eher in der Abkehr und Loslösung von dieser traditionellen religiösen Praxis. Heute besinnt sich die dritte und vierte Generation erneut auf ihre Wurzeln, pflegt und sucht die religiöse Praxis der Großeltern und Eltern. Darin liegen viele Chancen, aber auch Fragen und Unsicherheiten. So kann man feststellen, dass auch der Islam in Berlin einen Transformationsprozess durchgemacht hat, wozu sicherlich der Anpassungsdruck der

Großstadt einerseits, die Entwicklungen des weltweiten Islam andererseits beigetragen haben.

Der Senat von Berlin hat die religiöse Vielfalt als Chance und Aufgabe erkannt und fördert den Dialog zwischen allen Religionen seit etwa zwei Jahren intensiv. Ziel ist Transparenz und Vernetzung, die einen dauerhaften Austausch möglich machen. Die EKBO hat mit der Einrichtung einer landeskirchlichen Pfarrstelle für interreligiösen Dialog klar Position bezogen und sich zur Wichtigkeit dieses Themas bekannt. Es ist viel Bewegung in die Dialogsituation in Berlin gekommen.

Der christlich-islamische Dialog ist nicht mehr ein Hobby und privates Interesse einzelner Emeritys, sondern eine Aufgabe der gesamten Landeskirche. Dazu gehört, dass Beziehungen zu den Verbänden aufgebaut und gefestigt und verbindliche Netzwerke sowie Entscheidungsgremien geschaffen werden, die die Prozesse begleiten und anregen. Und dass die Gemeinden ermutigt werden, sich zu den muslimischen Nachbarn hin zu öffnen und Begegnungen zu organisieren. Dabei wäre es hilfreich, wenn es runde Tische der Religionen in Berliner Bezirken gäbe, die einerseits voneinander lernen und andererseits Lösungen für lokale Probleme und Herausforderungen vorbereiten und bei Entscheidungsprozessen beraten.

Zur Bewegung gehört auch, dass es verschiedene interreligiöse Projekte in Berlin gibt, die von verschiedenen Religionsgemeinschaften getragen werden und in denen auch die EKBO mit gestaltet. Da sind das Projekt „Tempelhofer Feld" zu nennen und das Bet- und Lehrhaus St. Petri – St. Marien: verschiedene Konzepte, die unterschiedliche Dialogansätze in lebendige Begegnungen umsetzen wollen. Und es gibt immer mehr interreligiöse Gebete (etwa das Interreligiöse Friedensgebet beim Karneval der Kulturen in der Heilig-Kreuz-Kirche in Berlin-Kreuzberg) und Gottesdienste oder Kasualien für Familien mit interreligiösem Hintergrund. Die Anforderungen steigen. Die Anzahl der klassischen evangelischen Familien sinkt. Viele Experimente werden gewagt und vieles gelingt schon – auch im Raum der Kirche.

Was aber haben wir Christen von dem Dialog mit Muslimen? Jenseits der moralischen Forderung, der ethischen Verpflichtung schenkt die Begegnung mit Menschen islamischen Glaubens eine

Besinnung auf uns selbst. Sie hilft uns, im Anderen auch das Eigene zu erkennen und zu pflegen.[2] Was wir bei anderen wahrnehmen, sollten wir auch an uns selbst verstehen können. Oder es kommen ganz neue Glaubensfragen oder Glaubenserkenntnisse auf uns zu. Unser Horizont wird durch die Begegnung erweitert. So kann ein Gespräch über den Glauben und die Glaubenspraxis zwischen Christen und Muslimen wie eine schöne eindrucksvolle Reise in ein fernes Land sein. Komme ich nach Hause, sehen auch meine eigenen vier Wände viel reicher und bunter aus.

Anmerkungen

* Für den Artikel wichtige Literatur ist: Gerdin Jonker / Andreas Kapphan, Moscheen und islamisches Leben in Berlin, Berlin 1999. Riem Spielhaus / Alexa Färber, Islamisches Gemeindeleben in Berlin, Berlin 2006. Peter Heine, Halbmond über deutschen Dächern, München 1997.

1 Peter L. Berger, Der Zwang zur Häresie, Freiburg i. Br., 1992.

2 Martin Buber, Ich und Du, Stuttgart, 1995.

FRIEDERIKE VON KIRCHBACH

Wir wissen immer zu wenig

Beobachtungen im Ökumenischen Rat Berlin-Brandenburg

Der Ökumenische Rat Berlin-Brandenburg hat 30 Mitglieder. Er ist parallel zu anderen Arbeitsgemeinschaften Christlicher Kirchen organisiert. Die relativ hohe Zahl seiner Mitglieder erklärt sich aus der Tatsache, dass auch einzelne – vor allem internationale – Gemeinden eine eigene Mitgliedschaft haben. Wir legen im Ökumenischen Rat Wert auf ein ausgewogenes Verhältnis zwischen den Kirchenfamilien, unabhängig von der Größe der Mitglieder. Der zahlenmäßig stärkste Teil wird von der evangelischen Ortskirche in Berlin und Brandenburg eingebracht, gefolgt von der Römisch-Katholischen Kirche, den Orthodoxen Kirchen und den Freikirchen. Wenn wir alle Christinnen und Christen in der Region zusammenrechnen, kommen wir auf einen Anteil von ungefähr 30 Prozent der Bevölkerung. Andere Religionen liegen deutlich darunter. Die Mehrheit der Bevölkerung zählt zu den Konfessionslosen.

Der 1. Ökumenische Kirchentag in Berlin 2003 mit dem Motto „Ihr sollt ein Segen sein“ war ein wirklicher Segen für die Zusammenarbeit des Ökumenischen Rates.

Damals sind auf der Arbeitsebene Beziehungen entstanden, die heute noch die Zusammenarbeit bestimmen. So können wir eine steigende Zahl gemeinsamer Projekte vorweisen. Alle drei Jahre feiern alle christlichen Kirchen gemeinsam das große „Berliner Fest der Kirchen“, welches sich einer wachsenden öffentlichen Aufmerksamkeit erfreut.

Jedes Jahr im Januar wird mit einem ökumenischen Gottesdienst die Gebetswoche für die Einheit der Christen eröffnet. Beim anschließenden Neujahrsempfang wird der jährliche Ökumenepreis, gestiftet von einer katholischen und einer evangelischen Bank, an Initiativen oder Einzelpersonen verliehen. Pfingstsonntagabend beginnt die „Nacht der offenen Kirchen“ mit einem ökumenischen

Pilgerweg vom Brandenburger Tor bis zum Berliner Dom. Dort findet nach einer ökumenischen Andacht ein internationales Chorkonzert statt.

Zwischen den Festen gibt es regelmäßige Ausschuss- und Leitungssitzungen, die von einer effizient arbeitenden Geschäftsstelle vorbereitet werden. Die Vorsitzenden und deren Stellvertreter werden alle drei Jahre gewählt. Zurzeit bin ich als Pröpstin der Evangelischen Landeskirche Berlin-Brandenburg-schlesische Oberlausitz die Vorsitzende in der zweiten Legislaturperiode. Dass ich als Frau in einem leitenden geistlichen Amt der Evangelischen Kirche wiedergewählt wurde, zeugt von Toleranz derer, bei denen es keine Frauen in geistlichen Ämtern gibt. Und so ist unsere Zusammenarbeit auch grundsätzlich von einer fröhlichen Bereitschaft zur Akzeptanz geprägt. Der Ratsausschuss widmet sich dem operativen Geschäft.
Er bereitet auch die Ratsleitungssitzungen vor, die viermal im Jahr stattfinden. Darüber hinaus kommen engagierte Mitglieder in Arbeitsgruppen und Kommissionen zusammen. Darunter ist auch eine Gruppe, die sich mit Fragen des interreligiösen Gespräches befasst.

Oft ähneln die ökumenischen Begegnungen eher einem Freundeskreistreffen. Konflikte treten selten auf, und wenn, dann gibt es gute Erfahrungen mit Klärungsprozessen. Es gilt als Grundvoraussetzung, einander zu vertrauen. Und Lachen gehört, das berichten auch andere Ökumeniker, zum Geschäft. Allerdings gibt es auch wenig Überraschendes. Kontroverse Themen werden dann angesprochen, wenn sinnvolle Klärungen zu erwarten sind. Das ist ein wichtiger Teil der Gesprächskultur mit ökumenischem Taktgefühl. Dinge, für die es grundsätzlich unterschiedliche Positionen gibt, die jedoch für die gemeinsame Arbeit nicht relevant sind, müssen um des Weiterkommens in anderen Bereichen nicht unbedingt bearbeitet werden. Zwar kennen wir alle die sehr unterschiedlichen Positionen zur Frage des gemeinsamen Abendmahls, aber es wird nicht mehr eigens thematisiert. Und auch die Diskussion zur Rolle der Frauen in den verschiedenen Kirchenfamilien brächte kein anderes Ergebnis zustande als die Erkenntnis, dass die Lage extrem unterschiedlich ist. Ganz zu schweigen vom Umgang mit den Fragen des Zusammenlebens in gleichgeschlechtlichen Partnerschaften.

Seit Kurzem gibt es eine Initiative zur rechtlichen Regelung des leichteren Übertritts zwischen den Kirchen. In anderen regionalen ACK-Kirchen liegen dazu schon Vereinbarungen vor. Das wird für das Verhältnis zwischen Freikirchen und der Evangelischen Kirche hilfreich sein. Orthodoxe und römisch-katholische Mitglieder werden sich nicht beteiligen. Die Ratsleitung hat sich dem Thema in aller Vorsicht zugewandt. Am Ende der Diskussion war deutlich, wie wenig wir trotz intensiver langjähriger Zusammenarbeit voneinander wissen.

Ein anderes Thema mit Spaltungspotenzial ist die Frage nach der Position des Ökumenischen Rates zum Interreligiösen Dialog. Zwar sind sich die Mitglieder des Ökumenischen Rates bewusst, dass ein richtiger Dialog mit anderen Religionen eigentlich nur von einer ökumenischen Basis aus geführt werden kann, doch die Dringlichkeit des Themas zeigt sich in den einzelnen Denominationen unterschiedlich. Vielleicht liegt genau an dieser Stelle auch der Hauptgrund für die Tatsache, dass im Berliner Raum zwar einzelne ökumenische Gruppen intensiv zum interreligiösen Dialog im Gespräch sind, von einem grundsätzlichen gemeinsam abgestimmten Vorgehen aber nicht gesprochen werden kann. Dies wurde auch in der Diskussion um das Leitbild des Ökumenischen Rates deutlich.

Erst in den Konkretionen unter dem vierten Punkt des Leitbildes „Wir bieten an“ wird gesagt: „Wir geben Impulse für den interreligiösen Dialog“. So ist die Situation. Im deutlichen Kontrast dazu stehen grundsätzliche Aussagen wie: „Wir stehen als Ansprechpartner zur Verfügung für interkonfessionelle Fragen“, oder „Wir bieten Möglichkeiten der interkulturellen Begegnung zwischen einheimischen und fremdsprachigen Kirchen.“

Der Ökumenische Rat erhebt mit seinem Leitbild keinen Anspruch auf eine Hauptrolle im Interreligiösen Dialog. Allerdings gab es, bevor die zurückhaltende Formulierung aufgenommen wurde, harte Diskussionen mit Mitgliedern, die sich ein sehr viel deutlicheres Bekenntnis gewünscht hätten. Nicht zufällig kamen diese aus der Evangelischen Kirche. Tatsächlich besteht für die Evangelische Kirche in der Frage des interreligiösen Dialogs besonders in Berlin ein hoher Handlungsbedarf.

Das liegt zum einem daran, dass die Protestanten als größte Kirche vor Ort oft auch die ersten Ansprechpartner für Politik und Gesellschaft sind. Zum anderen sind sie es auch, die es sich am ehesten leisten können, die materiellen Voraussetzungen für einen qualifizierten Dialog der Religionen zu schaffen. Dabei geht es vor allem um den Dialog mit muslimischen Partnern. Die christlich-jüdische Zusammenarbeit hat eine jahrzehntelange, bewährte Tradition. Sie wird in ähnlicher Form auch von den römisch-katholischen Partnern getragen.

Wenn also bei der Frage des interreligiösen Dialoges im Raum Berlin zuerst an den Dialog mit den Muslimen gedacht wird, dann ist das immer auch eine Frage mit einer internationalen Dimension. Nicht wenige Gemeinden im Ökumenischen Rat haben einen schmerzhaften Migrationshintergrund. So wächst zurzeit die Gemeinde der syrisch-orthodoxen Christen so stark, dass sie dringend Unterstützung braucht. Und ihr Herz ist bei den verfolgten Gliedern ihrer Kirche in der durch einen unabsehbaren Bürgerkrieg gequälten Heimat Syrien. Die Koptische Gemeinde ist lange schon zu Hause in Berlin und beteiligt sich rege an ökumenischen Aktionen. Die bedrohliche Lage der Kopten in Ägypten belastet aber selbst die schon längst hier heimisch Gewordenen.

Ebenso sind auch die orthodoxen Geschwister der alten Armenischen Kirche hier schon längst zu Haus. Ihre Traumatisierung durch die Vernichtung ihres Volkes vor fast 100 Jahren macht ihnen die Beschäftigung mit dem interreligiösen Dialog schwer. In einem beeindruckenden Vortrag während einer Klausursitzung der Ratsleitung schildert eine engagierte armenische Christin die Lage der Christen im Nahen Osten. Als Ergebnis beschrieb sie, dass es außer Israel und dem Libanon kein Land mehr gibt, in dem Christen unbehelligt sind. Ihr ist bewusst, dass es an der Zeit ist, in Berlin über das Miteinander der Religionen nachzudenken. Aber jene, die um ihr Leben bangen müssen, haben noch drängendere Probleme. Von uns anderen in der Ökumene wird nicht erwartet, dass wir deshalb den Dialog aufgeben, aber es wird erwartet, dass wir die Zurückhaltung der anderen verstehen und nicht auf gut gemeinte Konsensbeschlüsse bestehen.

Ein Problem im interreligiösen Dialog ist noch der Mangel an Erfahrung und bewährten Strukturen. Als größte christliche Kirche vor Ort sind wir auch bei Weitem die reichste Kirche. Wenn es gilt, Strukturen auszubauen, dann braucht es hauptamtliches, qualifiziertes Engagement. Wir sind dankbar, dass wir vor zwei Jahren eine Pfarrstelle für den interreligiösen Dialog besetzen konnten. Das können sich alle anderen nicht leisten.

Andererseits ist es bei diesem Thema wie bei vielen anderen: Die Kulturen in den Mitgliedskirchen sind so unterschiedlich, dass ein einzelner Pfarrer nicht für die anderen reden kann.

Wenn ein Christ oder eine Christin im interreligiösen Gespräch miteinander weiterkommen, dann ist das immer ein Erfolg für das friedliche Zusammenleben, auch wenn nicht auszuschließen ist, dass sich beide Gesprächspartner zu weit über den gesetzlichen Rahmen ihrer eigenen Organisation hinauslehnen und vielleicht sogar am Ende zu Hause Ärger bekommen. Auf dem Weg der individuellen Begegnung sind die ersten Erfolge entstanden und sie werden dort weiter wachsen.

So hat sich mein Onkel Reinhard von Kirchbach, einst Propst in Schleswig, vor knapp 30 Jahren in den Vorruhestand versetzen lassen, um intensiv an seiner Theologie des Dialogs zu arbeiten. Er war dabei eher von der Mystik geprägt, theologische, dogmatische Klärungen lagen ihm weniger am Herzen. Doch seine Gebete und Meditationen leisten bis heute einen wichtigen Beitrag für den interreligiösen Austausch der Menschen. Vielleicht ist der Ansatz, das zusammen zu tun, was möglich ist, und sich nicht gleich an den größten Hürden aufzureiben, der beste. Das meinen auch die Mitglieder des Ökumenischen Rates, und sie sind allesamt stolz auf ihr jährliches Fußballspiel „Pfarrer gegen Imame“, das längst überregionales Aufsehen erregt hat.

Annäherung passiert, wenn wir etwas mit Begeisterung zusammen tun. Wenn das gelingt und wiederholt werden kann, dann wächst ein Vertrauen, das später die Grundlage für Grundsatzgespräche bilden kann. So ist es auch in der ökumenischen Großfamilie. Ich habe dort inzwischen belastbare Freundschaften gefunden. Wenn etwas bei den anderen gesagt wird, was ich nicht verstehe, lasse ich es mir erklären. Manchmal reicht das und manchmal wird deutlich, wie weit der Weg zueinander noch ist. So ist es. Darum lasst uns mit anderen Konfessionen und anderen Religionen einfach das tun, was wir tun können: Feste feiern, Möglichkeiten der Begegnung schaffen und den anderen so mögen, wie er ist.

Joachim Liebig

Toleranz und religiöse Indifferenz

Gedanken zum Missionsbegriff in profaner Umgebung

1. Die Ausgangssituation

Nach aktuellen Zahlen bewegt sich die Kirchenmitgliedschaft in Mitteldeutschland bei durchschnittlich etwa 20 Prozent der Wohnbevölkerung. Dieser Wert schwankt zwischen weniger als 10 Prozent in einigen urbanen Zentren und deutlich mehr als 50 Prozent in durchweg ländlichen Räumen mit besonderer religiöser Prägung.[1] Unterschiedliche Untersuchungen zu dieser Fragestellung ergeben ein gleichbleibendes Bild von hoher Distanzierung einer Majorität der Wohnbevölkerung zu religiösen Fragen im Allgemeinen und zu kirchlicher Bindung im Besonderen. Nachfolgend bezeichne ich diese Haltung als religiöse Indifferenz.[2] Ganz ohne Zweifel liegt hier eine zuletzt von Charles Taylor diagnostizierte Pluralisierung der Deutungsmuster menschlicher Existenz vor. Es wäre daher auch zu kurz gefasst, die Situation ausschließlich mit der spezifischen politischen Situation in Mittel- und Ostdeutschland nach dem Ende des Zweiten Weltkrieges begründen zu wollen.

Die religiöse Indifferenz lässt sich bereits in den 1920er Jahren beschreiben. Allerdings wäre zu fragen, welche Aussagekraft formal hohe Kirchenmitgliedschaftszahlen tatsächlich in sich tragen. Diese Weitung der Fragestellung soll jedoch nicht Gegenstand der folgenden Überlegungen sein. Vielmehr geht es um einige Gedanken im Spannungsfeld zwischen religiöser Indifferenz der Mehrheitsbevölkerung und dem darauf reagierenden Missionsbegriff. Einer spezifischen Ausformung der Toleranz kommt dabei eine besondere Bedeutung zu.

2. Toleranz und Mission

Eine der zahlreichen Sichtachsen im Gartenreich des Fürsten Leopold III. Friedrich Franz von Anhalt-Dessau trägt den Titel „Toleranzblick“. Von der Goldenen Urne aus gesehen wendet sich der Blick zurück auf die protestantische Petri-Kirche in Wörlitz und erfasst zugleich die danebenstehende Synagoge. Am Ende des 18. und im Übergang zum 19. Jahrhundert beschreibt dieser Toleranzblick eine damals neue und inzwischen als allgemeingültig akzeptierte Haltung: Alle Religionen sind gleich gültig. Die Vorstellung von Toleranz wird damit auf ihren ursprünglichen Wortstamm der Duldung zurückgeführt und zugleich wird das im Begriff der Duldung mitschwingende schmerzliche Element reduziert. Die Gleich-Gültigkeit aller Religionen beendet nicht nur die über Jahrhunderte für Europa mindestens prägende Priorisierung des Christentums. Vielmehr wird damit ein Feld konkurrierender Lebensdeutungen, zu denen auch die Religionen gehören, eröffnet. Tolerantes Verhalten besteht darin, sich in diesem Feld möglichst gewaltfrei und wechselweise akzeptierend zu bewegen. Mit dem gerade für den mitteldeutschen Raum wichtigen Gedanken der Aufklärung und seiner (Neu-)Entdeckung des Individuums wird die Bewegung in diesem Spannungsfeld unterschiedlicher Lebensdeutungen dem Einzelnen allein überlassen. Die Wertschätzung der Toleranz als unabdingbare Voraussetzung für dieses Konstrukt ist offenkundig. Jede Neubeschreibung der Toleranz muss in diesem Zusammenhang von vornherein als grundsätzliche Anfrage an den Gesamtkontext verstanden werden.

In der Fortentwicklung der Aufklärung liegt von Anfang an ein Schwerpunkt auf der Frage, inwieweit religiöse Individualisierung in Spannung zu den Naturwissenschaften steht. Exemplarisch für ganze Epochen der Entwicklung mag verkürzt der Philosoph Ernst Tugendhat stehen. Nach Tugendhat kann der intellektuell redliche Mensch heute nicht mehr religiös sein.[3] Für Tugendhat ist der Glaube an Gott heute „entweder naiv oder unredlich“.[4] In dieser exemplarischen Zuspitzung aufklärerischen Gedankengutes wird die bis dahin bedeutsame Toleranz als wechselseitige Wertschätzung nicht länger benötigt. Ein erstaunliches Entweder-Oder überbietet die über lange Zeit geltende Gleich-Gültigkeit. Die theologische

Weiterentwicklung des Missionsbegriffes muss sich dieser Tatsache stellen. Ein andauerndes Beharren auf einer in der Geschichte begründeten Befürchtung, Mission könne intolerant sein, ist meines Erachtens nicht länger geboten. Ohnehin ist der Missionsbefehl aus Matthäus 28 uneingeschränkt: Alle Welt soll das Heil in Jesus Christus gelehrt werden. Die Vorstellung, damit eventuell intolerant auf andere Lebensdeutungen zu wirken, ist der biblischen Aussage fremd. Dieser unbeschränkte biblische Auftrag trifft auf Menschen ohne bestimmte religiöse Erfahrung. Die Studie „Wie geht's der Kirchengemeinde" des Sozialwissenschaftlichen Instituts der EKD von 2012 beschreibt, wie sogar in der christlichen Kerngemeinde Religiosität wesentlich mit Gemeinschaftserfahrung verknüpft ist. Umso mehr kann davon ausgegangen werden, „religiös-unmusikalische" Menschen verkürzen die Gemeinschaftsempfindung um eine weitere Dimension, so dass selbst gemeinsame Erfahrungen etwa bei Sportereignissen mit religiösen Formen verwechselt werden.[5] Der katholische Philosophieprofessor Eberhard Tiefensee beschreibt diesen Vorgang als Wandlung vom Kontingenzerleben zur Kontingenzerfahrung. Eine „horizontverändernde Erfahrung"[6] im Sinn von Matthäus 28 ist das nicht. Diese ist vielmehr stets Wirkung des Heiligen Geistes. Wenn diese skizzierte Situation auf einen in der Furcht vor Intoleranz unpräzisen Missionsbegriff trifft, ist Selbstmarginalisierung von Kirche nicht ausgeschlossen.

In dieser Situation der religiösen Indifferenz muss die stets erneut zu stellende Frage nach einem missionarischen Grundkonzept möglicherweise selbst von liebgewordenen Prämissen Abschied nehmen. Es wird nicht genügen, von einer dem Menschen gewissermaßen natürlicherweise innewohnenden Religiosität zu sprechen. Vielmehr müssen wir zur Kenntnis nehmen, dass Generationen von Menschen in Mitteldeutschland ohne jede Art von religiösem Kontakt und religiösem Deutungswunsch leben. Dieser Zustand wird gemeinhin als normal empfunden, während religiöse Lebensdeutungen eher die Ausnahme darstellen. Inwieweit gerade diese Haltung eine Ausnahmesituation in sich darstellt, wird in der Regel nicht erlebt. Durch persönliche dienstliche Erfahrungen bereits Mitte der 1980er Jahre in Frankreich ist dem Autor die Ausgangssituation nicht fremd. Mit dem Pathos einer revolutionären Errungenschaft galt Religion als konsequent persönliches Phänomen ohne öffentliche Relevanz.

Bereits zu diesem Zeitpunkt entstand in Teilen der französisch-katholischen Kirche der Gedanke, im Rahmen einer mit Verfassungsrang profanen Umgebung „den Glauben anzubieten" („proposer la foi"). Aus diesem Gedanken hatte sich dann Anfang der vergangenen Jahrtausendwende ein missionarisches Programm in der katholischen Kirche entfaltet, das inzwischen auch im deutschsprachigen Raum Aufnahme gefunden hat. Im Kern jedoch setzt dieses Konzept stellvertretend für viele andere missionarische Ansätze das vormalige Spannungsfeld eines toleranten miteinander Ringens um Lebensdeutung voraus. Tugendhat formuliert jedoch in dankenswerter Deutlichkeit, dass diese Zeit zu Ende geht und in Mitteldeutschland bereits beendet ist.

Das bedeutet, der missionarische Auftrag der Kirche kann sich nicht länger unter Berufung auf vormalige Toleranzdefinitionen darauf beschränken, allein auf Anfrage im Diskurs der unterschiedlichen Lebensdeutungen zu reagieren. Gewiss hat die bloße Existenz von Kirche Aufmerksamkeit heischenden und – je nach Intensität der Wahrnehmung – bisweilen sogar verstörenden Charakter. Bedeutsam ist ohne Zweifel darüber hinaus die Erkenntnis, dass christlich gedeutete Kontingenz immer einen konkreten Raum, einen konkreten Menschen oder eine konkrete Begegnung benötigt. Eine kontextlose christliche Offenbarung ist für einen bis dahin vollständig unchristlich gestimmten Menschen außerordentlich unwahrscheinlich.

Gleichwohl ist eine immer wieder anzutreffende Haltung von Kirche im mitteldeutschen Raum, allein die Existenz von Kirchengebäuden und sie füllenden kleinen Gemeinden sei hinreichende Erfüllung des Missionsauftrags, zurückzuweisen. Das unterschätzt nicht die Bedeutung der konkreten Gemeinde. Es ist jedoch keine angemessen ausgreifende Reaktion auf die skizzierte profane Umgebung. Mission in dieser Situation ist eine ausgesprochene Bringschuld, die über das ausschließliche Vorhalten einer kirchlichen Infrastruktur weit hinausgeht. Diese Bringschuld gruppiert sich gewissermaßen, um ein Bild zu prägen, in konzentrischen Kreisen um den Kern der Botschaft von der Liebe Gottes zu den Menschen in

Jesus Christus. Gottesdienst, Kasualien, Seelsorge und kirchlicher Unterricht sollten idealerweise den Kern der Botschaft beschreiben.

Im Abstand dazu, obwohl dennoch selbstverständlich verbunden, sind etwa Presseerklärungen der Landeskirchen; Presseveröffentlichungen als Teil der Verkündigung zu betrachten überfordert die Gattung. Dagegen ist im seelsorgerlichen Gespräch und im gemeinsamen Ringen um adäquate Deutung von menschlichen Existenzialsituationen die explizite Benennung des Heils in Jesus Christus in angemessener Weise unabdingbar. Anders ist die Erkennbarkeit des Glaubens kaum darzustellen. Vorausgesetzt ist dabei zum einen die grundsätzliche Offenheit, im Rahmen dieses Ringens als erneute horizontverändernde Erfahrung den persönlichen Glauben nicht länger als tragende Lebensdeutung wahrzunehmen. Andererseits gilt gleichfalls die unüberbietbare Dignität des allein geistgewirkten Glaubens an Jesus Christus als ultima ratio (!) jeder Lebensdeutung. Ein in diesem Sinne wohlverstandener Missionsbegriff nutzt daher zwingend alle Verkündigungsmöglichkeiten, um stets auf den einen Kern hinzuweisen. Damit wird von dieser Seite der ursprüngliche Toleranzbegriff als Begriff der Gleich-Gültigkeit zugunsten einer Eindeutigkeit und damit auch Priorisierung der christlichen Lebensdeutung überboten.

Berechtigterweise mag an dieser Stelle eingewendet werden, damit werde einer Fundamentalisierung der Verkündigung der Boden bereitet. Der Einwand wäre dann berechtigt, wenn der lange und nicht selten blutige Weg zu dem inzwischen erweiterten Toleranzbegriff außer Acht gelassen würde. Die Unterscheidung zwischen menschenmöglichem und geistgewirktem Tun ist die theologische Letztbegründung gegen jede Art von missionarischem Fundamentalismus. So wie Mission in der beschriebenen Weise als Bringschuld um Längen über ein „Anbieten des Glaubens“ hinausreicht, so sehr beschränkt sie sich bei erwiesener Zwecklosigkeit. Lukas 9,1ff. („Und wenn sie euch nicht aufnehmen, dann geht fort aus dieser Stadt und schüttelt den Staub von euren Füßen zu einem Zeugnis gegen sie“) ist die dafür unüberbietbare Begründung. Es ist Teil der missionarischen Haltung, weiterzugehen, wenn man hartnäckig abgewiesen wird. Ohne den vormaligen Toleranzbegriff wieder in Kraft zu setzen, kommt an dieser Stelle der Aspekt des „Erduldens“ auf ganz eigene Weise zum Zuge.

3. Fazit

Bei allen gegenwärtigen Strukturdebatten im deutschen Protestantismus wird die vollständig profanisierte Situation in Mittel- und Ostdeutschland nicht hinreichend in den Blick genommen. Die sich aus dieser Ausgangssituation ergebenden Konsequenzen für eine Toleranz jenseits der Gleich-Gültigkeit wird dabei nicht hinlänglich bedacht. Missionarische Ansätze beschränken sich regelhaft auf ein möglichst wenig verstörendes Zeugnis. Immanent ist diesem Ansatz die Vorstellung, ein im Prinzip miteinander tolerant agierendes Ringen um unterschiedliche Lebensdeutungen sei die Basis des Miteinanders. Die Basis existiert nicht mehr oder ist in anderen Regionen in deutlicher Auflösung begriffen. Unter Abweisung fundamentalistischer Ausformung kann Mission daher nicht im Anbieten des Glaubens verharren. Sie muss vielmehr initiativ Menschen ansprechen. Einfühlsamkeit, Freundlichkeit – ja eine grundsätzliche Menschenliebe müssen dieses Initiative in jeder Hinsicht prägen. Die große Zahl kirchlicher Mitarbeitender in der Diakonie rücken damit ebenso in den Blick wie die Kinder und Eltern in konfessionellen Kindergärten und Schulen oder die Leserschaft eines geistlichen Wortes in der Wochenendzeitung. Nie wohnt der Mission eine Erfolgsgarantie inne. Offenkundige Erfolglosigkeit aller Bemühungen – deren Definition eine Fülle eigener Überlegungen zur Folge hat – kann nicht theologisch mit der Exilerfahrung des Volkes Israel überhöht werden. Sie ist vielmehr wesenhaft Teil der freien Wirkung des Heiligen Geistes. Die selbst im kirchlichen Raum anzutreffenden „Zielvereinbarungen“ für missionarischen Erfolg – eine Begriffskonstruktion, die ihre Wurzel in der Ökonomie hat – sind meines Erachtens nichts anderes als Kleinglaube gepaart mit aktionistischer Hybris.

Gleichzeitig wird die bloße Fortführung kirchlicher Existenz in der Wahrung selbst reicher Tradition einem aktualisierten Missionsbegriff nicht gerecht. Ob die Gemeinden zu einer Erweiterung des

Missionsbegriffes in einem Feld gewandelter Toleranz in der Lage sein werden, muss offen bleiben. Möglicherweise ereignet sich Gemeindebildung in Mitteldeutschland an ganz anderem Ort mit überraschenden Ergebnissen. Auch das wäre Gegenstand einer weiterreichenden Untersuchung.

Anmerkungen

1 Vgl. „Wie geht's der Kirchengemeinde?" Umfrage des Sozialwissenschaftlichen Instituts der EKD, Hannover 2012.
2 Ich danke Prof. Tiefensee/Erfurt für weitergehende Erkenntnis durch seinen Vortrag im Rahmen der theologischen Tage 2013 der Theologischen Fakultät der MLU Halle/Wittenberg.
3 Vgl. Thies: Redlichkeit versus Religiosität, in: Gerald Hartung / Magnus Schlette (Hg.), Religiosität und intellektuelle Redlichkeit/Tübingen 2012; ebd. S. 203ff.
4 Zit. nach Schulz, Kann ein religiöser Mensch intellektuell redlich sein?, ebd. S. 229.
5 Die Kapelle und der Friedhof am Stadion von FC Schalke sind ein wohlfeiles Beispiel und stammen nicht aus Mitteldeutschland!
6 Nach Richard Scheffler.

Die Autorinnen und Autoren

Dagmar Apel (geb. 1960), Pfarrerin der Heilig Kreuz – Passionskirchengemeinde in Berlin-Kreuzberg, Studium der Theologie in Berlin und Cambridge, Beauftragte für interreligiösen Dialog im Kirchenkreis Berlin Stadtmitte.

Dr. Dr. h.c. Markus Dröge (geb. 1954), war Superintendent des Kirchenkreises Koblenz. 1999 wurde er in Heidelberg mit einer Arbeit über das Kirchenverständnis Jürgen Moltmanns promoviert. Er übernahm im Jahr 2000 einen Lehrauftrag für Systematische Theologie an der Universität Koblenz-Landau und absolvierte von 2002 bis 2004 eine Ausbildung zum Systemischen Berater. 2009 wurde er zum Bischof der EKBO gewählt. Er ist Aufsichtsratsvorsitzender des Evangelischen Werks für Diakonie und Entwicklung (EWDE).

Pfarrer Dr. Andreas Goetze (geb. 1964) studierte in Heidelberg, Tübingen, Mainz und Frankfurt a.M. Evangelische Theologie, Philosophie und Judaistik, islamwissenschaftliche Studien in Jerusalem und Beirut, Vikar in Jerusalem, von 1996 bis 2012 Gemeindepfarrer in Rodgau-Jügesheim (bei Frankfurt a.M.). Seit vielen Jahren im interreligiösen Dialog, zu Themen des Nahen Ostens und als Geistlicher Begleiter im Bereich Spiritualität engagiert. Seit Juli 2012 Landespfarrer für interreligiösen Dialog der Evangelischen Kirche Berlin-Brandenburg-schlesische Oberlausitz (EKBO).

Roland Herpich (geb. 1953), studierte Theologie, Philosophie und Geschichte. Er war Pfarrer in der Gemeinde am Hohenzollernplatz in Berlin und ab 1997 Superintendent des Kirchenkreises Wilmersdorf. Im Jahr 2010 veröffentlichte er gemeinsam mit Herbert Lindner den kirchentheoretischen Beitrag zum Reformprozess „Kirche am Ort und in der Region“. Seit Mai 2010 ist Roland Herpich Direktor des Berliner Missionswerkes und Beauftragter für Ökumene und Weltmission der EKBO.

Dr. Chris Hewer (geb. 1955) belegte während seines Studiums Kurse in christlicher Theologie, Pädagogik, Islamwissenschaft und interreligiösen Studien. Seit 1986 arbeitet er auf den Gebieten „Muslime in Großbritannien" und „christlich-muslimische Beziehungen", zuerst am Centre for the Study of Islam and Christian-Muslim Relations in Selly Oak/Birmingham. Von 1999 bis 2005 als Berater für interreligiöse Beziehungen beim Bischof von Birmingham. Er war von 2006 bis 2010 wissenschaftlicher Mitarbeiter des St. Ethelburga's Centre for Reconciliation and Peace in London, wo er allgemeinverständliche Kurse für Erwachsene, Studientage und Gesprächsrunden für die Region Greater London leitete. Schwerpunktmäßig leitet er zurzeit Intensivkurse, bereitet Lehr- und Quellenmaterial vor und verfasst wissenschaftliche Werke.

Rabbiner Professor Dr. Dr. h.c. Walter Homolka (geb. 1964), PhD King's College London; DHL Hebrew Union College – Jewish Institute of Religion New York, ist Rektor des Abraham Geiger Kollegs an der Universität Potsdam und Honorarprofessor für Jüdische Studien an ihrer Philosophischen Fakultät. Der frühere Landesrabbiner von Niedersachsen ist Leiter des Ernst Ludwig Ehrlich Studienwerks und Mitglied im Gesprächskreis „Juden und Christen" beim Zentralkomitee der deutschen Katholiken. Zum Thema: Hans Küng / Walter Homolka, Weltethos aus den Quellen des Judentums, Freiburg, Wien 2008.

Friederike von Kirchbach (geb. 1955), Studium der Theologie in Leipzig, Jena und Naumburg. 1992 übernahm sie eine Pfarrstelle in Kreischa bei Dresden. Gleichzeitig arbeitete sie am dortigen Rehabilitationsklinikum als Krankenhausseelsorgerin. Im März 2000 wurde sie zur Generalsekretärin des Deutschen Evangelischen Kirchentages gewählt. Unter ihrer Leitung fand u.a. der 1. Ökumenische Kirchentag in Berlin statt. Seit 2005 ist sie Pröpstin der Evangelischen Kirche Berlin-Brandenburg-schlesischen Oberlausitz. Sie ist Vorsitzende der Ratsleitung des Ökumenischen Rates Berlin-Brandenburg und des Missionsrates des Berliner Missionswerkes.

Dr. Bernd Krebs (geb. 1951), Studium der Theologie und der Sozialpädagogik in Berlin und Göttingen, 1976 Ordination. 1976–1995 Gemeindepfarrer in der Gropiusstadt in Berlin-Neukölln, 1991 Promotion in Warschau, 1995–1997 Forschungsstipendiat der VW-Stiftung, seit 1998 Pfarrer der Evangelisch-reformierten Bethlehemsgemeinde in Berlin-Neukölln, seit 2008 Geistlicher Moderator, Vorsitzender des ökumenischen Arbeitskreises Rixdorf-Neukölln.

Prof. Dr. Mouhanad Khorchide (geb. 1971), Studium der Soziologie in Wien und der Islamischen Theologie in Beirut; Leiter des Zentrums für Islamische Theologie, Koordinator des Graduiertenkollegs Islamische Theologie, Professor für islamische Religionspädagogik sowie Principal Investigator des Exzellenzclusters „Religion und Politik in den Kulturen der Vormoderne und Moderne“ an der Westfälischen Wilhelms-Universität Münster; Publikationen u.a.: Islam ist Barmherzigkeit. Grundzüge einer modernen Religion (2012); Miteinander auf dem Weg 1|2. Islamischer Religionsunterricht (2012).

Joachim Liebig (geb. 1958), Studium der evangelischen Theologie in Bethel und in Hamburg, Vikar und Pfarrer in der evangelisch-lutherischen Landeskirche Schaumburg-Lippe, Auslandserfahrungen in England und Frankreich, Gründer und langjähriger Vorsitzender der landeskirchlichen Bibelgesellschaft, Superintendent und Präsident der Landessynode in Schaumburg-Lippe, seit 2009 Kirchenpräsident der Evangelischen Landeskirche Anhalts, stellvertretender Vorsitzender im Missionsrat des Berliner Missionswerkes, seit Dezember 2012 Mitglied im Aufsichtsrat des Gemeinschaftswerkes der Evangelischen Publizistik (GEP).

Prof. Dr. Mathias Rohe (geb. 1959), Studium der Rechts- und Islamwissenschaften in Tübingen und Damaskus, Professor für Bürgerliches Recht, Internationales Privatrecht und Rechtsvergleichung an der Universität Erlangen-Nürnberg, Direktor des Erlanger Zentrums für Islam und Recht in Europa an der FAU Erlangen-Nürnberg.

Kadir Sanci (geb. 1978), M.A., ist wissenschaftlicher Mitarbeiter an der Universität Potsdam. Zugleich leitet und organisiert er den interreligiösen Dialog im Forum für Interkulturellen Dialog in Berlin. Der Autor ist Gründungs- und Vorstandsmitglied des Bet- und Lehrhauses am Petriplatz in Berlin. In diesem Projekt, in dem jüdische, christliche und islamische Gebetsstätte unter einem Dach gebaut werden, vertritt er die muslimische Seite. Er studierte an der Goethe-Universität in Frankfurt a.M. Islamische und Jüdisch-Christliche Religionswissenschaften und Pädagogik.

Weiterführende Literatur

Allgemein

Toleranz nach evangelischem Verständnis. Synodale Texte, Vorträge, geistliche Worte, hg. von der 10. Tagung der dritten Landessynode der Evang. Kirche Berlin-Brandenburg-schlesische Oberlausitz, Berlin 2013 (mit einem von einer Arbeitsgruppe erarbeiteten Grundsatztext: „Leben mit dem Bleibend Anderen – Toleranz in evangelischer Perspektive").

Unterwegs zur Versöhnung. Im Gespräch mit Markus Dröge, hg. v. Amet Bick, Berlin 2013 (ein persönlich gehaltenes Buch, anregend und einladend, den christlichen Glauben in einer multireligiösen und multikulturellen Gesellschaft zu reflektieren und zu leben).

Wege zur Toleranz. Geschichte einer europäischen Idee in Quellen, hg. von Heinrich Schmidinger, Darmstadt 2002 (Sammelband mit Quellentexten zur Toleranz durch alle Epochen der Religions- und Geistesgeschichte).

Zum Christentum

Helmut Aßmann, Glauben leben – Leben lernen. Eine Anleitung zum geistlichen Leben, Hannover 2012 (eine spirituelle und theologisch verständliche Anleitung zum Glauben, eine Ermutigung, dem Göttlichen auf die Spur zu kommen. Zahlreiche Anleitungen und praktische Übungen, die Gotteserfahrungen ermöglichen und zulassen – das bedarf der Stille, der Besinnung auf sich selbst, der Reflexion meiner Existenz und meiner Umwelt).

Helmut Fischer, DuMont Schnellkurs Christentum, Köln 2001 (in klarer und verständlicher Sprache führt dieses kleine Buch in die entscheidenden Phasen und Weichenstellungen in der Geschichte des Christentums mit ihrer Vielfalt der Konfessionen ein, über-

sichtlich wie ein Lexikon, unterhaltsam wie ein Roman, anschaulich wie ein Bilderbuch).
Matthias Hülsmann, Konfession: Evangelisch. Basiswissen für Christen, Gütersloh 2009 (das Buch bietet von der Schöpfung bis zur Religionskritik alle wesentlichen Themen durch den christlichen Glauben, das auch Zweifler anzusprechen vermag).
Fabian Vogt, Wo der Apostel baden ging. Ein Reiseführer durch die Bibel, Stuttgart 2004 (eine unterhaltsam geschriebene Einführung in die Welt der Bibel durch einen auch kabarettistisch tätigen Pfarrer).

Zum Islam und zum christlich-islamischen Dialog

Reza Aslan, Kein Gott außer Gott. Der Glaube der Muslime von Muhammad bis zur Gegenwart, München 2006 (eine anschauliche Darstellung islamischer Geschichte, der Verbreitung des Islam und sein Aufstieg zu einer Weltreligion und zugleich ein leidenschaftliches Plädoyer für eine islamische Aufklärung).
Martin Bauschke, Der Sohn Marias. Jesus im Koran, Darmstadt 2013 (umfassender und gut lesbarer Gesamtüberblick über den koranischen Jesus als Gesprächsgrundlage im Dialog zwischen Christen und Muslimen).
Andreas Goetze, Religion fällt nicht vom Himmel. Die ersten Jahrhunderte des Islam, Darmstadt 2013 (verständlich geschriebene grundlegende Arbeit über die Ursprünge der drei monotheistischen Weltreligionen in Verbindung der historisch-kritischen Perspektive mit der spirituellen Dimension des Glaubens).
Gudrun Krämer, Geschichte des Islam, München 2005 (anschauliche Darstellung der islamischen Geschichte bis in die Neuzeit).
Mathias Rohe, Das Islamische Recht, Eine Einführung, C.H. Beck, München 2013 (kurze und verständlich gehaltene Einführung in das islamische Rechtsverständnis mit Fragen nach dem Ehe- und Familienrecht, dem Strafrecht, dem Staats- und Völkerrecht, den Menschenrechten und dem Verhältnis zu den Nichtmuslimen).

Riem Spielhaus und Alexa Färber, Islamisches Gemeindeleben in Berlin, Berlin 2006 (guter Überblick über die Entwicklung und Vielfalt muslimischen Lebens in der Hauptstadt)

Stefan Jakob Wimmer und Stephan Leimgruber, Von Adam bis Muhammad. Bibel und Koran im Vergleich, Stuttgart 2005 (eine gelungene Gegenüberstellungen von Bibel und Koran, auch einzusetzen zur Förderung interreligiöser Kompetenz in Schule und Gemeinde).

Der Koran, aus dem Arabischen übersetzt von Max Henning. Einleitung und Anmerkungen von Annemarie Schimmel, Stuttgart (Reclam) 1991 (günstige Koranausgabe mit hilfreichem Einleitungstext).

Was jeder vom Islam wissen muss, hg. v. Inken Wöhlbrand und Martin Affolderbach im Auftrag der VELKD, Gütersloh 2011 (kurze und prägnante grundlegende Einführung in den Islam).

Zusammenleben mit Muslimen in Deutschland. Gestaltung christlicher Begegnungen mit Muslimen. Eine Handreichung des Rates der Evangelischen Kirche in Deutschland, Gütersloh 2000 (eine von Respekt und Achtung geprägte Verlautbarung, die zugleich ermutigt, sich mit den theologischen wie praktischen Herausforderungen offen auseinanderzusetzen).

Zum Judentum und zum jüdisch-christlichen Gespräch

Elieser L. Ehrmann, Von Trauer zur Freude. Leitfäden und Texte zu den jüdischen Festen, neu herausgegeben von Peter von der Osten-Sacken und Chaim Z. Rozwaski, Berlin 2012 (eine Veröffentlichung des Instituts Kirche und Judentum) (eine sorgfältige Zusammenstellung, die in den Jahren 1936–38 entstand und noch heute mit geringen Einschränkungen als Grundlage für Gemeinde und Schule verwendet werden kann für den Unterricht über das Judentum und seine Feste).

Jacob Neusner, Ein Rabbi spricht mit Jesus. Ein jüdisch-christlicher Dialog, München 1997 (ein gut verständlicher Zugang zu Jesus aus jüdischer Sicht).

Israel Meir Lau, Wie Juden leben. Glaube, Alltag, Feste. Ein Nes Ammim Buch, Gütersloh 2001 (ein Handbuch für alle, die sich ein Bild vom Leben und Glauben der Juden machen wollen und jüdisches Denken und Handeln aus seinen Ursprüngen heraus verstehen möchten).

Gunther W. Plauth und Annette Böckler (Hg.), Die Tora. In jüdischer Auslegung, Band I–V, Gütersloh 2008 (das übersichtliche Standardwerk jüdischer Tora-Auslegung verbindet die Erläuterungen aus dem Schatz rabbinischer Auslegung zu den fünf Büchern Mose mit den Einsichten der modernen Bibelwissenschaft).

Was jeder vom Judentum wissen muss, hg. v. Christina Kayales und Astrid Fehland van der Vegt im Auftrag der VELKD, Gütersloh 2005 (kurze und prägnante grundlegende Einführung in das Judentum).

Weitere Literatur zum jüdisch-christlichen Gespräch aus dem Institut Kirche und Judentum siehe unter www.ikj-berlin.de